力扬(1908年12月—1964年5月)——摄于20世纪60年代初

沈尹默先生书赠力扬的毛泽东主席词《沁园春·雪》

力扬出生的祖屋(今浙江省青田县高湖镇桐川村东坑口,季爱娟 摄)

1931年9月,力扬(季春丹,山石上左3)与"一八艺社"成员在杭州西湖孤山

1938年夏,力扬(后排左2)与国民政府军委会政治部三厅六处(艺术处)的同事在武汉

力扬,摄于20世纪40年代初(中国现代文学馆"力扬"展板照)

1945年10月,左起力扬、王亚平、臧云远、臧克家、柳倩,摄于重庆

1948年年初,力扬(左2)与友人在香港

1949年夏，左起力扬、袁水拍、艾青在北平中山公园

1949年12月，"大众诗歌社"由"诗号角社"改组成立于北京，图为成立纪念合影。前排左起：林庚、冯至、萧三、钟敬文、俞平伯、艾青、臧克家、王亚平、卞之琳，中排左起：沙鸥、邹荻帆、袁水拍、徐迟、吕剑、严辰、力扬、彭燕郊、田间，后排左起：马际融、马丁、郭镛、赵立生、徐放、李景慈

约1954年春,力扬(中排右2)等在北京大学(时文学研究所设在燕园内)

1956年秋,力扬(后排右2)参加全国总工会和中国作协组织的旅行参观团,与团友在洛阳龙门石窟

1959年10月，力扬（后排右3）在武汉钢铁公司下放劳动锻炼期间，参加武钢职工农村参观团，与工友们在赴鄂城石山人民公社途中摄于长江的船上

20世纪60年代初，力扬（右）与周扬

20世纪60年代初,力扬(左)参加中国科学院文学研究所编撰《中国文学史》时与同事在中央党校编写组驻地

1961年3月,力扬与夫人牟怀真结婚照

在京诗人1962年4月19日在人大会堂福建厅举行诗歌座谈会
（翻拍自《新文学史料》1979年8月第四辑封二）

1962年夏，力扬在青岛海滨鲁迅公园

由何其芳、余冠英主持，中国科学院文学研究所中国文学史编写组编写的《中国文学史》封面（人民文学出版社1962年8月第1版），力扬参加部分章节的编撰并设计封面的装饰图案

1964年5月8日，《人民日报》第4版刊登力扬逝世的讣告

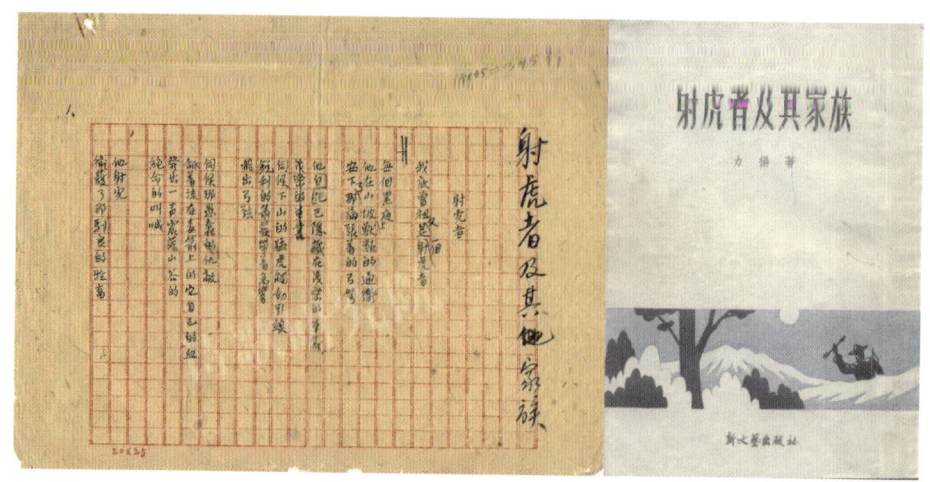

力扬诗歌代表作——长篇叙事诗《射虎者及其家族》的手稿首页和单行本封面(上海新文艺出版社1951年8月第1版)

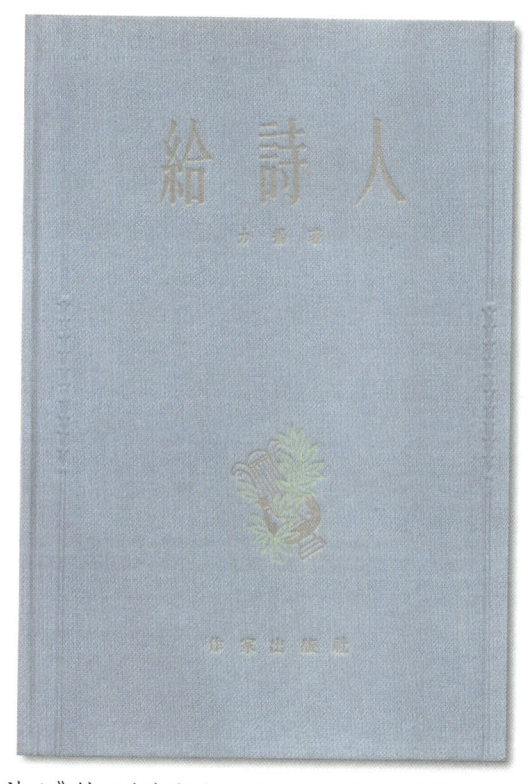

力扬诗集《给诗人》封面(作家出版社1955年11月第1版),收入诗人以往诗集《枷锁与自由》《我底竖琴》《射虎者及其家族》及新作品诗歌共39首

《中国社会科学院学者文选——力扬集》封面（左为中国社会科学出版社2008年12月第1版，右为2018年8月重新设计布纹封面后第2次印刷）

2002年，力扬之子季嘉空军上校40岁时摄于中国现代文学馆"力扬"展板前

2009年2月24日,由中国社会科学院文学研究所主办的纪念力扬先生百年诞辰暨《力扬集》出版座谈会在该所会议室举行。图为主要与会人员合影:(左起)刘扬忠研究员、钟代胜党委书记、杨义所长(学部委员并研究员)、吴子敏研究员、李帆(力扬孙女)、季嘉(力扬之子)、刘忠德荣誉学部委员并研究员、陶文鹏研究员、刘跃进副所长(现学部委员并一级研究员)、蒋寅研究员、张奇慧研究员

2009年4月13日,力扬先生手稿捐赠仪式在中国社科院文学所举行。图为出席仪式人员合影:(左起)办公室高军、科研处长严平研究员、副所长刘跃进研究员、力扬之子季嘉、党委书记钟代胜、陶文鹏研究员、蒋寅研究员、所长助理陶国斌。

时任中国社会科学院学部委员、文学研究所所长杨义研究员签发的捐赠证书

中国社会科学院文学研究所颁发的力扬纪念牌

2011年4月,力扬之子回家乡省亲时与三叔、婶及堂兄妹合影

2017年7月,力扬儿子、儿媳、孙女、孙婿等赴青岛省亲时与三位姑姑及众亲属合影

力扬之子季嘉、儿媳刘丽君和孙女季帆、孙女婿司汉全家照(摄于2019年夏)

诗情似火

——诗人和学者力扬纪念集

◎季嘉 季帆 编著

群言出版社
QUNYAN PRESS
·北京·

图书在版编目（CIP）数据

诗情似火：诗人和学者力扬纪念集 / 季嘉，季帆编著. -- 北京：群言出版社，2024.5
ISBN 978-7-5193-0924-4

Ⅰ.①诗… Ⅱ.①季… ②季… Ⅲ.①力扬—纪念文集 Ⅳ.①K825.6-53

中国国家版本馆CIP数据核字（2024）第038297号

特约编辑：胡　胜
责任编辑：孙平平　宋盈锡
封面设计：尚丞文化

出版发行：群言出版社
地　　址：北京市东城区东厂胡同北巷1号（100006）
网　　址：www.qypublish.com（官网书城）
电子信箱：qunyancbs@126.com
联系电话：010-65267783　65263836
法律顾问：北京法政安邦律师事务所
经　　销：全国新华书店
印　　刷：北京柏力行彩印有限公司
版　　次：2024年5月第1版
印　　次：2024年5月第1次印刷
开　　本：710mm×1000mm　1/16
印　　张：22
字　　数：340千字
书　　号：ISBN 978-7-5193-0924-4
定　　价：128.00元

【版权所有，侵权必究】

如有印装质量问题，请与本社发行部联系调换，电话：010-65263836

《中国社会科学院学者文选——力扬集》

代序

从20世纪50年代起，我有幸与力扬先生在文学研究所共事八九年。由于不在同一研究组室，又因年龄悬殊，所以对他并无深知。只记得他那稳重儒雅的长者仪态，以及他在会议上发言时梗直率真的气度和爽朗的笑声。对他的进一步了解，那是多年以后了。由于研究工作需要，我阅读了力扬已出版、发表的全部创作、论述，并看到了当时能找到的很多未发表的手稿和笔记、信件等。对他敬意渐深，还怀有几分惋惜之情。他无疑是中国现代诗歌史上一位有成就、有风格的诗人、学者。

力扬自幼喜爱美术，于1929年考入国立西湖艺术院。受当时兴起的无产阶级文艺浪潮影响，他和友人组织了后来受到鲁迅深情称赞的中国第一个提倡无产阶级美术的团体——"一八艺社"，1931年又在上海设分社并举行展览。这些活动很快为学院当局所不容。九一八事变后，作为学生自治会主席，又是"一八艺社"负责人之一的力扬，因组织抗日救国活动被开除学籍、强制离院。力扬离杭赴沪，参与上海分社活动。党领导的中国左翼美术家联盟成立时，他任执行委员。很快，更大的风浪改变了力扬的生活和命运，他一连两次遭逮捕。第二次在1932年秋，因参加左翼美术家联盟活动，竟被判刑6年（1935年秋被保释出狱）。就是在狱中，他写出了《枫》《我在守望着》等优美的诗章。

"狱中诗"之多见，是中国现代文学史上应予以重视的现象。它正反映了20世纪30—40年代的时代特点，作者当时不一定是诗人，但大多是革命者、旧时代的叛逆者。他们在狱中历尽苦难，也得到锤炼。诗歌是他们挣脱枷锁、追求自由的呼唤。

力扬的呼唤更有特殊的意义。之后，他审美的灵感和情趣乃至美术方面的才气，大多汇聚到诗歌创作领域中。这可以说是在时代要求下诗人的又一次抉择。从此，他人诗一致地不断为人们留下思想和艺术都值得珍贵的华章。

力扬诗歌中数量较大的是抒情诗。第一首诗《枫》写他"记忆的白帆"越过铁窗，飞向故乡"秋空下的红树"，展开了对20多年坎坷生活的遐想。诗作感情真挚、意境恬美、色彩绚烂。《我在守望着》更表露了诗人坚定乐观的信念"守望着一个光明的自由的白热的未来"。这两首诗，毫无初作常见的粗糙，都反映出他在生活和艺术上的深思熟虑。它们的特点，始终是此后力扬诗作风格的主调，贴近着时代斗争的主旋律。在20世纪30年代开始写作而后有很大发展的诗人中，力扬的起步是较高的。

此后10余年，作为一个关注祖国正义斗争的诗人，力扬时刻怀着诗歌创作的激情，向着新的生活高度启程。抗战爆发后，他离南京去长沙、赴武汉，在周恩来、郭沫若领导下工作。武汉失守前，又辗转长沙、衡阳、桂林，于1939年夏初抵重庆。在这艰苦的历程中，他的心灵也迈入了新的境界。他在给友人的信中写道："为了民族的独立解放，为了自己的创作生命，我们都得勇敢地为诗歌战线而努力……为祖国的解放而努力。"

力扬这期间的创作，在基调一致的情况下，随生活、心境的变化，视野开始扩大，抒写的内容也渐趋多样化。如《风暴》《太阳照耀着中国的春天》等都在民族解放斗争的大风暴中作高昂的呼唤："东方的黎明""新生的太阳""春天终于来了"。后诗恰如他对友人艾青的名诗《雪落在中国的土地上》的回答和互勉。一些国内、国际的斗争史实也进入了他的诗作，如《台儿庄》《五月》《朝鲜义勇队》等。旅途中所作的《黎明》《山城》《驼马》《苗民》等更如他擅长的风景画、当地民间的风俗画。从《播种》《收获》等诗中，人们看到诗人在3月温暖的阳光下播撒金色的希望，在秋日黄金的田野上收获胜利和欢乐。

此时也出现了感情深沉、较多个人情愫的作品，如《同志，再见——给毅》。与一位女难友久别重逢，短暂相聚后终因战斗需要而离别。诗人写了对往昔感情的忆念，对今日战斗的祝愿，真挚地表露了那种进退徘徊于友情和爱情之间的情谊，明净而高尚。诗风也渐趋明亮、高昂、宽广、舒展。此诗为力扬本人所挚爱，更受到茅盾的赞赏，称它是《诗时代》创刊号上"我最喜爱的4首诗"之一，"情绪于哀婉中见激昂，内容与形式很和谐，不拘泥于蹈脚韵，而字句的自然旋律师为美妙"。

经过七八年的创作实践，他的艺术造诣得到丰富发展。更为可贵的是，武汉失守经年，当时有些诗人、作家在感情上、创作上出现过沉闷的迹象，而力扬能始终呈现着乐观、明快的格调。即使面对困难、悲苦，他总在歌唱希望，寻取美感。

现实生活的突变再次促成力扬创作的发展。1941年年初皖南事变后，他撤离重庆赴湖北恩施，翌年春回重庆，周恩来曾与他谈话，并介绍给陶行知，在育才学校任文学组主任，并任"文协"重庆分会理事，从事众多进步文化活动。

此时力扬的创作，从内容到形式，都明显地出现新的信息和新的追求，展示着深邃、成熟的景象。尤其可贵的是，可以看到他在殷切地寻找力量。而给予他最大力量的，便是从《希望的窗子》中仰望的"北斗星照耀的所在"——革命根据地。《北极星》《茅舍》《普希金林》都表露了他对那"自由美好的地方"的近乎焦虑的渴念。这些诗和同时的另一些抒情诗一样，都保持着诗人喜欢的温暖和明亮。

当然，现实生活的云密雾障，也难免给有些诗抹上别样的色彩，如《残堡》《断崖》，尤其是沉重的《轭》，在静止、沉凝的画面上分明流淌着农民的痛苦。但诗人很快又回到了明净的境界。继《少女与花》《初春》后，他写出了《爱恋》《抒情八章》。后者真挚、细腻，分外动情，人们又看到了美好的事物：红叶、白鹭、黄鹂、玫瑰、嫩叶、绿水、镶金的云霞。而更美的是对女友的思念，为她"青春的心灵"送上遥远的祝福。这首诗与几年前的《同志，再见——给毅》有所呼应，也为力扬抗战时期的抒情诗画上圆满的句号。

力扬还写过不少其他体裁的诗作，数量虽不如抒情诗，但其成就可观，影响甚至更大。

例如，首先可提到的是1941年所作的《雾季诗抄》5首、《雾的冬天》以及稍后的《我底竖琴》《给诗人》《短歌》等。那时期，不少诗人出于现实需要和内心驱使，写了很多不重抒情而重思索的诗歌，被称为"哲理诗"。力扬上述作品正近于此。它们很少幻美的回忆、遐想，而是对突变生活所作的富于哲理的思考和抒发，有真实的心灵告白，更有自觉的使命感悟。他在此明确地提出：诗歌就是武器，竖琴就是剑。

更为重要的是他对叙事诗的贡献。早在1939年，力扬即在《新华日报》上撰文提倡写叙事诗，说它是"教育和组织群众的有力的诗的形式，我们必须克服艰苦而勇于尝试"。后来茅盾更写长文畅谈中国叙事诗发展过程，结论是"长诗比小诗难写"，然而"有伟大的前途，当无疑义"。叙事诗难写，但要迎难而上，可说是当时的共识。从短诗到长诗，从抒情诗到叙事诗，成了诗坛此后的发展方向。

正是此时，力扬发表了《射虎者及其家族》（《文艺阵地》1942年8月）。它为抗战时期长篇叙事诗创作提供了优秀的实绩。作为代表作，之后很长时期里，它和力扬几乎是同名的。长诗共8章，写一个家族四代人的生活命运，形象地表现了中国农民长期的痛苦、困厄和仇恨。从一个家族的悲歌中呼唤着抗争、复仇的愿望，进而飞跃升华为对人生道路的探求和征服。仇恨和复仇的精神一直贯穿于力扬以前的诗作中，但到这长诗进入了更高境界，它有更多思索和跃升。作为长诗所写最后一代人的力扬，他放下了世代传承的弓弩和镰刀，拿起了"更好的复仇武器"——诗人的笔。长诗感情深厚、形象丰富，用朴素沉实的语言乃至强烈鲜明的画面，构建了这篇具有"连环画"特色的佳作。

抗战胜利后，力扬主要从事民主运动和文化运动的实际工作，写诗较少。所作也多结合现实斗争需要。除几首讽刺诗外，很多具有战歌性质，如《我们反对这个》成为"一二·一"运动中民主青年的歌曲，以后的《我们的队伍来了》更为人传唱。此时较重要的作品是《星海悼歌》《愤怒的火焰——闻一多、李公朴两先生悼歌》和《祭陶行知先生》。它们是悼词，或沉稳如颂歌，或激昂如檄文，但它们又都是诗，能将豪情与诗意很好结合。

力扬还写过不同形式的作品，如散文、杂文、通讯、旧诗及小说。从中可以看到他投身现实斗争的不倦身影。

尤其应该重视力扬所写的很多理论文章，其中绝大部分是诗歌理论和评论。他认为诗人应"理解政治""用艺术的形象去描写刻画……"，认为"诗人底正确世界观的确立实是先决的条件""必须以主观的情感去温暖所写的题材，他的诗才有了生命"（《谈诗底形象和语言》，刊于1940年2月4日

《新华日报》)。他主张建立诗歌民族形式,要继承"五四"传统、重视民间文学、继承优秀遗产,提出"要在工农士兵群中养育出多量的有才能的作家",并倡导"现实主义"道路和"自由诗"形式(《关于诗的民族形式》,刊于《文学月刊》1卷3期)。发表于《诗创作》1942年10月的长文《我们底收获与耕耘》,更可说是阅读了毛泽东2月所作《反对党八股》一文后,对诗歌问题所做的一系列思考,提出反对形式主义等。文章还引用了大段原文,认为它也"扼住了诗风的要害"。

这些写作于20世纪40年代初的文字,不仅有助于了解力扬本人的诗作,它们在当时国统区进步文艺界的论述、见解中,也是较为难得的。

1947年8月,力扬随育才学校抵上海,冬天赴香港。翌年3月加入中国共产党。1948年10月,由香港搭轮船经平壤、安东(丹东)、大连至胶东,转赴晋察冀解放区。诗人终于来到了他渴念的"北国",迎接到他久盼的"春天"。

力扬创作、写作,至此已十五度寒暑,他为中国现代诗歌留下了一份可贵的业绩。人们感受到他诗人的灵感和画家的敏感,感受到他艺术的魅力和理论的说服力。同时,人们更深切地感受到一个正直真诚的革命知识分子在向往自由、向往革命道路上那艰苦而乐观的心灵历程。

中华人民共和国成立后,力扬在马列学院学习、执教,于1953年调文学研究所工作。这时他依旧努力于创作和写作。诗作40余首,写的大多是新的生活和人物,激动着诗人以前创作中未见的诗情和变得年轻的心。它们清新感人,有的可称隽美,如《虹》《布谷鸟》《泉水是祖国母亲底乳浆》等。也有些诗呈现出生活感受与艺术酝酿尚欠缺的现象,而这正是力扬早已敏感和认识到的。此时诗论极为关注群众创作,他还与诗作者们一起生活、切磋,并给予帮助、鼓励,还写诗文为之呐喊。他对叙事诗的关注始终未衰,撰文论述涅克拉索夫、马雅可夫斯基、闻捷等。另外,他还以对诗歌的真知灼见,坦率地评论过当时一些名人的作品,可惜未能发表,但其观点与后来文艺界的普遍看法相一致。力扬正在酝酿着新的成熟,人们也在期待着他。可惜岁月不如人意,他于1964年56岁时过早谢世。

力扬对待自己的创作、著作一向持平和低调的态度,对发表和出版都较为谨严。有些很好的作品仅见于手稿,有些作品在收入集子时被舍弃,更有已编好集子而终未出版的。所以，多年来对力扬著作的整理出版，应说是不够理想的。中国社会科学院"学者文选"计划收集出版力扬的文集，实在是让人欣慰的。承力扬家属信任，嘱我为此写个序言，我很高兴。今年又正值先生百年诞辰，我愿在此献上诚挚的纪念。

吴子敏
2008年4月初于北京

原载中国社会科学院科研局组织编选《中国社会科学院学者文选——力扬集》，中国社会科学出版社2008年12月第1版，序言第1—7页。——编者注

目 录

作品精选篇

一、抒情诗、哲理诗及歌词 / 3

枫 3
同志，再见! 7
　　——给毅 7
雾季诗抄之四
　　我们为什么不歌唱 12
歌 14
爱恋 16
我们的队伍来了 19
虹 21
泉水是祖国母亲底乳浆 24

二、长篇叙事诗 / 28
射虎者及其家族（增补篇） 28

三、美术文述 / 66
图案与绘画的分野 66
鲁迅先生与一八艺社 71

四、诗论诗评 / 73
关于诗的民族形式 73
我们底收获与耕耘 81
毛主席诗词的艺术感染力 89

评论研究篇

力扬诗歌创作（刘怀玺）……103
评力扬的诗（吴子敏）……117
射虎者及其家族的"未完成性"（段从学）……139
力扬佚文《一首诗的完成》考释（扈琛）……170

序跋散文篇

《中国新诗选1919—1949》代序："五四"以来新诗发展的一个轮廓
　　（节选）（臧克家）……179
《中国新诗库（六集）·力扬卷》卷首（周良沛）……180
蛰居在中关园的诗人——忆力扬（马嘶）……190
《中国社会科学院学者文选——力扬集》编后记（季嘉）……195
"春地"——中国左翼文艺运动中的一朵奇葩（张以谦）……197
　　附：《春地美术研究所成立宣言》……200
一首长诗与一个家族（季嘉）……201
无负于党的教育　无负于这个时代（季嘉）……220
　　附：历史·先辈·我们……223
1948：父亲力扬从香港北上（季嘉）……225

悼念缅怀篇

悼诗人力扬（常任侠）……235
悼念力扬（牟怀真）……237
怀季春丹（卢鸿基）……241
我的忆述（牟怀真）……244

缅怀革命文艺工作者、诗人和学者力扬（季音）……………248
深切缅怀我们可敬可亲的大哥力扬
　　——季家三姐妹回忆大哥力扬二三事（李丹　李汉杏　李汉珠）…252
纪念力扬先生百年诞辰暨《力扬集》出版座谈会
　　在京举行（刘鹏越）……………………………………257
纪念力扬同志百年诞辰暨《力扬集》出版座谈会举行（许继起）…259
力扬先生手稿等捐赠仪式在文学研究所举行（高军）………260
我的爷爷力扬（季帆）……………………………………262

传记年谱篇

自传（力扬）……………………………………………………267
关于力扬同志的一些情况（毛星）………………………………270
《中国文学家辞典（现代第一分册）》"力扬"词条……………273
《青田县志》"力扬"传……………………………………………275
力扬年谱画传（季嘉　编撰）……………………………………277

附　录

一、中国现当代文学史中对力扬及其作品的述评 / 293

《中国新文学史稿》（下册）……………………………………293
《中国新文学史初稿》（下卷）…………………………………295
《中国现代文学史（三）》………………………………………297
《中国现代文学史简编》…………………………………………299
《中国现代文学史（修订版）》下册……………………………301
《中华文学通史（第七卷·近现代文学编）》…………………304
《中国现代文学三十年（修订本）》……………………………310

二、力扬部分诗歌鉴赏 /312

鉴赏力扬诗二首（栾梅健）……………………………312

鉴赏力扬射虎者诗（唐湜）……………………………315

中国抗日战争时期最具象征意义和影响力的长篇叙事诗：

　　《射虎者及其家族》……………………………319

后记（季嘉）/321

作品 精选篇

一、抒情诗、哲理诗及歌词

枫

在这初秋的狱里的黄昏，
夕阳底酡颜偎着赤砖的围墙。
碧空虚阔地展开了幅员——
茫茫的倒悬的无浪的海啊。
浸在铁槛的力的图案底阴影里，
我翻阅着古旧的书卷。
是谁在什么时候，把这一片枫叶，
埋藏在这书页底里面？
它虽没有山林原野的芬香，
残褪了少女底欢笑的红颜，
而它那憔悴的色泽与轻盈的风姿，
已够使我记忆起它底旧枝——
廿余年来我曾经欣赏过的秋空下的红树。
我底记忆的白帆，
在碧空的海里往复地航驶着。

听说是我祖父底父亲，
在我屋后的山麓种下一棵枫树。
当我知道它底名字的时候
它已经比我底住屋高了一倍。
在冬天，它杈丫着繁密的枝柯
给喜鹊住家；春天，

它腼腆着羞嫩的脸听春鸟底情歌；
夏天，它抱着布谷鸟和松鼠
做着酣沉的流汗的午梦；
有什么两样呢，比之
苍虬的松樟与常青的杉木？
难忘的是——年年在这季候，
当露珠串住松针时的青翠的早晨，
当斑鸠欢唱在绿洲上的苍茫的薄暮，
它带给我们以无限的绯红的欢欣。
山麓下的溪水嘻嘻地笑着，
快乐流过祖母脸上的皱纹、
母亲底仰视的眉尖、我底幼年的心。

在那辽远的异乡——
娇慵无力的少妇般的西湖，
我曾经孤独地以深红的色彩，
图绘着金沙港上红树底颜容。
北高峰底翠微做烘托的背景，
树荫下是低的茅屋、蹲着的摇尾的狗，
菜田里的农妇飘扬着白的头巾、青的裙裳。
这良辰美景呵，
也曾唤回我幼年的快乐的残梦；
也曾诱惑我去追随自然底行踪；
也曾使我唾骂过发明蒸汽机的瓦特
与发现电力的安迪生[①]，
他们留下多么的愚行啊——
使天空弥漫着煤烟的黑雾，
奔驰的汽车把路旁的小草蒙上尘土的面纱。

[①] 现通译为爱迪生。——编者注

丹枫空有当年之色泽；
十年游子重归去，家园已全非。
对着烧残的梁栋与焦土太息：
往日的庭阶蔓延着南瓜的卷须，
鸦雀与鼷狸以此作争食的战场。
母亲长眠于旧冢，
祖母又卧入新坟。
欲砍下枫树换取糙米与大麦，
却久已无光顾之木商。
呵！贫穷唆使心爱的少女背叛，
老父底衰颜烙上饥饿的菜色。
荒凉的、幻灭的村野投掷出受伤的儿子。
于是我别了南国的山林、
东海的鸥唱与浪歌。
我也不复留恋着旧游的湖畔，
那银色的涟漪和乳色的朝雾，
都太灰白了，死静窒息着我；
白堤上的桃实与孤山的梅子饱不了饥肠
金沙港上的秋树已不够鲜红了；
我乃收拾起怅惘的空虚与彩色的画具，
流浪到这文明的旋涡——
机械与劳动所孕育出的都市；
听人海的汹嚣与汽笛的欢叫，
看烟囱背着辉煌的初阳构出新的图画……
如今！我是浴着血的噩梦与铁的幽光，
迈着沉重的驼步长征时间的广漠！

1933年秋天，于上海"法租界"监狱

收入诗集《枷锁与自由》《给诗人》和《中国社会科学院学者文选——力扬集》。——编者注

力扬诗集《枷锁与自由》书影（1939年，封面速写：李可染）

同志,再见!

——给毅

昔日——
在江南古城的
一个荒冷的角落里,
当你带着镣链的脚步,
从辽远的北方,
流徙过广阔的原野
与磨难的日子,
踏进我们底铁限的那天,
我是从悠长的可厌的生活里
号跳了起来,
以南方少年的纯朴的情调
和同志的亲热,
迎迓着
你那北国少女底
纯真的微笑
与眼海的深湛。
在漫漫的忧伤的岁月中,
每天,
我仰视着
射进铁窗的
一线阳光,
呼吸着
爱恋的气息;

或是凝注着
幽暗的墙根下
一朵寂寞地开放的
剪秋罗,
想像你的欢笑;
在不眠的夜晚,
我倚伏在窒息的铁窗边
看繁星的闪耀;
你生长在
我的枯寂的心灵上,
像一朵明媚鲜丽的红花,
活在没有水草的沙漠。

时间的筏
浮载着我们,
渡过患难的苦海,
我们终于也被解卸了镣链。
但当我们温热的手
可以自由地紧握的时候,
离别又带去
我们热情的风暴的欢欣。
三年,
我只怅望着北地的风沙,
遥祝你的平安。

今天,
太阳照落在
江汉的原野。
扬子江耀闪着
辉煌的金波。

在喧嚣的轮渡上，
我瞥见了你。
这意外的重逢，
巨浪似的激荡了
我久久怀念着你的心弦。
脉搏发动机似的跳动，
快乐拥抱着我
像江水拥抱着这行进的航轮。
我凝视着你，
惊疑这是梦中的会晤，
但你那被我所稔熟的
真实的脸，
却分明地显现在我眼前。
而且你告诉我——
在冰雪的大野里，
你跨上驰骤的战马，
追逐着我们的敌人；
你告诉我——
那些胆怯的愚蠢的强盗，
在我们英勇战士的
袭击下毙命，奔逃；
你告诉我——
人民们在斗争中，
智慧地创造着
许多神奇的战争的故事。
我紧紧地握着你底
曾经被我所热恋过的手。
但是，今天
我在你底肌肤上所感触到的
不是爱人底血液的奔流，

而是战士底铁掌的坚强,
我从心灵的深处
泛溢起对于
同志深切的敬爱。
在你那风尘的戎装上,
我呼吸到烽火的气息;
在你那沉毅的眼光中,
我看见了
三晋战士
为着民族的自由解放,
而斗争的英姿。

当你媚妩的微笑,
吸引我心胸的起伏;
或是我温暖的呼吸,
吹拂着你底鬓丝的时候;
我们也曾复活了
往昔的恋情。
但是,
祖国呼召着你,
神圣的战争呼召着你,
你是从血泊中来的,
为着民族的永生,
你愿意勇敢地
在血泊中死去。
北方,冰雪也许还没有
在阳光下完全溶化,
但是,太阳却照耀得
比南方更为美丽。
弟兄们在艰苦中

自由地工作,
自由地歌唱。
你——
像一匹
新生的小马,
快乐地驰回
你自己战斗过的疆场,
向光明的太阳行进。
我挥一挥坚实的手臂,
从心底吐露出
一声坚实的言辞
——同志,再见!

1938年6月,于武昌昙华林

原载1938年9月《诗时代》创刊号,收入诗集《枷锁与自由》《我底竖琴》《给诗人》和《中国社会科学院学者文选——力扬集》。——编者注雾季诗抄之四——

我们为什么不歌唱

当黑夜将要退却，
而黎明已在辽远的天边，
唱起红色的凯歌
——我们为什么不歌唱！

当严冬将要完尽，
而人类底想望的春天，
被封锁在冰霜的下面
——我们为什么不歌唱！

当镣链还锁住
我们底手足，鲜血在淋流；
而自由已在窗外向我们招手
——我们为什么不歌唱！

当悲哀的昨日将要死去，
欢笑的明天已向我们走来，
而人们说"你们只应该哭泣"
——我们为什么不歌唱！

1941年1月，作于重庆天宫府7号文化工作委员会。这时正当蒋介石集团举行第二次反共高潮,发动皖南事变后不久,反共逆流泛滥着整个国民党统治区。

　　此诗为组诗《雾季诗抄》5首中的第4首,原载1941年6月《文学月报》三卷一期,收入诗集《我底竖琴》《给诗人》和《中国社会科学院学者文选——力扬集》。此诗由洛辛谱曲后,曾在国统区青年中广为流传。1995年,又被用作侯孝贤导演、伊能静主演的台湾故事片《好男好女》的片头歌曲,以及由关晓荣等执导的台湾纪录片《我们为什么不歌唱》的主题歌曲。

——编者注

歌

我呼吸着
你底歌声所曾震荡过的阳光,
走在你底足迹所曾经过的大野,
寻觅你
于黎明所曾嬉戏过的林间。

但是,你在哪里?

我沿着祖国底每一条河流,
注视那欢唱着的流水,
想像起你汹涌的生命,
我在寻觅你
行走于满生芦苇的岸边。

但是,你在哪里?

我冒着漫天飘舞的风雪,
登上那最高的峰顶,
寻觅你
在黎明与黑夜所争夺的壕堑,
在严冬与春天诀别的路边。

但是,你在哪里?

于是,
我走向那座潮湿的阴暗的屋外,
贴伏在窒息的窗口,倾听着
——像有你受难的步声,
　像有你愤恨的呻吟。

难道你就在那里?

1942年5月,于重庆。皖南事变以后,在国民党统治区中,许多为人民解放事业而工作着的同志,被国民党投入监狱或集中营,感而作此。

原载1943年2月《学习生活》文艺版四卷二期,收入诗集《我底竖琴》《给诗人》和《中国社会科学院学者文选——力扬集》。——编者注

爱 恋

如果我是这溪滩上的流水，
我底亲爱的祖国呵！
我将紧紧地贴着你底耳朵，
用最清脆的、最美丽的声音，
谱着各色各样的歌曲，
坐在你底身边，唱给你听。
那歌声啊，永远诉说着
我所贡献给你的衷心的爱情。

如果我是这河岸上的芦苇，
或是那山坡下密密的棕榈，
我底亲爱的祖国呵！
我要伸着雪白的温柔的手指，
轻轻地抚摩着你所有的伤痕；
或是用纠结在地下的根须，
吸起清甜的泉水滴在你底口上；
又用宽大的叶子为你遮着太阳。

如果我是这秋天的早晨，
我底亲爱的祖国呵！
我将剪下那天上的彩霞，
为你缝制一件最舒适的衣裳，
叫飞翔着的白鸟给你穿上；

叫松林旁边的流水打起铃鼓，
到深深的山谷里去唤醒你；
更替你揭开那沉重的夜雾……

　　　　　1943年秋天，自北碚草街子赴重庆舟中作

　　收入诗集《我底竖琴》《给诗人》和《中国社会科学院学者文选——力扬集》，并在60年后的2003年3月18日17:05曾在中央电视台文艺频道的"电视诗歌散文"栏目中播出。——编者注

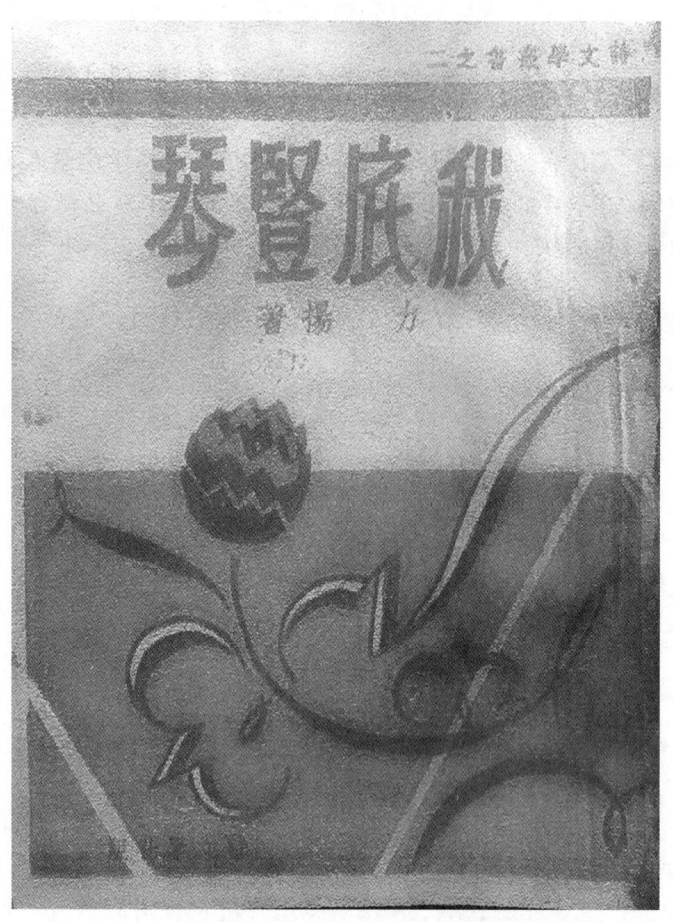

力扬诗集《我底竖琴》书影（1944年）

我们的队伍来了

我们的队伍来了，
浩浩荡荡饮马长江。
我们的队伍来了，
强大雄壮红旗在飘荡。
不怕你长江宽又深，
不怕你堡垒密如林。
我们的队伍要渡过波涛，
横扫千里。
我们的队伍来了，
要打垮贪污独裁地主豪绅。
我们的队伍来了，
穷人翻身老百姓做了主人！

原载1948年5月8日香港《华商报》第5版（周末版）。这首歌曲由力扬作词、蔡余文①作曲，解放战争后期曾广泛传唱于海内外革命青年中，人民解放军渡江部队就是唱着它突破长江天堑直至开进广州城的；这首歌曲还被用作1959年由上海天马电影制片厂摄制的故事片《地下少先队》的片头歌曲。——编者注

---

① 蔡余文(1921—2012)，男，广东陆丰人，幼时随父母在马来西亚，1930年回国，1943年毕业于西南联大理工科，因酷爱音乐，积极投身抗战文艺救亡活动；20世纪50年代毕业于上海音乐学院干部进修班，曾任华南歌舞团乐队队长、创作组组长，后一直在广州歌舞剧院工作至离休；一生创作大量的歌曲乐曲，并在音乐理论和潮乐整理方面亦有建树，其事迹已记载于《20世纪华人音乐经典》文库中。

《华商报》上刊登的《我们的队伍来了》词曲简谱

虹

一九五五年八月的一个傍晚，
天空刚刚收起了粗密的雨帘，
草木上还滴答着晶莹的水珠，
云缝间就放射出金色的光线。

在远山和原野相衔接着的地方，
蓝色的林带是如此深沉而静默，
没有斜风拂动它那齐整的树梢，
漠漠的轻烟覆盖它甜蜜地入睡。

太阳在远山后面射出强烈的光辉，
把云层映照成一片平阔的港湾——
那儿像是湛蓝的海，远扬的风帆，
这儿是褐色的礁石和橙黄的沙滩。

透过轻纱似的白色的流动云层，
在我们亲爱的首都北京底上空，
紫蓝色的天幕下面突然出现了
两道那样灿烂耀目的万丈长虹。

我们底祖先曾经长久地传说着：
虹，象征着希望，看见它的人
是幸福的；在那七彩的虹桥上，

攀登着七个为人类祝福的女神。

年幼的时候我是看见过虹的——
那是在夏天雨后初晴的黄昏,
我顺着母亲向天边遥指的手臂,
看见了一条彩练悬挂在云端。

在那幼小的年岁里我看见了虹,
我底稚嫩的心灵就充满着快乐,
因为我那无知的心灵还不知道
人世的不平和不幸,贫穷和富足。

当我在忧患的岁月里长大成人,
我底心就渐渐地和人民相亲近。
它镂刻着他们被剥削、压迫的形象,
它倾听着他们底愤怒、反抗的声音。

在那些日子里,我所喜爱和歌颂的
是倾诉着人民底苦难的,呼啸着的风雪;
是冲击着沉重的黑暗,孕育着黎明,
象征着人民底力量的席卷大地的暴风雨……

中国共产党出现在落后的东方,
就像万丈的长虹出现在万里长空。
它给中国人民带来幸福和希望,
它引导中国各民族走向自由和解放。

一九五一年七月一日雨后的下午,
阳光柔和地照耀着那润湿的天空。
在纪念党的诞生三十周年的大会上,

我底心才充满真实的幸福，又看见了虹。

马克思、恩格斯、列宁和斯大林底画像，
在红旗招展中微笑着向我们凝视；
万人的掌声迎来了亲爱的毛泽东同志、
刘少奇同志、周恩来同志和朱德同志。

爱戴中国人民的领袖，万众欢呼雷动。
在主席台的上方，先农坛底蓝色晴空，
出现了一道象征着胜利、象征着幸福、
象征着希望的那样瑰丽而庄严的长虹。

从此，我常常记忆起这伟大的日子，
常常想像着我们祖先所传说的故事：
一打开窗子，我就仿佛看见那攀登在
虹桥上的七个仙女为人民的事业祝福。

从此，新中国的人民会有着新鲜的想像：
他们看见那美丽的虹就像看见伟大的党；
那替人民祝福，带来幸福和希望的神仙，
不再在天上，已经走进工厂和集体农庄。

1955年9月3日—5日，于北京大学

原载《人民文学》1955年第10期，收入诗集《美好的想象》（未出版）和《中国社会科学院学者文选——力扬集》。——编者注

泉水是祖国母亲底乳浆

一

当我正是童年的时候,
曾经跟着邻居的小伴侣,
为了放牧羊群和牛群,
走向辽远、荒僻的山谷。

山谷是多么美丽和丰富,
它底一切都使我们迷惑。
我们在高坡上寻觅山楂;
在茅草丛中采摘刺莓的果。

爬上悬崖探望鹞鹰底巢;
在树梢上攀折枯朽的枝柯;
或是走入深深的林海里,
呼唤我们那迷途的小黄犊。

劳动给我们无限的欢快,
却也带来了疲乏和饥渴。
我们伏在涧边饮着泉水,
才熄灭了心中饥饿之火。

泉水是祖国母亲底乳浆,

连同爱情,她把我们哺养:
她使我们底四肢恢复了气力;
她使我们底眼睛发出亮光。

如今,那股清凉的泉水,
距离我的路程是如此悠长,
犹如我距离那黄金的童年——
它底甜蜜却还留在我心上……

二

当我正是青年的时候,
曾经结合着同志的伴侣,
用鲜红的色彩,火热的心,
描绘被压迫者底痛苦和愤怒。

但敌人憎恨那样的色彩,
不允许我们那样地去描画;
夺下了我们手中的彩笔,
给带上一副沉重的枷锁。

无数的鞭挞把肉体折磨,
仇恨和痛楚使我心中如焚。
我流着汗珠,靠在墙角上,
抓住水龙头,尽情地痛饮。

泉水是祖国母亲底乳浆,
连同爱情,她把我们哺养:
她爱抚着我青紫的伤痕;

她使我底眼睛更加明亮。

镣链锁不住真理和正义；
铜墙铁壁关不住革命的心；
春风吹过了重重的铁槛，
党的阳光照进了黑暗的铁门。

透过阴暗、窒息的铁窗，
我们听见了群众底呼声；
看见了长征队伍底火炬，
给祖国带来了永久的光明……

三

现在，当我中年的时候，
我居住在长江的江岸上，
每天我饮着浩荡的江水——
祖国母亲底甜蜜的乳浆。

迎着万里长流敞开窗户；
迎着万里长风敞开胸膛。
我接受着祖国无尽的爱；
我接纳着祖国温暖的阳光。

一缕清风掀动白色的窗帘，
我感觉到祖国母亲底温存；
一片野花开放在我底窗前，
我呼吸到祖国大地底芬芳。

每个早晨我在黎明中醒来，

感激的心情跟着朝霞飞翔，
对着耿耿的星空我在思忖：
如何报答祖国母亲的奖赏。

每个黄昏我踯躅在江堤上，
看铁水在夜幕下发出红光，
片片风帆穿过彩虹似的桥，
又引起我多少美好的想像！

每个夜晚我倚伏在枕上，
听江流为我们底幸福歌唱，
我又想念着哺育我的祖国，
想念着教育我成长的党。……

1959年9月于武昌蒋家墩

收入诗集《美好的想象》（未出版）和《中国社会科学院学者文选——力扬集》。——编者注

二、长篇叙事诗

射虎者及其家族
（增补篇）

1　射虎者

我底曾祖父是一个射虎者。
每个黑夜，
他在山坡上兽类的通衢，
安下了那满张着的弓弩。

他把自己隐藏在茂密的草丛，
伺候下山的猛虎触动引线，
锐利的箭簇带着急响
飞出弓弦；

伺候那愚蠢的仇敌，
舔着流在毒箭上的它自己底血，
发出一声震荡山谷的
绝命的叫喊。

他射虎，
卫护了那驯良的牲畜，
牲畜一样驯良的妻子
和亲密的邻居。

射虎者
射杀了无数只猛虎，
他自己却在犹能弯弓的年岁，
被他底仇敌所搏噬。

他底遗嘱是一张巨大的弓，
挂在被炊烟熏黑的屋梁上；
他底遗嘱是一个永久的仇恨，
挂在我们的心上。

2　木匠

射虎者留下一张弓，
也留下三个儿子。

他们都有弯弓的膂力，
却都没有继承亡父的遗志，

并不是忘却了那杀父的仇恨，
而是赤贫成为他们更凶恶的敌人。

于是，三个兄弟抓起了
三种不同的复仇的武器。

最大的抓住了镰刀。
第二个抓住了锄头。

最小的一个——我底祖父
抓住了锯、凿和大斧。

他给别人造着大屋，
却只能把黑暗的茅屋造给自己。

当他早该做爸爸的时候，
还是把斧头当作爱妻。

他像有遗恨似地摔下大斧，
也抓起了镰刀和锄头，

走向茅草与森林的海，
寻觅未开垦的处女地。

一年以后，他找到了两个恋人：
一个是每季可收割一石谷的稻田，

另一个是那刚满十四岁的，
看来像他自己底女儿的未婚妻。

为了举行那可怜的婚礼，
他还向亲友乞贷一箩谷、五十斤甘薯。

还有什么不满足呢，他已经找到
一个永远分担痛苦与仇恨的伴侣？

3 母鹿与鱼

初春的黎明，
祖母汲着晨炊的水。

一只被猎犬追逐得困乏的母麂，
躲避到她底围着拦腰布①的脚边。

祖母笑着，抚慰她，
像抱着亲生的女儿似地抱回她。
连水桶也忘记提回来，
让它在溪水上漂浮。

夏季暴雨之后，
山水愤怒地在奔窜。
水落时，祖父在石磴的缝隙里，
找到被溪石碰死的银色的鱼。

他们告诉我这些故事，
使我神往而又惊奇：
为什么我始终没有看见过麂，
也没有拾过这样的鱼？

难道"自然"母亲
现在已经变成不孕的老妇——
老不见她解开丰满的乳房
再哺育我们这些儿女？

也许她仍在健美的中年，
会生育，也有甜蜜的乳浆；
不是不肯哺育我们，

---

① 拦腰布，系农村妇女在操作时，围在衣服外面，用以吸纳灰尘和油垢的布，用有色的粗土布制成，围在腰间，下垂如围裙。——作者原注

而是被别人把她的乳液挤干。

4　山毛榉

山毛榉像黄桷树一样，
喜欢繁殖于多岩石的山谷上。
它呼吸了岩石的忍耐，
也呼吸了岩石的坚贞。

它有银片一样的震响的叶子。
它有着结实的细致的肌肤。
人们喜爱它，因为它是良好木材，
又是能够发着白热的火焰的柴薪。

我喜爱它，
因为它曾经是我们家族的恩人。
我那两位伯祖父却比他们底弟弟
——我底祖父走着更可悲的厄运：

像他们一生没有拥抱过女人一样，
他们一生也没有拥抱过肥美的土地。
山毛榉伸给他们以援助的手臂，
把他们从饥饿的黑渊里救起。

每个早晨，在太阳还没有醒来的时候，
他们就从垫着谷草的床席上跃起，
带着祖母点灯给他们烤制的
玉蜀黍馍馍，走入深山采伐山毛榉。

他们挥动斧头，嘎嘶地呼喊，
淌着汗，砍下坚硬的山毛榉。

靠着六月的太阳底火力烤干它们。
用藤条捆缚起来，挑向富庶的市镇。

秋天，是人们底欢乐的收获季节，
地主们底院子里洒满黄金的谷粒。
我底伯祖父们却流着眼泪和汗水，
挑着山毛榉换取地主们多余的食粮。

人们喜欢山毛榉，因为它
是良好的木材，良好的柴薪；
我喜欢山毛榉，是因为它
曾经救活了这一群不幸的人们。

5 白银

七月暴雨后的洪水，
是一条愤怒的毒龙，
它吼叫，又像在哭号。

我们和它结过什么冤仇呢？
它老是用那无形的爪牙
攫去我们的桑地和稻田；

攫去了结着甜蜜的果实的
柿子树、堆叠在溪滩上的木材；
攫去了那逆着水流而泅渡的
忠实的大牯牛。

它真是张着爪牙
攫去了我们所喜爱的一切，

而又吐着飞溅的唾沫
把食物慢慢地吞咽。

农人们都穿起蓑衣,
把裤子卷得高高的,站在两岸,
凝视着这无尽的灾难。
女人们攀在屋楼上尖声地叫唤。

祖父们也像那些有田产的人,
惶乱地走在岸上,为灾难伤心,
但也想从那饕餮的毒龙底口里,
夺获一些已经失去主人的财物。

"快把撩钩拿出来呀,
水头上漂着无数条杉木,
真是无数条白银!"
祖父叫着,放下旱烟杆。

祖母卷起拦腰布,
飞跑地捧出撩钩,
在田埂上滑倒了
却很快地爬起,年轻地笑着。

祖父扑入那滚卷着的水流,
水花铺过他底胸口。
伯祖父们也跳上那露在水面的
岩巅,一齐掘下了撩钩。

三把撩钩从毒龙的口边,
夺下了十数条巨大的白杉。

大家都说那真是一条条的白银。

三个被欢乐所激荡着的晚上,
祖父们都围在晚餐的灶前,
争论着怎样使用这些条白银。

二伯祖父羞怯地说:要娶……
大伯祖父要去典一个妻。
祖父主张最好还是买两石稻田。
祖母硬要做一具织布机。

第四天早晨,刚出了太阳,
大家正要磨亮斧头,去采伐山毛榉,
却来了两个不速的尊贵的客人:

一位是我们村庄里的地保①。
另一位是我们同宗的"恩赐贡生"②
——许多田地和森林的主人。

祖父们以同血统的挚爱,
去迎接这宗族的名人;
祖母以农妇的纯朴的笑,
去接待这邻村里的长老。

但是,他却从玳瑁眼镜的下边,
射出愤怒的燃烧着的火焰,

---

① 地保,清朝和民国初年在地方上为官府办差的人。——编者注
② 贡生,明清两代科举制度中,由府、州、县学推荐到京师国子监学习的人。"恩赐贡生"是由皇帝特别恩赐的贡生。——编者注

瞪着我底祖父说：
"你为什么盗了我底杉木！"

祖父用忍耐咽下了愤怒，
和善地回答：
"我不知道这杉木是谁的，
所以把它捞起，没有送上。"

"送上！如果我们不来，
你们会晓得送上！
这明明是盗窃，我正要把你们
连人带赃一起送上……"①

祖母用眼泪去哀恳。
祖父们悲叹地等待着黑暗的命运。
地保却像是怜悯我们似地说：
"最好是杉木送还，罚款了结。"

于是，我底祖母从箱角里，
翻出一个蓝花布手巾的小包，
解开它，数了二十七圆的白银，
无尽的泪珠落在她战颤着的手上。

那些白银——是我底祖母
用每个鸡蛋换成三个康熙大钱，
七百文康熙大钱换成
一块银圆的白银啊！

---

① 此"送上"二字，系送上衙门之意。——作者原注

于是,我底祖父和伯祖父们,
用肩挑过山毛榉的柴担的
起茧的肩膀扛着那些大杉木,
给"恩赐贡生"送上。

于是,我底祖母哭泣了三天:
"你们要从水里抢下白银,
但别人却已经从
我们底血里抢去了白银……"

6　"长毛乱"[①]

"长毛来啦,大家逃命呵!"
像一个顽皮的牧童,
向平静的池沼投下一颗石子,
这古老的绿色的和平村庄,
就被这流言的石块所骚动。

恐怖传染着整个村庄。
老太婆喃喃地念着"阿弥陀佛"。
女人们忙乱地收拾衣服和首饰。
孩子们满街奔跑,哗叫着,
那声音不是惧怕,也不是欢喜。

年轻的佃农和长工们在街头谈论,
却又有闲情似地用调笑的眼睛盯着
那些不常出街的逃难的闺女。

---

① 太平天国因反对清朝辫发之俗,军民皆散长发披在肩上,所以清朝反动统治阶级称太平军为"长毛";太平军失败后,小股散落乡村,地主士绅称为"长毛乱";都带有侮辱和轻蔑的意思。由于统治阶级意识的影响,在旧社会的民间,也沿用了这种称呼。——作者原注

他们有的主张逃跑,有的却说:
"何苦呢,他们除了解开辫子,
散着头发,还不是和我们一样?"

那"恩赐贡生"的长工还说:
"听说他们是帮汉家打天下的
——虽说打败了,也还是英雄。
待他们来了,我们正好去加伙。
也把这根长在我们头顶上的
奴才尾巴,趁这时候解去。"

那"恩赐贡生"听到这奴仆的言语,
他底眼睛又一次地发出火焰:
"你这罪该诛戮三族的奴才,
也想做那称兵犯上的匪徒,
曾侍郎的湘军①会把你们剿灭。"

他如此地教训着。但袭来的恐怖
到底使他失去了愤怒,也失去了庄严。
他破例地把辫发盘在头顶上,
改成农人的装束,挟着那保存田契的
小木匣,狼似地窜过后山的森林。

我底祖母炒了两升苞谷米的干粮,
装在小箩兜里提着,还背起一个包袱。
祖父赶着大牯牛。二伯祖父扛着犁锄。
大伯祖父却坚要留着看家,他说:
"怕什么?除了老命什么也没有。"

---

① 太平军起义后不久,官僚地主阶级以湖南湘乡人曾国藩为首,最先起来组织地主武装,反对太平军,保卫清皇朝。他的军队号称"湘军"。侍郎系曾国藩早期的官职。——作者原注

那些太平天国的英雄们，
当他们用痉挛的仇恨的手指
解开辫发，抓起斩马刀和红缨枪，
以愤怒的吼号震撼着
爱新觉罗氏底王座的时候，
他们曾经是农民们亲密的兄弟。

他们曾经用革命的斗争，
打碎封建的压迫，剥削的枷锁，
带来了平等、博爱和自由；
也带来"有田同耕，有饭同食，
有衣同穿，有钱同使"的
农业社会主义的空想。

但在那遥远的落后的年代里——
城市里还没有汽笛和机器的声音，
乡村里还只有手摇纺车的歌唱；
既然没有彻底推翻封建制度的力量，
也还不曾诞生一个最先进的阶级，
来领导农民实现人类最好的理想。

现在，他们是被反动的大军所击败了；
被那些为了自己底爵位和土地，
做了历史的罪魁、人民和种族的败类，
做了皇室的忠仆的人们所击败了。
这些败类虽然不可能倒转历史的车轮，
却也把封建黑暗的统治延长了半个世纪。

我那年青的祖母和邻居的妇女，

躲藏在茅草与荆棘的深丛里。
那搜索地主的红缨枪刺在她的底股上，
她用拦腰布轻轻地拭去枪尖上的血，
那持枪英雄才若无所觉地
失望而去，留下她战抖着的生命。

二伯祖父攀在森林内的木茶树上，
想靠那繁盛的枝叶，阻隔住
沿着小路奔来的搜索者底视线。
可是，当那英雄托起土铳要瞄准的时候，
他就跳了下来，夺下那个人的武器：
"你，你怎么把枪口对着农民兄弟！"

那"恩赐贡生"的长工和贫苦的佃农，
引着一群英雄，在山头搜获他们底主人。
就用被俘者的长辫把俘虏吊在树上，
逼他说出地窖的所在，掘去一坛白银。
然后，他拿起了他主人底红缨枪，
加入那向着茫茫的道路而远征的队伍。

当那败退的队伍已流向远方，
祖父带回他底妻子和枯牛，
二伯祖父也带着土铳归来的日子，
那空虚的茅屋却已经失去了那看家的人。
两兄弟沿着队伍所经过的道路去寻找，
在三十里外的田埂上才找到了大哥的尸身。

他倒在那里。是哪一个鲁莽的英雄，
对着农民兄弟的胸膛错杀了这一剑？
他也是一生被欺侮被剥削的人，

如果他了解了你们，他底心就会和你们亲近。
你们看他那不瞑的双目瞪着灰白的天空，
难道不是对这冤屈的死亡提出痛苦的疑问？

你们看他倒在那里，带着五十年的
没有爱情、没有欢笑的日子，
倒在那并非属于他自己的土地上；
却又用最后的血液温暖着泥土，
用最后的气力通过抽搐的手指
深深地揿着一生梦想着的泥块……

7 虎列拉

八月的傍晚，没有风，
火红的流霞燃烧着，缠绕着
远山上紫色的杉木林。

向日葵低垂着被阳光灼伤的叶子。
静止的，蒸郁的园地
喷散出牛粪和辣蓼的气息。

一个生客用微弱的哀恳的叫唤，
叩开祖父底已经上闩的柴门。

他摇晃着那赤裸而瘦弱的，
但曾经被太阳与风雨长久抚爱过的
紫铜色的身子，放下包袱和油纸伞。

他以无力的迟钝的言语，

向我底祖父诉说——

在那遥远的、没有泥土
只有岩石和森林的山谷里,
有他那个风吹雨打的家。

每年初夏,砍下白栎树,
寒冷的日子上窑去烧炭。
秋天闲着做些什么呢,
自己没有一颗谷稻可收割?

每个秋天,走向遥远的城市,
替那些只有广阔的田地,
却没有劳动力的人们收获稻粱。
用加倍的汗水换来加倍的工资。

"但是,老伯伯!今年
我没有带回钱,却带回病来啦。
请借你家的谷草窝宿一晚,
再拖一两天,我就会看见了家。"

为了乞取主人底应允,他没有说出
也说不出他带回来的是什么病——
他自己并不知道那就是虎列拉。

祖父用宽阔的笑接纳了这受难的人。
二伯祖父和那带来死亡底种子的
年轻客人同卧在狭窄的白松木的床上。

第二天早晨,客人已摇晃地走出大门,

二伯祖父却仍然卧在白松木的床上。
那死亡的种子已找到它繁殖的土壤。

衰弱的老人在松木床上打滚,
像孩子似的哭泣着,呼喊着痛楚,
用最后的生命和死亡决斗。

我们底乡村有什么医院、医生和药品?
我们底医院是穹隆下面那绿色的草原,
我们的医生是住在天上的那虚渺的神灵,
我们的药品是那苦味的草根。

谁也不会发明一种治疗这疾病的
草根。我们把这疾病叫做瘟症,
叫做无可抵抗的黑色的命运,
叫做不能战胜的黑色的死神。

于是,我那罪孽的伯祖父
就成了千万个战败者的一员。

没有妻子底捶胸的哭泣,
没有儿女底眼泪的温存,
没有生命底延续的根苗,
他诀别了这个只是一半属于他自己的家。

享受了一碗生冷的座头饭①,
享受了几杯稀淡的奠酒,
他被搬入了几块薄板夹成的

---

① 乡村风俗,人死后,置米饭一碗于死尸座前,叫"座头饭"。——作者原注

永远黑暗、永远寒冷的新居。

带着那些不成串的冥钱底灰烬，
带着一条薄棉被、一席草荐，
带着五十年的人世的仇恨与酸辛，
他遂永远安息于那荒凉的墓穴……

8 纺车上的梦

初春的柔和的细雨
像一幅无边际的帘幕，
它静静地悬挂在大地之上，
静静地悬挂在山岳和森林的中间。

冰雪的溶水
使一切的河流慢慢地涨溢；
草木的新芽在堆积着枯叶的泥土上
像最初胎动的婴儿开始苏生。

这是一个困倦和逸乐的季候。
地主们纵情在无耻的荒淫上，
狂欢在迎春的筵席上，
享受一切不劳而获的幸福。

懒惰的庄稼汉，
也像刺猬似地蜷缩在
破烂的棉被里边，
拥抱着"寒冷"和"贫穷"瞌睡。

我底祖父母们

被过去的痛苦生活所鞭策，
被未来的幸福的想望所唤醒，
很早地起来，迎接着每个黎明。

我底祖母点起菜油灯，生起炉火，
火光照红了那悬挂在屋梁上的
那张巨大的弓——永久的复仇的标记，
火光也照红了她底复仇的心。

牛棚里，小犊牛在灯影里跳跃了起来，
把头顶伸出了栅栏，瞪着碧蓝的眼，
用天真的吼叫代替着甜蜜的语言：
"你早呵！辛苦的女主人！"

鸡埘①里，公鸡拍击着翅膀，
用歌唱呼唤黎明，惊醒了
那用拦腰布捆在祖母底背上的
两周岁的婴孩。

这小小的黑暗的茅屋，
它也满着烟火和牛粪的气息；
这小小的黑暗的茅屋，
也充满着"小康"的欢喜。

祖父吃过了早饭，穿起新织的蓑衣，
在屋角里找到了锄头和镰刀，
背负起多刺的杉树秧，

---

① 鸡埘，在墙上凿的鸡窝。——编者注

穿过细雨的帘幕，走向遥远的山岳。

那被春雨所润湿了的
悬崖下面的茅草山是多么肥美，
祖父挥着脸上的汗珠和雨水
掘起深坑，栽下了杉树秧。

他也栽下了一个遥远的美好的梦：
"愿风雨不要吹打你，
愿牛羊不要踩踏你，
你快快地长大，给我们做屋柱和栋梁。"

"我们那三间破茅屋
真是又黑又矮，
炊烟熏黑了屋梁，
蜘蛛网结在布帐顶上。"

"也没有一间仓库存放粮食，
老耗子在谷堆里做窝，
又在生育着小耗子，
松鼠偷吃我们底包谷和甘薯。"

"杉树秧，杉树秧，
愿风莫吹你，雨莫打你，
你快快地长大成栋梁，
给我们造一座高高的瓦房子。"

一阵山风刮过丛生着白栎树的悬岩，
吹落了祖父底褐色的斗笠，

同着他那遥远的美好的梦
一起飘向那茅草的海上。

祖母把婴儿放在摇篮里,
把看管的责任交给那五岁的童养媳,
让这一对未来的夫妇
在孩提的时候就开始仇视。

她自己却坐上纺纱车。
纺纱车的声音悠扬又清脆,
它是农村里的一支唱不完的歌,
它是农妇们的劳苦的申诉。

棉花的纤维是无限的长,
纺纱车上的年轻的祖母
也有一个梦,她底梦呵,
比棉花的纤维更长更美。

"孩子的爹呀,你看
你栽的杉树秧,
都已经长大成栋梁,
比船头上的桅杆还要长。"

"我们请了好多的长工和邻居
才把大杉木搬了回来,
堆叠在屋前的场地上,
高高的就像一座小山……"

"我纺的哪里是棉花呢,
简直是一条条的白银,

"我用这些白银去买下屋基和砖瓦,
还请了许多的木匠和泥水匠。"

"许多工匠穿梭似地在屋基上忙碌,
斧砍、锯、凿的声音,
打击石头的声音,叫唤的声音,
真的把我震得头昏眼花。"

"可是我快乐呢——
我一个人背着孩子
烧菜、烧茶又做饭,
还替他们递送砖瓦。"

"就是我们那黄毛小媳妇
也比平时都勤快,
她到木工场上去抱来刨花,
替我烧火又生炭……"

纺纱车忽然停止了转动,
祖母手上的棉纱
由于她底瞌睡也突然地被拉断,
只有檐溜的声音单调地在絮聒。

那被饥饿着的童养媳
正攀着灶头,在偷吃锅巴。
祖母用口液接起了棉纱,
踏动了纺车,又叫她替自己的好梦歌唱……

"啊呀!孩子底爹呀!
你看:我们底新屋已经落成啦!

正屋是五间，还有前后轩，
四面筑着高高的围墙。"

"我们底孩子早已入学读书，
就在新屋落成的那天。
府城里送来一张大红的喜报，
说我们底孩子进了第一名秀才。"

"真是喜上加喜呢！
我们就雇了一班吹鼓手，
到十五里路外的船埠头，
吹吹打打地迎接他回来。"

"就趁这吉日良辰，
把我们底小媳妇也装扮起来，
黄毛丫头十八变，
看来也还像个新娘。"

"儿子穿着蓝衫，
戴着红顶，蹬着乌靴，
坐着轿子回来，
就像戏文里的小生中了状元。"

"现在状元就出在我们家里，
还有什么人敢欺侮我们？
就是那'恩赐贡生'和地保，
也再不敢敲我们的竹杠。"

"就只可惜我们的媳妇，

总还是生着沙眼,
虽说戴上珠冠玉佩也不光彩,
哪里配做秀才夫人……"

祖母底好梦还没有完尽,
祖父已经从山谷里回来,
他站立在纺纱车的前面,
蓑衣上的雨水滴落在妻子的脸上。

妻子被寒冷的刺激所惊醒,
揩试一下从梦里醒来的眼睛,
向丈夫投出一个会心的微笑:
"我正做着一个多好的梦呵……"

这是被压迫得过久的人们,
在仇恨的日子
哭泣得太多,哭泣得太久,
想用这温暖的梦来拭去泪痕。

这是被鞭打得过久的人们,
有冤屈无处可申,
想用那微末的虚荣,
来洗涤心头上的悲愤。

这是一个梦呵!
但由于他们底汗血的灌溉,
由于他们底"勤劳"和"忍耐"的培养,
十年之后,这梦也成为现实。

(1944年)10月21日夜、北碚

9　童养媳

你到过我们底穷苦、古老的村庄吗?
你听说过
那些生活在饥饿和鞭挞里的
童养媳妇的命运吗?

她们底命运
是一条走不完的崎岖、狭窄的小路;
她们底命运
是一支唱不完的悲歌。

在姑娘们青春的日子里,
生命像松林后面灿烂的朝霞,
生命像果树园里的花木
在雨水和阳光的养育里发芽、开花。

童养媳却永远没有春天,
童养媳的春天像积雪下面的枯柴,
永远被压抑在
婆婆底咒骂和鞭打的下边。

在我们底穷苦、古老的村庄里,
磨坊下的流水诉说着年代的寂寞,
而人们却永远地诉说着
童养媳的可悲的故事。

一个童养媳因为疲劳的瞌睡

烧焦了一锅饭，
她底婆婆就用烧得通红的火钳，
在她底脸颊上烙下两条惩罚的伤痕。

如果她一不小心，打破了一个饭碗，
她底婆婆就罚她跪在水缸边的湿地上，
面对黑暗的墙角，带着哭泣和饥饿
挨过她底被宣判了的刑期。

她要在半夜里去汲取晨饮的水，
眼泪和怨恨一起滴入咽呜着的小河，
河水也许有枯竭的时候，
童养媳的眼泪却永不会干枯。

每个冬天，她永远战栗地
穿着一件破烂的单衣，
并不是战栗在羞耻的前面，
而是为了比羞耻更残酷的寒冬。

我走过无数个村庄，
我不曾看见过哪家的童养媳
有过一次的欢笑，
没有千遍的哭泣。

我不曾看见过哪个婆婆
不爱她底女儿而憎恨着童养媳。
童养媳是破铜和烂铁，
女儿却是发亮的白银和黄金。

我底祖母老是用微笑和仁爱
去接待着这世界,
因为她曾经被这世界所损害,
却要用加倍的爱去报答这世界。

难道是每家的婆婆和童养媳
都在前世结下了冤仇?
我底祖母对待她底童养媳
也一样地失去了宽大和仁慈。

她,我底父亲的第一个妻子
出生在一座荒凉的山谷里,
"赤贫"是她底父母,
"孤苦"是她底身世。

她出现在我们底家族里边,
就好像从市集里买来的
一只脱毛的小猫,一只肮脏的小猪,
并不花费太多的代价。

她底眼睛被过多的哭泣
和过多的灶火底灰尘所伤害。
当它还不曾懂得爱情的日子
就被"沙眼"夺去了美丽和清明。

裹足布缠住她底双脚,
叫她逃不掉痛楚的鞭打,
怨恨、痛苦和寂寞缠住她底心,
她底心像雪水一样的冰凉。

结婚是幸运者幸福的标记,
结婚却是不幸者悲惨的开始。
当她刚生下我底姊姊的时候,
就被我底进了秀才的父亲所遗弃。

三十年的"活寡"的生活,
留在人世上的是嘲笑、耻辱和酸辛。
当她底患着沙眼的眼睛,
到她瞑目的日子也不曾看见过爱情。

她不是生我的亲娘,
但我爱她却远胜过我底母亲。
我永远看见一个呼喊着复仇的
面影,站立在我底面前……

10 不幸的家

当那个年轻的绅士——我底父亲,
飘着秀才的蓝衫
行走过一个热闹的市镇,
就用他底仪表和虚荣恋爱了我底母亲。

她是一个没落家庭的女儿,
她带着一只红漆木箱,一顶蓝布帐,
但也带着她底精明、美丽和才智,
参加了这射虎者的家族。

她带来的还不止这些,

她也带来了婆媳间的不睦,
她又带给那被遗弃的母女
以永远的怨情的哭泣。

祖母说新媳妇
穿得太好,吃得太费,
连手脚太快、口齿太伶俐也不顺眼,
把所有的仇恨都给了母亲。

祖母却把人生最后的爱
给予了曾经被虐待过的童养媳。
并不是用这个爱来彼此饶恕,
而是用这个爱去挑拨另一个仇恨。

老祖父却始终偏爱着
他底汗血所培养出来的儿子。
儿子是他底光荣和梦想,
倒疏远了同甘共苦的妻。

这是一个不幸的家,
充满着斥责、诅咒和啼哭;
这是一个不幸的家,
充满着指鸡骂狗的纠纷。

如果"家"会给人类带来幸福,
何以我们底家偏偏是如此?
如果家不会给我们快乐和欢笑,
何以人类又把"家"字写上历史?

11　黄昏

乡村的黄昏是寂寞而又悲哀的。
灰色的林子静静地站在山谷里，
蝙蝠无声地在飞翔，
黑乌鸦绕着橡子树惊惶地啼。

黄昏像一个最痛苦的梦，
沉重而又朦胧；
黄昏用战抖着的手摩抚着原野，
也摩抚着我们哀愁的家屋。

黑乌鸦的啼叫，
已经带给我们以不吉的预兆。
老祖父喘着人生最后的气息，
洪亮地可是嘶哑地呼唤着儿子。

"我们的祖先是打猎的人，
我们是种田种地的人，
我们有一个要报复的仇恨，
不要再把仇恨加给和我们一样的人。"

黄昏慢慢地收敛，黑夜已经到来，
天地也已经闭了眼。
可是这巨大的老人还闪着最后的眼光，
注视着儿子是否接受了他底遗言。

牛棚里母牛在生育小牛，

小牛犊第一声的孺叫
惊醒了垂死的老人,他伸着抽搐的手
指着牛棚那边,喃喃地说:"牛!牛!"

这驯良的牲畜是他终身的好友,
当他向这人世永远告别的时候,
最留恋的不是老妻和孩子,
而是那忠诚的劳苦的牛。

他穿着白色的尸衣,
庄严地躺在尸床上,
泥土色的脸衬着雪白的须眉——
旧时代的黄昏里消失了一个旧时代的典型。

12　童年的伙伴

周海生是我们家的小长工,
他是我童年时代的
最忠实最亲爱的伴侣。

当我失学在家的时候,
我就跟着他
上山去割草、放牛。

他告诉我草鞋怎样的穿,
他告诉我
镰刀怎样的磨,怎样的用。

他告诉我山莓在什么地方

去寻找，白百合花
在什么地方去采摘。

当我们砍柴砍得疲倦的时候，
他就带着我爬上高山尖，坐在茶树花下
看漂流在山谷里的云彩。

我是这家族的长子，
周海生，恰像是我底哥哥，
我对他亲密又尊敬。

但是，那是为着什么呢——
我吃着白饭和猪肉，
他只吃着甘薯干和苞谷。

我睡在金漆的雕花的床上，
周海生却睡在
牛棚旁边的稻草床上。

我生活在父母的宠爱里，
但是他，周海生
却生活在打骂和屈辱的里边。

一天，周海生背起破包袱，
偷偷地叫我到后门口，
哑声地说："我要走……"

"海生，你为什么要走呢？
你没有亲戚，没有家。"

他说:"我要自由……"

当我提着手提箱,穿着破西装裤子
流浪过罪恶的都市,回到故乡的时候,
我们底乡村是在饥饿着,我底家也在饥饿着。

饥饿像一条无形的绳索
绞缢着饥饿的人们,但也联结了他们
结成一支强大而勇敢的队伍!

但是周海生,你在哪里呢?
我的久别的忠实而亲爱的朋友,
你在什么地方去寻找"自由"?

六月的晚霞像一片饥饿的火焰
从饥饿的大地上升起,
燃烧在灰紫色的天边。

从暮色苍茫的森林的中间
穿行过一个倔强的农民少年,
他底肩上托着一支来复枪。

"是你吗?周海生!"我放下手提箱,
"你从哪里来,到哪里去?"
他用微笑指着臂章上的标志。

我了解他,那鲜明的臂章
就是"自由"的标志,
我知道他是从哪里来,会到哪里去。

战争像一阵狂暴的风雨,
吹刮过饥饿的乡村,
也吹刮过饥饿的队伍。

周海生底宽阔的胸脯,
被无数颗的仇恨的子弹所洞穿,
茁壮的躯干被抛在溪水上漂浮。

他底左臂佩着鲜明的臂章,
他底右手执着象征"自由"的旗,
他底嘴张开着,吞咽着自己的血水。

红霞像一片饥饿的火焰,
它照耀在天边,它照耀着溪水,
也照耀着牺牲者底血污的脸。

周海生!难道你还有什么遗恨?
你底眼睛是这样愤怒地张开,
你是为"自由"而死,为"自由"而战!

13　弟弟,你为什么要哭泣

弟弟!你为什么要哭泣?
难道死去了的母亲,
她留给我们的爱情的回忆
不能医治好继母底鞭挞的伤痕?
弟弟!你为什么要哭泣?

弟弟！你为什么要哭泣？
是衣服穿得太单薄，
是被盖里没有了棉絮，
是不能忍受的饥饿使你痛苦？
弟弟！你为什么要哭泣？

弟弟！你为什么要哭泣？
是砍柴太吃力、太辛苦，
是森林里的风雪太冷，
是道路上的泥泞太滑？
弟弟！你为什么要哭泣？

弟弟！你为什么要哭泣？
是寒风吹得你底皮肤坼裂，
是荆棘刺破你底指尖，
是你底脚跟冻得通红，变成疮？
弟弟！你为什么要哭泣？

弟弟！你为什么要哭泣？
你已经找到了祖父底生锈的大斧，
你已经找到了祖先底锄头和镰刀，
你应该替我们底家族复仇！
弟弟！你为什么要哭泣？

弟弟！你为什么要哭泣？
当你要磨亮镰刀和斧头的时候，
你为什么眼泪和怨恨一起滴上磨石？
难道除了祖先留给我们的仇恨之外，
你又找到了新的仇恨？弟弟！

14　我底歌

射虎者留下那张弓
——永远的复仇的标记。
但是，那三个接受遗嘱的儿子，
还没有揩拭去那弓弦上面
被猛虎所舔上的先人底血迹，
却又各自地找到了新的仇恨，
又把一张张的遗嘱留给我们
——那生锈犁锄挂在牛栏上，
缺了口的镰刀和斧、凿
寂寞地躺在厨房的墙脚边，
那张巨大的弓，也仍然
挂在被炊烟熏黑的屋梁上。

而我底父亲却要永远安逸地，
飘着秀才的长衫散步在我们底祖先
用汗血开垦出来的可怜的稀少的田地上，
蜷伏在黑暗而潮湿的古屋里边，
躺在懒惰而发霉的床上；
不敢对我们朗读那一张张的遗嘱，
只是用羞怯的眼望着它们，
像是对我们无力地说：
"孩子们，替祖先复仇？
或是永远地忘记了仇恨，
死心地做它们屈辱的奴隶？
由你们自己去选择吧。
在这两条路的前面——

我是兀力复仇,
却也不能忘却它们……"

但是我,我却深深地爱着
祖父底飘在泥土色脸颊上的
那银丝一样的鬓髯,
爱着他那经历了七十一年的风霜
而犹像古松一样坚实挺拔的身子,
爱着他那临死时抚摩过
我底柔软的头发的巨大的手。
而他那留给我们的遗嘱
——锯、凿和大斧,
又是我孩提时唯一的伴侣,
纵使它们砍伤了我,
我也不会有太多的哭泣,
因为我在它们的上面
读懂了祖先们的血和泪的生活,
与他们所要嘱咐我们的言语……

我乃磨利了那缺口的镰刀,
跟着邻居的伙伴,
上山去采伐柴薪。
但是,那锐利的刀锋,
吮去了我过多的鲜血,
满地的荆棘又刺伤我底足心,
我痛楚地憩息着,
坐在山岭的岩石上,
对着那穿过黛色的群峰
与天幕的碧海,

而航向远方的云朵底白帆,
我也扬起了高阔的意念:
"除了这镰刀,
我们是不是
还有更好的复仇的武器?"

于是,我又在父亲底抽屉里,
找到了被他所遗弃的破笔,
而把镰刀交给我底两个弟弟。
我底弟弟们
在继母的嘎声的鞭挞下面,
眼泪和怨恨一起滴上磨石,
磨亮那祖传的镰刀,
哭泣着,上山去采伐山毛榉。
难道他们还没有替祖先复仇的日子,
自己却已经找到了新的仇恨?

我是射虎者的子孙,
我是木匠的子孙,
我是靠着镰刀和锄头
而生活着的农民的子孙,
我纵然不能继承
他们那强大的膂力,
但有什么理由阻止着我
去继承他们唯一的遗产
——那永远的仇恨?
二十年来,我像抓着
决斗助手底臂膊似地
抓着我底笔……

可是，当我写完这悲歌的时候，

我却又在问着我自己：

"除了这，是不是

还有更好的复仇的武器？"

1942年，诗人节后一日写完于重庆①

现全诗第1-7章和第14章原载1942年8月《文艺阵地》七卷一期，收入诗集《射虎者及其家族》（1951年8月新文艺出版社出版）和诗集《给诗人》（1955年11月作家出版社出版）时，作者分别对部分诗句、节段做了修改和增删。现全诗第8章原载1945年2月《诗文学（丛刊）》第一辑《诗人与诗》；其余各章依作者手稿整理并曾附于《中国社会科学院学者文选——力扬集》（2008年12月中国社会科学出版社出版）中。——编者注

---

① 是指现全诗的第一至七、十四节。——编者注

三、美术文述

图案与绘画的分野[①]

图案的意义。图案与绘画的起源。图案与绘画的分家。图案与绘画的区别。近代图案之勃兴。图案的领域。

图案二字，是英文 Design 的译意，是装饰和美的设计的意义，是以凡属于空间艺术中的实用艺术者悉属之。

图案本是我们中国特长的造型艺术，只以图案二字，是新近才跟着新文化的输入而输入而显现在国人的目前的。一般人对此突如其来的名词便不禁发生怀疑了："图案是什么？""图案贡献给人类的功效是什么？""一样地利用笔、纸、色彩而构成的图案与绘画，有何区别？"这是没有了解图案与绘画的演进，及明了两个分野的界限所致。

这两个分野的界限，确也模糊得如春雨迷蒙时的湖水与天的界限一样令人难辨；然而水面上是天，天边下是水，我们又不难探寻而得其界域界也。在上古的时代，图案与绘画不仅同源，而且两者彼此混合着替人类服务；并没有分出什么是图案什么是绘画的，欧洲新石器时代的马德兰时代骨角上的刻画，用单纯的线条描绘着自然物象的轮廓，这是当时人类对于美的欲求之表现。这刻画是西洋绘画的起源，同时也就是图案的起源，因其无论在形式上在功效上都不能划分泾渭的。中国轩辕氏时所创造的满含图案性的象形文字，虽史乘上单说是文字的起源，而实际上也就是绘画与图案的起源了。到了有虞氏时便绘画日月山川星辰龙雉藻等自然物象之形，于衣服旌旗之上，以为装饰，这更合乎图案应用的旨趣了。

自此以后，迄乎六朝，中国的图案是继续发展着，而纯粹艺术则尚胎宿于图案的统治范围之内，并未独立建树门户，即所谓绊羁的艺术时代。由宗法观念而产生的商周时代的钟鼎彝器，春秋时公输子的丰功伟业，阿房未央

[①] 以季春丹之名刊发。

的建筑，汉代的砖瓦与武梁祠孝子山堂的刻石等光荣宝贵的工艺艺术，到现在还替中国在世界上撑持门面，而绘画之见诸史册者，毛延寿为昭君画像一故事而已。这可想见这时期图案的隆盛了。西洋在新石器时代后的图案，显著者有阿拉伯纹样及波斯地毯等等的创造。我们知道当时的图案也是在继续地发展的。

魏晋之际，五胡猖獗，骚扰了不惯于戎马的士大夫们平静的心怀，而给他们以莫大的忧伤，他们除消极地清谈黄老外，更崇尚文采风流以消排苦闷的时日，因此绘画便独树一帜地兴隆起来，成为文人墨客玩赏的奢侈品了。而在上古时与绘画同源流同功效的图案，遂以制作烦琐，与含有可以获利的实业性，为士大夫们所鄙视（因为士大夫们是以疏懒与安贫为高尚的）专让匠人们去研究制作了。图案与绘画便从此分家。欧洲上古时的图案与绘画合而不分，已如上述。其彼此分家究在何时，尚须待考。但图案之独立发展最隆盛时代，则在十九世纪中叶由 Otto-wagner 及 willian Morris 诸图案家极力提倡之后。欧洲的工业发达较早，故图案的发达，近古盛于远古。而中国则以工业从未隆盛之故，所以有价值的图案多产生于宗法观念极隆盛的古代。我绝对不是赞颂宗法制度的社会；不过说明中国图案所由产生的原因罢了。

我们现在要说明近代的图案与绘画何以会分道而驰？一则离自然愈远、一则离自然愈近呢？要解决这问题，我们首先不要忘记：图案是实用的；而绘画则是再现自然而表现人类的思想与情感，给人类以教训、感染等力量，具有诗歌同样的功效，决不能具体的给人类实用的；虽则两者都是为人生的艺术。因为图案是要拿来实用的，所以作者只得把自然物象加以排列、整理与取舍后，再表现于画面，使之符合于器物的形式与实际，比如中国古代之鸭尊，取鸭的形式制成盈酒之器，取鸭的形式者，美的欲求也，而目的却在制造一美的盈酒之器，非制一酷肖真鸭之造像，故把两蹼做得特别大一点，使易于放置，而鸭背则开一巨口，以便酒之注入。又如清代之蛋壳瓷盘，外缘凸起圆周上之装饰，取材于丁字纹样的连续，及花卉变化的连续纹样，而中间凹落之圆圈内，则绘着佳人才子相对谈琴之图，事实上丁字的与花卉的底连续纹样与才子佳人发生什么联系？纯系不生关系的物事。也是因为要把实用的器物装饰得美一点，只得选择各异的材料而作成图案了。由此二例，可见图案的作者并不冀求他的作品会供奉人类以什么思想与诗意；只供奉美而已，且因要美而致于不妨害实用，故把自然变化起来——把自然物象加以排列与整理即谓之变化，如变化原为曲线的人体为直线之类——作成由节奏、均衡与调和而组成色调分量与形状俱臻完美的图案，此即一般图案之原则。近代图案趋重几何模样，是变化得利害而更实用的形式，并非故作陆离，迷人眉目。图案的性格如此，而绘画则非表现情感与思想不可，比如文西的"最后的圣餐"①吧，因为要表现耶稣发觉了弟子中竟有一人想谋害自己的忧伤的神情，同时又要描绘他的弟子们的不相信这小小的房子里会走进奸细来的灵魂状态，就非把耶稣和弟子们的表情与态度极力地描绘不可了，这表神与态度是人类所能有的，而且使看者一见就知道他们的灵魂态度是闯进到一个什么境地，而与他们的情感、思想发生共鸣，作画者决不能把耶稣与他弟子们的形象变化起来成为似人非人的东西，如果文西也把这画面里的物象变化起来，只求线条与色彩的鲜艳悦目的话，那么，看者立在此画面之前时所得到的印象是什么？而此画的价值又低落到什么出地呢？绘画与图案的目的是根本不同的呵。依我这样说，也许有人有如下的反问："构图派的图案，如 Braque 及 Léger 诸人的作品，岂不是和图案一样只以自然为引起作者感情的对象，而以作者的意愿把自然加以排列与整理，以鲜艳的色彩画成令人爱慕的花样的吗？"是的，构图派的图案确可以表现思想与情感，立体派的绘画确也很想图案，但我以为构图派的图案不过是图案海里的一波一浪；而不是主潮呵。而立体派的绘画，则纯系误入歧途所留下的足迹，有闲阶级为爱宠主观去寻求趣味的产物，或可说是图案的绘画吧，绝不是真正的绘画呀，我们会看到她在这新时代的巨潮下夭折的。

自本世纪末叶，机械文明勃发，手工业破产之后，一般前进的国家莫不恃工艺的大量生产以发展其在国际间经济的地位，甚至用为侵略或掠夺弱小民族权利的武器，但社会愈文明，民众对美的欲求也愈增进，工业国又不得不借图案的力量助长工艺品的推销，法、美如此，日本也如此。中国呢，除给别人推销货物，别无办法了，这虽说是中国的政治不上轨道，株连到工业不发达的缘故，而国货之缺少图案的装饰致笨滞粗劣，使民众不发生美感，

---

①现通译为达·芬奇的《最后的晚餐》。——编者注

不能吸引买主们爱美的心灵，也是最大的缺点，美的欲求战胜了爱国的观念了，说什么爱国不爱国！提倡图案是刻不容缓的呵。

现在，带便地规约一下图案的领域，虽则读者在读过上文后，已可推想得到的。凡人类生活样式（衣食住）所需用的物事，都是图案用武的场所，大之如建筑物的形式如壁画，小之如一盘一皿，或一本书的封面，一个信封的形式，莫不属之。

最后，以单简的句语，来做本文的结论：

1. 图案与绘画是同源的；

2. 图案是取材于自然而以作者的志愿加以排列、整理与取舍而构成的，不表现思想与情感；

3. 绘画是再现自然而表现思想、情感与想象的；

4. 绘画是欣赏的、教训的、感染的艺术，有诗歌同样的功效；

5. 图案是实用的艺术，无诗歌的成分只有美的条件；

6. 图案是助长机械文明的利器。

原载《亚丹娜》创刊号，1931年，第26—33页。——编者注

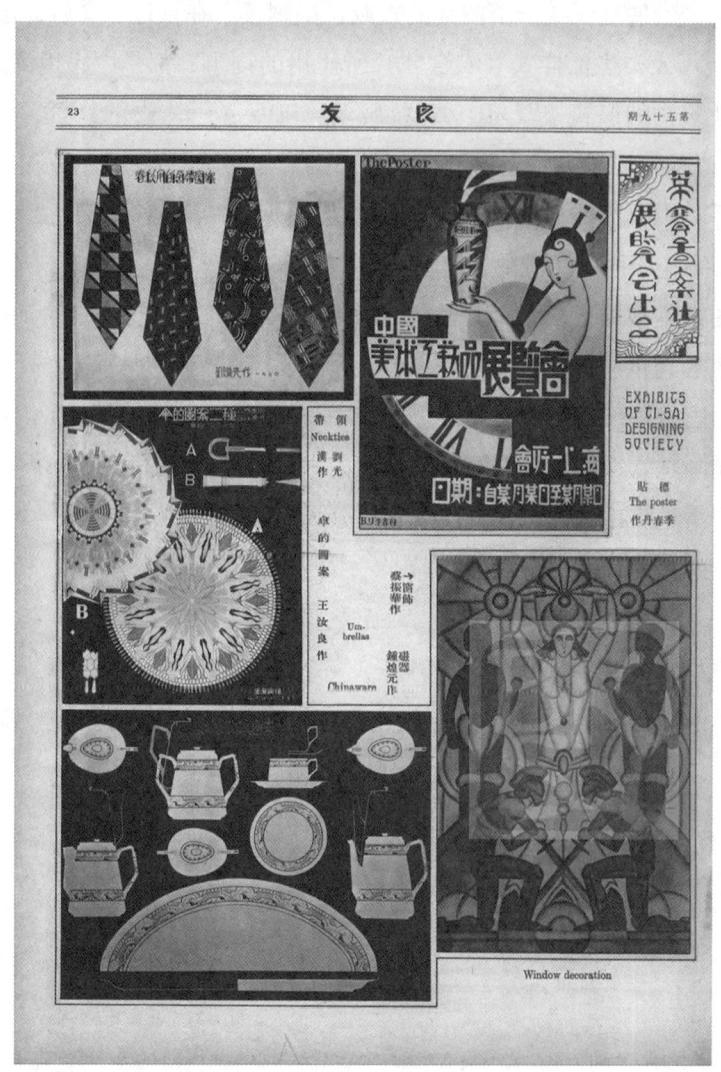

刊登季春丹图案作品《标贴》的《良友》画报，1931年第59期第23页

鲁迅先生与一八艺社

在中国，首先提倡新兴艺术的是一八艺社，首先主张艺术从沙龙走向街头，从侍奉高官贵人的悠闲艺术家的手里夺下这武器来替大众服务的，是一八艺社。

一八艺社成立于民国十八年的西湖艺术院，故以"一八"命名。起初只是几十个勤奋的同学的观摩与习作的团体。但不久，由于客观政治的影响和当时"民族文学"与"新兴文学"两个思潮的对立，社内的分子也起了分化：忠于校方的"指导"的社员们遂退出"一八艺社"另立门户，而在社名上冠上"西湖"二字，叫作"西湖一八艺社"；前进的一群不仅支持了"一八艺社"，而且有了发展，吸收了许多新的社员，工作也更积极起来。但当时的工作，也仅仅限于向劳苦阶层吸取题材，请洋车夫或卖烧饼的老头子来做模特儿，学习木刻等等，同时也举行政治和艺术理论等座谈会。理论上的依据鲁迅先生翻译的卢耶卡尔斯基的《艺术论》与《文艺与批判》等书，技术上的借鉴是鲁迅先生编印的《艺苑朝花丛刊》及《士敏土之圆》，等等。

1931年春夏之间，一八艺社将习作的作品在上海举行展览，并在上海成立分社，由耶林、江烽等负责。鲁迅先生为展览特刊写了一篇小引，其中有这样的话：

"……然而时代是不息地进行，现在新的、年青的、没有名的作家的作品站在这里了，以清醒的意识和坚强的努力，在榛莽中露出了日见生长的健壮的新芽。

"自然，这，是很幼小的。但是，惟其幼小，所以希望正在这一面……"

特刊印出，被院方看到后，院长林风眠先生召集我们几个负责人——有胡一川、夏明、刘梦莹在内——去谈话。他要我们把鲁迅先生的小引撕去后再发散，并且说："我和鲁迅先生是好朋友，对他也很佩服的，但是……"他底声音有些颤抖了。

我们以刊物已经发出，无法撕去为辞，他也就只好作罢了。但院方对我们的仇视，却从此加深。

同年8月间，上海分社的同志，成立一个木刻研究班，由鲁迅先生的介绍，请日人内山嘉吉君讲授木刻方法，先生亲任翻译。

这年秋间，九一八事变发生，一八艺社在校中负起救亡工作的责任，积极主张"抗日救国"，组织抗日救国会，实施学生军事训练等。全校同学的抗日情绪极为高涨，全体女同学都参加了军训，但就因此遭了校方的压迫。一天早晨，林风眠突然召集一个全校大会，疯狂地声泪俱下地向全体学生哭诉其不能"抗日救国"的苦衷，污蔑主张"抗日救国"为有反叛的政治的阴谋，当场宣布开除一八艺社也即是抗日救国会的负责人的学籍，尅日离校。当日下午即请当地政府派一连武装军队巡视在学校四周，用以镇压学生的反抗情绪。

第二天校方宣布解散一八艺社，并向其余的负责人严重的警告。

一八艺社虽被解散，但在校中的同志，仍以"木刻研究会"及"世界语研究会"等组织而工作而学习，然而研究木刻与世界语也遭了禁忌。曹白、力群和其他许多同学都先后被捕入狱。此是后事。

一·二八事变后，上海的分社也改以"春地美术研究所"的名义继续工作，同时，招收研究生，教授绘画和世界语。

这年初夏，"春地"在上海八仙桥青年会举行展览会。鲁迅先生也来参观，他在赞赏了那些并不算贫乏的收获后，很难以为情似的用微微颤抖的手拿出拾元的纸币，放在我们的募捐簿上，但并没有签名。

秋间，"春地"在"艺术大师"们的告密中被捣毁了，同时被捕者达13人之多。

我所知道的一八艺社的历史止于此，它和鲁迅先生的关系也止于此。

现在，虽然一八艺社已不存在，社员也泰半死于非命或离散，但它确是中国最初的战斗的艺术团体，在北伐后至"七七"抗战爆发的时期中负起了推动和领导新兴艺术的责任，而它的诞生与长成都得到鲁迅先生的扶掖与爱护，几位至今还活着的社友，仍能继续先生的和团体的意志，站在民族解放烽火的前面英勇地斗争。当先生逝世三周年的今日，写下这些史实，也不至毫无意义的罢。

原载1939年10月《七月》四卷三期。——编者注

四、诗论诗评

关于诗的民族形式

　　文学的民族形式的问题,最近被我们的文坛所提出,而且被热烈地讨论着。关于诗歌的民族形式问题,在《文艺战线》一卷五号上,也有萧三先生的专文讨论着了。

　　首先,我要说出对于整个问题的理解。

　　在民族解放战争更艰苦地进行着的现阶段,文学的任务必然地要加重加深,她不仅要号召着组织着更广大的人民起来为最后的胜利而斗争,而且要在工农士兵的群中养育出多量的有才能的作家,创造优秀的作品,使中国的文学发展到更高的境地。那么,在今日特别提出或是强调这个"民族形式"的问题,是意味着给那些迷恋着欧化而忘却自己民族胃口的先生们以警告,给那些困惑于知识分子的兴味里不敢向群众的行列中迈进一步的以醒惕,给那些在"大众化"的道路上摸索着的以指标,同时也意味着给那些被"旧形式"所俘虏了的以拯救。以掀起文坛上新的风气,加速完成"中国作风与中国气派"的任务,也即是实践大众化更深入的任务。

　　现在大家所提出的固然是"形式"的问题,但当我们热烈地讨论着的时候,切不要忘记"内容决定形式"的原则。文学上每一种形式的产生和完成,都有其历史的与社会的根据,怎样的时代,怎样的思想内容,适合于用怎样的形式去表现呢?是值得特别注意的。

　　我以为我们的"民族形式"是:继承中国文学里优良的传统——尤其是五四以后各阶段新文学运动的正确路向,同时吸取民间文学的适合于现代的因素,但绝不是因袭,更需要接受世界文学的进步成分,当然不是模拟,而向前发展着的更进步的更高的形式。

　　依据上述的理解,我提出关于诗的民族形式的意见。

　　五四时代的文学革命运动,新诗是担当着先锋的任务的。她首先在形式上挣脱了传统的古诗的规律。当时新文学的理论的支柱胡适之在"谈新诗"中有这样的话:"……形式和内容有密切的关系。形式上的束缚,使精神不能自由发展,使良好的内容不能充分表现。若想有一种新内容和新精神,不能不先打破那些束缚精神的枷锁镣铐。"我想他所说的新内容和新精神,是指着当时的民主精神,平民精神,以及反帝反封建的精神而说的。正因为当时的客观环境要求着新诗去表现这些新精神,她才发展为"自由诗"的形式;也惟有这新的形式,才能容纳得了那些进步的比较广大的内容。在新形式下发展着的初期新诗,虽然大半的作品,尚是抒写个人兴感的东西,能触到社会问题与大众生活的一面的,仅是刘半农、沈玄庐、孟寿椿等人的少数作品,含着反帝意义的诗歌更无从见到,当时的新诗是没有完全担负起时代的使命的。这原因,我以为不外:作家被出身的阶层与生活所限制,对政治没有热烈的关心,同时新诗本身正在草创尝试的时期,虽走上解放的道路,却找不到丰富的营养,那时世界进步文学的介绍,尤其是诗,是非常稀少的,几乎没有。因此种种,所以一时不能有较伟大的作品产生,却不是如萧三先生所理解的:完全归咎于"新诗的形式的问题"的。

然而,初期的自由诗(新诗)却显示给我们许多健全的方向:第一是大家的口语被运用着,作为自由地抒写意境的工具,固然当时他们所意识着的大众,与我们现在所指的大众,成分上是有着不同的,因之他们所运用的大众语,与我们今日所要求的程度,也有深浅的差异,可是这道路是正确的。这里举康白情的《妇人》作为例子吧。

> 妇人,骑一匹黑驴儿,
> 男子拿一根柳条儿,
> 远傍着一个破窑边底路上走。
> 小麦都种完了,
> 驴儿也犁苦了,
> 大家往外婆家去玩玩吧,
> 驴儿在前,
> 男子在后。

驴背上还横着些蔑片儿，
蔑片儿上又腰着些绳子，
他们俩底面上都皱些笑纹。
春风吹了些密语到他们底口里来，
又从他们底口里偷去了。

前面一条小溪，
驴儿不得过去了。
他们都望着笑了一笑。
好，驴子不骑了；
柳条儿不要了；
男子底鞋脱了；
妇人在男子底背上了；
驴儿在妇人的手里了。
男子在前，
驴子在后。

  第二，是初期新诗的作品，注意到词句中音节的和谐，即是注意到诗的节奏的协调。押尾韵的作品固然不少，但大都出乎自然，不致牵强做作。而沈尹默的三弦与周作人的小河都是用散文的手法写成的，然而读起来总觉得是诗，不是散文，因为它们的意境是诗，也赋有诗的节奏的缘故。

  第三，是初期新诗的最一贯而坚定的方向是写实主义，即是胡适之所说的："须要用具体的做法，不可用抽象的说法。"所谓具体，也即是今日大家所说的艺术的形象。这种例子，可以在沈尹默、沈玄庐、刘半农诸家的作品里找到。

  这些优点，当着现在大家正热烈地讨论着诗的民族形式的时候，是特别值得注意的。因为这些优点都是"民族形式"必须据以发展的基础。

  从五四运动至一九二七年大革命时代，在新诗上最有成就最有贡献的是郭沫若先生。正当着"五四"的社会变革之后，中国民族资产阶级要想挣脱帝国主义的桎梏走上自由独立的道路，同时，也唤起了小资产阶级的觉醒。于是他对旧时代的陈腐、黑暗怀着厌恶与反抗，对新时代的文明怀着憧憬与渴望，以他那奔放的热情，自由的形式和雄浑的声音，歌颂反叛，歌颂自由，歌颂物质的文明，歌颂创造的精神，歌颂新世纪的诞生等等，这样，他的诗就成为"五四"的硕果与大革命的前奏了。

郭诗的形式不仅是继承而且是发展了"五四"初期自由诗的形式的，这一方面是由于狂飙突进的时代精神，不得不要求着有更自由的形式去表现，但以他自己深谙外国语言，受着歌德、海涅、泰戈尔、惠特曼诸人作品的影响，也是很大的原因。尤其是自由诗的鼻祖惠特曼对于他的影响更为深刻，看他的自白就可知道了："……惠特曼的那种把一切的旧套摆脱干净的诗风，和五四时代的狂飙突进的精神十分合拍，我是彻底地为他那雄浑的豪放的宏朗的调子所动荡了。"引文出处郭诗的造句用语虽也有受欧化影响之处，但都还是大家所能一读就懂的。

把中国的新诗，完全弄成欧化的，是新月派的及象征派的诸作者，他们不仅搬运了西洋的形式、字法、句法与押韵法等等，而所刻画的形式与意境也和西欧世纪末的没落颓废的情调相一致。新诗到他们的手里完全为"悠闲的感情的享乐"与"魔术的玩艺"了。这大概是决定于作者出身的阶层与政治的环境的缘故吧。

企图创造诗的新的规律的是新月派，结果是落得只有形式而无内容的"豆腐干诗"的讥诮。对于这些形式主义者，鲁迅先生早就反对过的。

一·二八事变后，中国民族解放运动的高潮，又益增涨，大众的诗歌运动也兴盛起来，春光、新诗歌等杂志都发表了许多好诗，也产生了许多的年轻诗人，这时期的新诗，可以说是五四时代"自由诗"的继续和发展。而诗歌大众化的问题，民歌民谣利用的问题，也在这时被提起。

今天我们的民族革命战争，在国际的意义上说，是担负起反帝反法西斯保卫世界和平的前卫责任；在我们民族底本身上说，是挣脱日本帝国主义血腥的压迫，以建立自由独立的幸福的新国家。你想：在这样巨大的激动中，有多少人被损害与侮辱而在黑暗中企求着光明，有多少人用自己的血肉和头颅去争取国家民族的生存，有多少人妻离子散而颠沛流离，有多少人抚着被难亲人的血肉而对敌寇怀着仇恨……除了汉奸卖国贼之外，全民族的男女，都在苦难与斗争中盼望着自由与光明的日子照耀在祖国的大地上。在这暴风雨似的时代，诗歌必须是自由的形式，才能容纳了我们民族的可歌可泣的内容与万马奔腾似的情绪。所以我以为今日大家所提起的"诗的民族形式"，主要的应该是"自由诗"的形式，而且要比五四时代更自由的更发展的形式。事实上，全面抗战两年来的新诗的主流是在这形式之下发展着进步着的。问题是我们要怎样去做，加上什么，才能在这形式之下产生"中国作风与中国气派"的作品，"为中国老百姓所喜闻乐见"。目前大家需要努力的途径，我想：除了把在初期的新诗里已经萌芽的优点加以发展和深入外，更须吸收民间文学适合于现代的因素和接受国际文学进步的成分。

被一般人列入中国文学的正统的，在诗歌方面，大概是诗、骚、词、赋、曲等，但大都属于士大夫阶级的艺术，它们的语气、形式大半已经死去，可以给我们学习的地方并不多。值得我们研究和吸取的，是那些不被列入正统之内的民间文学，如民歌、民谣、小调、弹词、大鼓词等。它们所用的语气多数是口语，而且非常纯朴、生动，所以能够广泛地流传在民间。最近一位从新疆回来的朋友，唱了一首吐鲁番的舞曲，题目叫作《马车夫之歌》的，听起来读起来都觉得很好。原文如下：

> 达坂城的石头硬又平，
> 西瓜大又甜。
> 那里住的姑娘辫子长，
> 能不能够到地上？
> 你要想嫁人不要嫁别人哪，
> 一定要你嫁给我——
> 带着百万钱财，
> 领着你的妹妹，
> 赶着那马车来！

这歌的声韵、节奏，都非常自然，语言与意境也很明确。在我们多歌谣的国度里，类似这样的，或比这更好的民间作品，一定是很多很多的。如果大家能够把它们发现和研究起来，把优点运用到新诗上去，那确是新诗地最丰富的营养。但对于民间文学的吸取，只限于受它的影响而已，若要按它的字数、句数，像古人填词那样去填，由形式而求内容，绝不是办法吧。我们读着吕剑的《大队人马回来了》以及天蓝的《队长骑马去了》等作品，都是部分地接受了歌谣的纯朴、明确的影响的。然而他们的诗却都是自由诗的形式。

萧三先生把鲁迅先生等能够做得很好的古诗，以及有些做过新诗的人现在做起旧诗来，作为新诗必须有一个"成形"的论证。我的意见是稍微不同的：第一，鲁迅先生等之所以能够做得那样好的古诗，非有深沉的古文根底不行，要想许多企图获取诗歌这一工具作为斗争武器的大众，都是不必要的。第二，如鲁迅先生那首诗：

> 惯于长夜过春时，
> 挈妇将雏鬓有丝。
> 梦里依稀慈母泪，
> 城头变幻大王旗。
> 忍看朋辈成新鬼，
> 怒向刀丛觅小诗。
> 吟罢低眉无写处，
> 月光如水照缁衣。

诗实在是"郁怒情深，兼而有之"的好诗，但能够体味到这诗的好处，我想非有大学的国文程度不可。要使大众懂得是很困难的。第三，鲁迅先生不但这类的古诗做得很好，同时，收在《野草》集子里的那些散文诗，却是更好的。他对于新诗并不主张有什么规律，看他反对徐志摩等的新规律运动，就可知道了。

……

所以，有写古诗特殊的才能的，能写些抗战的古诗，当然也好，因为古诗现在也还有他的群众。但绝不是要大家都去作古诗或是要新诗须有一种像古诗那样"成形"的形式的理由。

值得学习的，倒是古人那种"语不惊人誓不休"的作诗的精神和锻炼，推敲字句的严谨与刻苦。

我们所反对的欧化,是指着徐志摩、戴望舒、李金发等所搬运过来的资本主义的腐败的废物(其实,废物中也有可利用的),绝不是我们不需要接受欧美文学进步的成分和向先进国家学习的意思。欧美的语言与文学是统一的,并不像我们的文学与语言相隔得那么遥远,正当我们现在要求着运用大众语言,以培养我们民族的诗歌向更高阶段发展的时候,那么向那些大匠们学习语言的运用,尤其是向他们学习对于题材的处理和形象的刻画等等是非常重要的。中国自有新诗以来,受欧美作品影响之处,固然不少。但所介绍过来的,大都各依自己的所好,并不完全根据自己民族的需求。所以受了欧化的坏影响的,就被人讥为"洋八股"了。比如普希金的作品,被翻成中国作品,也不觉得怎样费解,这大概是原作的内容与风格,根本是健康的缘故。为了丰富我们自己的民族形式,希望努力诗歌的同志能多多的介绍一些欧美进步作家的东西过来。比如《沙森城的达维德》那样的史诗如能译成中文,我想每一个学习诗歌的同志都需要一读的。

大众口语运用的问题,虽自"五四"以来即人人热烈地讨论着,而且也已经相当限度的被运用过的,但在今天讨论着民族形式的时候,我以为首先要解决这个问题,即是"语汇"的问题。如果我们所做的诗,用的不是大众语言,那么,无论内容怎样好,也不会被"老百姓所喜闻乐见的",而民族形式,恐怕也无从完成。向哪里获取大众的语言呢?当然主要的是向大众学习,如果诗人与大众生活联系愈密切,则它的获得也更容易。其次是民歌民谣里的语言,多半是活着的语言,我们可以吸取它适合的部分加以利用。还有一小部分语言虽出自我们的知识分子,但含有进步性,且确已被大众所接受而理解了的,如"斗争""民族解放""打倒汉奸"等等,当然都可以使用。今后的诗歌要必须运用大众口语,已不是理论的问题,而是实践的问题了,如何运用得恰当,使它成为诗,也是要看运用的人才能如何的。

关于音韵,是分两方面说的:一是内在的节奏,即是词句间音韵的和谐,而且要和题材与作者的情绪一致,这是极重要的。但是尾韵,除了必须配谱的短小的歌曲外,我以为不必刻板的去押它。

最后,现实主义的道路,是新诗唯一的道路,唯有通过它,我们的诗才能表现出民族的感情、民族的思想,完成向更高阶段发展的诗的民族形式。

总括我底意见：诗的民族形式，是发展了的自由诗的形式，它必须吸收民间文学适合于现代的因素，接受世界文学进步的成分，并切实的实践大众语的运用，而贯彻以现实主义的创作方法。

意见是非常粗陋，错误在所不免，但总算说出我的意见了。想诗坛上不少先进，必不吝于指正的。

一九四〇年，二月廿五日夜，于巴县西里

原载1940年3月《文学月报》一卷三期。——编者注

我们底收获与耕耘

一、我们是怎样耕耘收获过来的？

我们如果循着一九二七年以后的中国政治现实的足迹，而寻找新诗发展的脉络，我们很可以看见她是分派着两个河流，向中国新文艺的原野上流淌着的。一支是震响着工、农、士兵以及进步的知识分子，市民底愿望、意志与呼喊。自然，也有他们底血泪和白骨，但是却被时代的沉重的气流所压抑，沉淀到河底里去了，不会激荡成巨大的悲壮的吼声。沿着这河岸走过来，我们听见五四时代的殷夫、蒋光慈等的呼喊，以及一·二八后《新诗歌》与《春光》杂志上那些诗人们的歌唱。在另一支河流上，我们听见：上层分子和动摇的小资产者们底偏窄、颓废与幻灭的悲诉和呻吟。从内容的贫乏到形式的游戏，从感情的享乐到魔术的玩艺，跟着他们所依附的阶层一起，他们不会也不能开拓出他们理想的港口；只是一钩苍白的"新月"映照在一潭污积着的"死水"上面。而他们的卓越的作家之一的朱湘先生，且自沉于这支悲哀的河流里去了。我这样说着，并不是对他们存着菲薄的意思；相反的，对于他们所给予新诗的相当的功绩，如翻译介绍等功绩，我们是应该表示尊敬，而且要向他们学习的。我这样说着，是说明抗战新诗所沿以发展的河流，是前者而不是后者。可是，这两支河流，也并不像长江、黄河一样，南北分流，丝毫没有脉息相通的地方；而有着许多互相渗透，互相影响的交点，这是许多人早已罗列过的。

抗战后，随着民族革命战争的新形势的发展——绝对多数的人民，起来为实现一个自由、独立、幸福的新国家的理想而战斗。作为表现人民底意志、愿望与感情的新诗，继承她进步的革命的传统，而空前地汹涌着、繁荣着，是很自然的。她不仅挣脱了自身的束缚，丢弃了不良的影响（如象征主义的，唯美主义的）；而且把题材扩展到一切被允许表现的抗战现实上去，同时,在创作方法上,也随着创作实践的深入,而愈能把握住现实主义的道路。

如果说:我们的诗人,在抗战初期,于过分地被战争的烽火所燃烧,对胜利抱着廉价的乐观,对现实只是直觉的皮面的观察,因之,在作品里面大半还充溢着粗浅的、叫嚣的浪漫主义的倾向;那么,自从抗战进入相持阶段起,直至现在为止,我们的诗人们,于能够剖视现实的复杂性与残酷性,对于所选择的题材能有更正确的理解,更细心的咀嚼和更有深度的刻画与描绘,使表现的方法更能密切地拥抱着现实主义的了。

在这次战争中,担负着最头卫的战斗任务的,真正用血和泪在我们的国土上写着光辉的历史的,主要的是工、农、士兵大众。而最先也最深刻地蒙受着敌寇汉奸的残酷的压迫与损害的,自然也是他们。因之,他们必然地比一切人都更切齿地啃嚼着仇恨;比一切人都更饥渴地企望着理想的胜利;比一切人都更勇敢地更坚决地支持着这一战斗。他们算是真正的呼吸了战争中的快乐和痛苦;辩白了谁是懦夫,谁是勇士,谁是英雄,谁是叛逆。创造着五年间伟大的民族革命的现实的他们,然而,因为他们长久地被摈弃于教育和文化的堡塞之外,使他们中间绝对的多数,不但不能获取写作的武器——文学,语言的艺术,而且是被鄙视被讥诮的文盲。即算他们的千分之一,具有写作的能力,大概也被无止息的辛苦的战斗勤务,夺去他们一切写作与发表的时机。所以直至今天为止,我们还没有看到这些在血泪的现实里沐浴着的战士们的诗篇。固然,我们可以确信:他们的行伍中间,是有着不少的巴比塞、雷马克、绥拉菲莫维支,正拿着来复枪,伏在战壕里而孕育着他们的诗篇,但是,他们底作品的涌现,将在我们理想胜利的日子吧。

如果我们把柯仲平所发表的那些诗篇,作为相当地诉说出了他们底意志与感情的东西,那也只能算是一个革命知识分子的代言,而且是不甚美好的代言——在他的作品里面还残留着封建的语汇与形式,不全是新鲜活泼的东西,而一件艺术品的完整,必须是包括着思想内容和形式、技巧全部的和谐的。

占着极广大数目的中层分子,在这民族革命战争的洪流中,虽不能担负起主要的战斗任务,但是他们是敏感的、狂热的,有追求真理与光明的憧憬,有爱好自由的渴望。于是,他们从睡眠,而觉醒,而蜕变,带着一切美丽的理想,去赞颂、寻觅、拥抱这时代的巨流。由于他们所从属的阶层所给予他们的气质,由于他们曾经有过熏陶于文化生活的优裕环境,在这黎明之前的暗夜里，在这整个民族挣扎在判定主人或是奴隶的栏边，他们之所以成为热心的歌唱者，也是颇自然的。我们可以概括起来说：五年来，在新诗的战线上，担负着主要的成员的，是他们中间的进步的优秀分子，但也由于这些分子的出身有着差异，前进的步伐有着快慢，攀撷真理的距离有着远近，他们表现在作品上的意识与情调，那真是多样而又多彩的，但无论是怎样的多彩多样，却统一于一个要求，要求团结所有抗战的力量，以争取多数人所理想的胜利。五年来，他们歌唱了他们自己底被残酷的年代所磔裂的命运；歌唱了由太阳的光辉所映照出来的明天的图像；歌唱了大家所想望的自由、民主和幸福，歌唱了为这理想而哭诉，而欢跃，而战斗，而殉难的战士和人民的形象……使我们新诗的田地里繁生着果实，而有着不算荒歉的第一季的收获。但是，我们是不能满足于这收获的，我们还要更辛苦地耕耘，期待着下季的丰收。

二、我们的田地里长着些什么荒草？

"艺术，是属于民众的。所以，在勤劳大众里面，艺术应该种下它的深根，艺术，非使大家理解不可。艺术应该和他们的感情、思想、意志结合，而使他昂扬起来。在大众里面，艺术应该唤醒大众的艺术家，而使这些艺术家发展（伊里奇）。"自然，我们新诗的主流是朝着这个方向走的，但是，谁也不会否认：到现在为止，我们还没有完成这个任务，客观环境的阻碍是有的，而主观努力的不够和弱点的存在，也是无可讳辩的事实。因此，我们就应该勇于割弃自己底知识分子的癌瘤，和克服过于突出的趣味和偏好，勇于改造自己，去迎接，去完竣这艰巨的工程。

"……这样看来，五四时期生动活泼的前进的革命的反封建的老八股、老教条的运动，后来被一些人发展到了极端，发展到了它的反对方向。成了新八股、新教条。不是生动活泼的东西，而是死硬的东西了；不是前进的东西，而是后退的东西了；不是革命的东西，而是阻碍革命的东西了。"这是对于当前的不正的文风的揭发，恰也扼住了诗风的要害。

唯其是"新"诗，是对于"旧"诗的一种反动，所以在她的发展的历程上，无论是在语言、形式、格调和写作方法（包括语法、句法、篇章的结构等）各方面，显而易见的，主要的是迎接了西洋诗的影响，即所谓欧化。在这一影响之下，我们确也获取了许多的益处：我们学会了中国生硬、迟笨、散漫的文字，语言活泼地有组织地去运用；我们知道了形象地去表现；我们也学习了许多新鲜的形式……但是，就是在进步的诗人行列中间，也还有不少的作者，忘记了创造"新鲜活泼的为中国老百姓所喜闻乐见的中国作风中国气派"的民族形式，只是为着满足自我的溺爱和偏好，而直接、间接地去接受欧化的。极端发展的结果，就产生出许多"洋八股"的流弊了。

文字、语言的新枷锁　对于僵死了的古诗词中的语言，和只有概念而没有形象的标语口号式的语言，我们都曾经激烈地反对过，反对它们在新诗中存在。这些年来，大家确也以用这些腐朽的粗浅的语言为可耻；而在开辟着语言底新的源泉，那源泉不外是：发掘古人的流传在民间的活着的语言，提炼大众的口语，向西欧学习。这三方面都有人努力过，可是，因为要提炼大众口语，使之成为诗的，首先你就得生活在大众里面，学好他们的语言，而且运用不好，很容易流为平凡、粗俗，遭人讥谈、指摘，这工作是艰难的。发掘古人的活着的语言，须从研究歌谣入手，也是吃力不讨好的事。所以，这两个源泉，虽都有人开拓过，但收获却不多。于是，多数的诗人，都像饥渴着似的奔向第三个泉头。并不是因为西欧的语言，容易学习——其实，学好一种外国语，是非有三五年功夫不可的。大家之所以奔赴这个泉头，多半是走着一条捷径——从译作中学习。自然，也可学到一些比较精密、复杂的文法，和词、句（尤其是形容词的、副词的）的灵活的运用，丰富了我们的技巧，能有深度地去刻画、描绘。但翻译者既是中国人，他所使用的语言，也就不能超越过当前中国文学语言所已经到达的水平，而况拙劣的译作，往往失去了原著的文字、语言的精华呢。但是我们却拼命地向那里找寻救助，好像只要带有"欧"味，就足以高深，颖异自傲似的。于是一些句子里，出现着许多不适合的，不必要的，甚至"生造除自己之外，谁也不懂的形容词之类"了，又因为天天看译作（当然也有看原著的），自己的生活趣味，也就或多或少的被"欧化"俘虏了过去。于是，Apollo、Venus、Cupid、Prometheus诸神，就时常现身在我们的诗篇里；而在我们贫穷的农村里面也有着完全欧洲典型的"戴着皮帽，冒着大雪，赶着马车的中国的农夫"了。

我们今天的新诗，已经充满了一些：西欧名著的直译的语言；脱离民族现实生活的，貌似新颖、进步，其实是僵死、后退的语言；不被大众所理解所爱好的语言了。其对于新诗的损害和束缚，正与标语口号式的，古香古色的语言相同——我们给自己套上了一副新的枷锁。

怎样打碎这枷锁？还是应从上面说过的三个泉头寻求办法："第一，要学人民的语言。人民的语言是很丰富的，生动活泼的，表现实际生活的……第二，要学外国语言，并不是洋八股，中国人抄了的时候，把它的样子硬搬过来，就变成要死不活的洋八股了。我们不是硬搬外国语言，是要吸收外国语言中好的东西……第三，我们还要学习古人的语言。现在民间的语言，大批的是由古人传下来的。古人的语言宝库还可以发掘，只要是还有生气的东西，我们就应该吸收……"

新诗的形式主义 新诗的形式应该是"自由诗"的形式，这是确定了的。但这是意味着：它（形式）应该给予内容以一个适宜于生长发育的呼吸；它应该与内容有着心意相融的拥抱。而绝不是意味着：允许它与内容有分崩离析的放纵；更不允许它对内容有割裂或窒息的虐待。因此，形式主义的表现，也就不仅仅局限于那些用刀剪修割篱棵，用绳索捆缚盆景的工匠们的玩艺。这些幼稚的、庸俗的、低级的形式主义，是容易看到，也容易反对掉的。"豆腐干"型的形式主义的作品，现在虽还在隐隐约约的在出现，可是大家都已经把它看作笑料；在我们的行伍中间，更没有人去追随它的后尘了。更可怕的，对于新诗有着更多的损害的，是一些穿着"自由诗"的彩衣，而实际上却是在"形式主义"的狭路上的潜行者。比如：一个完整的形象或概念，原可以用一个完整的句子写下来的，可是，也许为了炫耀新异，也许为了执着于那于作者的名字有些历史关系的，不忍舍弃的，一种与众不同的类型，而并不是为了更有意义的艺术上的理由，便毫不自惜地在一个完整的句子磔裂做许多单独的字或词——真是血肉模糊，尸骨狼藉。这是新的"形式主义"的一面。对于现实题材的本质，没有全面的认识和理解，而又仿佛有点认识和理解，于是，把那一点贫困得可怜的概念，用"谁也不懂的"形容词、副词、动词之类，用发疯似的呓语，用狂乱的无系统的情感，扩展开来，颠颠复复地，说了又说地扩展开来。我们所看见的是满纸的文字和语言的游戏，而被作品的思想内容所引起的共鸣，却是模糊而又稀薄得不堪。这是新诗"形式主义"之又一面。这两面是互相联系的，脉息相关的。

可是，在作品里出现时，有些或比较侧重的一面，分量稍有轻重的不同，但总以两面双管齐下的为多。

"单单按照事物的外部标识，使用一大堆互相没有内部联系的概念，排成一篇文章。"这是各种形式主义作品的根源，无论它以旧的或新的姿态出现，其为祸害是一样的。

平铺直叙，长而无当 近来，长诗的风气是相当盛的。我们读到的长诗已经不少了。有抒情的，也有叙事的。全面抗战五年，我们民族生活丰富了，长诗的出现，也是客观的要求。但是大家好像要在数量上竞争似的，一写就是五百行，一千行，甚至一万行。而对于凝练的小诗，则几乎鄙而不做，太渺小了吧。长而好，当然是愈长愈要得。但是目前我们所看见的是：如果精心锻炼一下，原可用几行几段，就足够表达的情感，却用同样调子的文句，顺起来叠它几十行，倒起来又叠它几十行；在篇首说过了的，在篇尾又叠它一次——几十行叠它几百行，短诗变成长诗了。而读者感染到的诗的感情，就像一撮盐放在我们这嘉陵江水里一样，淡而无味。

至于叙事诗呢，一个简单的士兵杀敌的故事，写了几百行，我们还没有知道这士兵的出身阶层、性格、意志，以及环境氛围等等，而只是仿佛看见：他是一个灰色军装，拿着大刀，在砍杀日本鬼子的士兵。没有典型，只是一个非常勇敢的形象，这形象是由作者的概念给它模糊的粗枝大叶的画出来的。他可能是北战场的，也可能是南战场的，可能是工人出身，也可能是农民或小店员；他可能是属于这支军队，也可能隶属另一支，直像古庙中拙劣壁画上的人物：平面的、死硬的、没有血气的。叙述的文字，又是平铺直叙，既没有一点文章的波澜起伏、呼应，也看不见一点诗人的热情，只是一个昏愦的太婆对着那无知的木偶喃喃地念着金刚经而已。

"忘记了风景画之外还有风俗画" 自从一九四〇年的雾季开始以后，这一年多来，歌唱自然的诗篇，慢慢地多起来了，虽不会蔚为风气，却也是许多倾向之一。比如《春天》《太阳》《黎明》《森林》，就成为一些诗人们最喜爱的主题。满篇是柔和、绵软的调子，媚妩、惑人的幻想，但在绿色的原野上徘徊得慵倦的时候，好像突然从梦境里醒来，记起这时代似的，于是加上一两句："我底失去了的家园呵！""扬子江，你怒吼吧！"这正显露着作者的虚空与无力。也并不是说：这些主题不能歌唱，不应该歌唱，尤其是手工业生产方式的农业经济，在中国还占着相当重要地位的时候，而许多诗人大半又是从农村里出来的，这些主题之被熟悉，被喜爱，也是很自然的。问题是看你站在什么角度去歌唱它，怎样去歌唱它。如果你陷在自然主义的污泥里，赞颂自然，膜拜自然，那不仅是毫无意义，而且有害：那将会导引人们到幻灭的和平的梦境，无力与自然斗争，忽视了自然由于时代的巨轮所带来的变动。而今天，我们的农村是在巨变着的，哭泣着的，随着那一幅美好的风景画下面，却掩埋着许多凄惨的风俗画面。普希金与涅克拉索夫对于这些题材的处理，不是有许多值得我们学习的地方吗？

以上所说的几点，我们不一定把它安上一个"新八股"或"洋八股"的罪名，但这些只为目前新诗发展过程中的不良倾向，那是不必讳言的。自然，这些仅仅是倾向而已，无论哪一种倾向，不会也不曾成为一个主流的，整个新诗的步伐是健康的，前进的。我们为了喜悦于以往的收获，并想望未来的丰收，更为了使她在大众里面种下深根，使她向高的更好的阶段发展，我们应该袒露自己的弱点，希望诗歌工作同志，共同研讨以后怎样辛苦、勤劳地去耕耘。

三、再耕耘——向生活的密林突击

肃清新诗的"洋八股"的方法可能有许多，比如加强世界观与现实主义创作方法的理解与实践等等，但是，这些，人家已经说得很多，很好，大家都已经意识到她们在写作上的重要了。

在这里，我只想强调一点：诗歌工作者除了自觉地检视自己，改造自己之外，最好的治疗"洋八股"的方法，就是向生活的密林突击。这生活，是指大众的，也是指诗人自己的。我们不仅要向进步的、革命的大众生活的密林突击，也要使自己的生活进步、革命而且大众；不仅要丰富大众的生活，也要丰富自己的生活。

我们为什么领会过于偏爱那些"洋八股"的语言，发展到极端呢？没有勇气突进大众的生活密林，甚至望而生畏，退却了，无法学会他们新鲜活泼的语言，无法理解、运用他们的语言，于是，只好向"洋八股"乞灵了。

如果我们说：所有形式主义者，都由于内容的空灵而企图用雕琢、修剪的工夫，在形式上求得补偿与自我满足的话，那么，那空虚，也正从作者生活的荒芜与枯萎而来的。

为什么我们只有"平铺直叙"的使人厌倦的诉说？那是由于我们没有呼吸了大众的激荡的生活的旋律呵；为什么没有人物典型？因为你没有看见那些生活着的人。

为什么你只会描画风景，而不会描绘风俗？那是由于你没有生活在那些风俗画的里面去，或者是你根本无视它们，甚至鄙视它们。

因之，向"生活的密林"突击，就成为我们肃清敌人——"新八股"的强劲的进军。自然，如果你不协同正确的世界观与创作方法好好地配合着作战而孤军深入时，那么，这进军也就不会胜利，甚至要溃败下来的。

1942年"八·一三"前夜于陪都

原载1942年10月10日《青年文艺》创刊号和1942年10月《诗创作》第15期"讨论专号"，收入《中国社会科学院学者文选——力扬集》。——编者注

毛主席诗词的艺术感染力

毛泽东同志是我们时代伟大的马克思主义者。他把自己极大部分的时间和智慧都贡献给领导无产阶级革命的实践和马克思主义理论的发展，只有极少的余暇允许他从事于文学的写作。可是，他那为数不多的诗词作品，却每篇都富有激动人心的艺术感染力，给予读者以巨大的革命思想教育。他的诗词之所以会那样激动人心，是由于他创造性地采取了革命现实主义和革命浪漫主义相结合的艺术方法，以他卓越的诗人才华充分地按照文艺的特点进行艺术劳动，创造丰富、生动的艺术形象来表现无产阶级远大的革命理想、博大的革命气概和革命的乐观精神的结果；是巨大的革命政治内容和完美的艺术形式高度统一的结果。

一

周扬同志在《我国社会主义文学艺术的道路》那篇讲话中谈到革命现实主义和革命浪漫主义相结合的艺术方法时说："这个艺术方法的提出，是毛泽东同志对马克思主义文艺理论的又一重大贡献。毛泽东同志是根据马克思主义关于不断革命论和革命发展阶段论相结合的思想，根据文学艺术本身的发展规律，从当前革命斗争的需要出发提出这个方法来的，他把革命气概和求实精神相结合的原则运用在文学艺术上，把文学艺术中现实主义和浪漫主义这两种艺术方法辩证地统一起来，以便更有利于表现我们今天的时代，有利于全面地吸取文学艺术遗产中的一切优良传统，有利于更好地发挥作家、艺术家不同的个性和风格。这样，就给社会主义文学艺术开辟了一个广阔自由的天地。"与革命气概和求实精神相结合的原则相应、冷静的科学分析和热烈的革命精神相结合、战略上藐视和战术上重视相结合，也是毛泽东思想体系中很突出的特点。唯其能够对客观现实作冷静的实事求是的科学分析和注视，而不是凭捏造的根据来做主观臆断，我们才能够看清现实的规律和历史发展的必然进程，才敢于在进行革命工作的过程中在战略上藐视一切的敌人和困难。而和这种科学认识相结合着的革命气概、革命精神以及革命的理想和幻想，对于我们的革命事业就能够产生巨大的推动、鼓舞的作用，它们对于我们都是十分必需的。毛泽东同志不仅在这样坚固的马克思主义的原理上建立起这个艺术新方法，也是在写作实践中，在总结文学艺术发展规律的经验上建立起这个新方法的。他建立这个新方法，也必然经历着"实践、认识、再实践、再认识"的循环往复的过程。

就一般的情况来说：现实主义者善于对现实世界作准确、精妙的描绘，浪漫主义者善于对理想世界作热情的抒写，但是，清醒的、深刻的现实主义者在观察、揭露现实生活的同时不可能不激发起某些改变现实的理想和愿望，而浪漫主义者，只要他对现实生活采取积极的革命的态度，他的理想或幻想也必然会具有一定的现实基础，而且它们总常常是与现实的规律和历史的进程相一致的。以诗人为例：像杜甫、白居易那样现实主义的巨匠，在某些题材上也采取了浪漫主义的手法来表现他们美好的理想和愿望，作为现实主义方法必不可少的补充；像屈原、李白那样浪漫主义的大师，不仅他们那些美好、崇高的理想具有深厚的现实生活的基础，而且在他们那些具有巨大幻想成分的作品里，也常常采取精妙的描绘来表现幻想中的故事和情景。他们都曾经在不同的程度上企图把现实主义和浪漫主义这两种艺术方法结合起来，而他们之中的某些人确已在这种创作实践中产生了不朽的杰作。从文学史上，我们也看到：文艺作品中所表现出来的美好的理想和愿望，由于它们反映了先进人们改造世界的意志和要求，总是很吸引人、很鼓舞人的。而浪漫主义的想象和幻想是表现理想的必要的和有力的方法，诗人如果没有浪漫主义的橡笔，就很难描画出理想的彩虹。这就是浪漫主义的作品往往能够闪耀着不灭火焰的原因，也是一个诗人是否赋有丰富的、奔放的想象力，在一定限度内是判定他才华大小的原因。

然而，旧时代的作家艺术家，由于他们不可能具有马克思主义的世界观，对于现实的认识比我们这个时代的先进人们有更多的局限，对于人们的主观能动性和理想在改造现实世界上所起的作用更是认识不足的，因之，他们在创作实践上也就不可能自觉地采取现实主义和浪漫主义相结合的艺术方法，更不可能像马克思主义的作家艺术家们那样结合得充分而完美。毛泽东同志根据前人宝贵的经验，加以集中概括，加以发展提高，在马克思主义原理的基础上，明确地提出革命现实主义和革命浪漫主义相结合的艺术方法，作为我们努力的目标，这就使得我们能够更充分地更自觉地表现出我们社会主义时代极广阔、极丰富的现实生活和由它们所激发出来的巨大的革命精神、革命气概和革命理想。在毛泽东同志的诗词作品中，我们可以看见：他在写作实践中是吸取了现实主义和浪漫主义的优良传统，辩证地加以统一，开辟了他自己的艺术创造的新天地。他不仅继承了卓越的现实主义诗人们的艺术传统，善于用精雕细刻的描绘来反映现实，他更特别留意于发扬多少年来被文艺界所忽视甚至被曲解了的浪漫主义的优良传统，创造性地加以运用，使他自己的作品不时地显现出理想的彩虹，就像自然现象中的彩虹那样吸引着我们，激励着我们。他吸取了屈原、李白等积极浪漫主义大师们主要的艺术方法：借助大胆的幻想或神话故事，并采用豪迈、夸张而华美的语言来抒写美好的理想、巨大的思想和热烈的感情。他也吸取了浪漫主义作者李贺和带有浪漫主义倾向的诗人李商隐的表现手法：刻意铸造新鲜、华丽的语言来描写独创的意境和奇美的幻想，以极凝练的辞藻来表现深刻、丰富的内容，而又极力摆脱他们那种晦涩、费解和冷僻、诡谲的缺点。与革命现实主义和革命浪漫主义相结合的艺术方法相应，在词的风格上，毛泽东同志是继承了豪放派和婉约派的优点，而加以结合和发展。我们在豪放派和浪漫主义之间，在婉约派和现实主义之间，虽然都不能画上一个等号，但豪放派词人苏轼、辛弃疾等人具有较强烈的浪漫主义倾向，婉约派词人秦观、李清照等人善于用细致、深刻的描绘，来写景抒情和反映现实生活，则都是很明显的事实。毛泽东同志的作品既具有婉约派的妍丽、婉美，而更多的是具有豪放派的豪迈、奔放。从这里，我们可以看到艺术方法对于作家艺术风格的形成产生一定的影响，同时，风格的本身也是有着继承的关系的。而在突破词的传统的狭隘表现范围和一些过分严格的规律，使这一传统的文学样式能够比较自由地反映广阔的社会现实生活这方面来说，在文采上的横放杰出、议论风发、慷慨激烈、洗尽绮罗香泽之态这方面来说，他不仅和苏、辛以来的豪放派词风一脉相承，并且已经远远地超越了他们。

　　毛泽东同志对于我国的历代文化有着渊博的知识，对于古典文学有很高的修养。他不仅从古典诗歌中继承了丰富的语言材料和技巧，更从古代散文中提炼出韵律的语言。他也像我国文学史上许多杰出的诗人们那样，除了继承书写语言的宝贵财富之外，总是从民歌、民谣和人民口语的宝库中不倦地寻找艺术语言的珍宝。而他的不易企及的地方还在于他运用和创造艺术语言的卓越才能。他善于把从各方面吸取来的语言材料经过熔铸化合的工夫创造成具有和谐风格的他自己的艺术语言，既没有生吞活剥的缺点，也没有拼凑的痕迹，像我们在一些拙劣的诗词中所常常见到的那样。他也善于把一些成语陈言经过推陈出新、去粗取精的过程，化腐朽为神奇，使它们赋有新鲜的意义。他的语言是融合了古典诗词和歌谣、口语的优点，既典雅而华美，又浏亮而畅晓。他常常告诉大家，从事写作工作必须求得文字语言的准确性、鲜明性和生动性。他的诗词作品和理论著作，在这方面都是我们很好的模范。

在马克思主义的原理上建立完善的艺术方法，批判地继承了丰富的文学创作的经验，卓越的才华、渊博的文化修养和熟练的艺术技巧，这一切，就是他能够在他的诗词中那样充分而完美地表现出巨大的革命政治内容的极其重要的条件。

二

然而，毛泽东同志的诗词之所以会具有巨大的艺术感染力，那样振奋人心，在读者的心灵上留下深远的影响，重要的关键还在于他深知文艺的特点，并充分地按照文艺的特点来进行艺术的劳动。按照文艺的特点来进行创作，就是用形象来反映社会生活，而不是用逻辑形式来反映它们。艺术形象是人们对于社会生活现象经过概括、集中的典型化过程，即经过形象思维的过程所塑造的结果。它不只是丰富多彩的、生动活泼的社会生活的再现，而且正如毛泽东同志所说的："……文艺作品中反映出来的生活却可以而且应该比普通的实际生活更高，更强烈，更有集中性，更典型，更理想，因此就更带普遍性。"①也就是高尔基所说的："艺术文学并不是从属于现实的部分的事实，而是比现实的部分的事实更高级的。"（《马克思主义与文艺》第106页）因为艺术形象具有这种反映社会生活的特殊功能，所以，以形象为

---

① 毛泽东：《在延安文艺座谈会上的讲话》。——作者原注

其特点的文学艺术就容易被广大的群众所普遍地接受并博得他们的喜爱。而概念化的文艺作品,就是缺乏形象的作品,就是缺乏艺术性的作品。所以,毛泽东同志又说:"缺乏艺术性的艺术品,无论政治上怎样进步,也是没有力量的。因此,我们既反对政治观点错误的艺术品,也反对只有正确的政治观点而没有艺术力量的所谓'标语口号式'的倾向。我们应该进行文艺问题上的两条战线斗争。"①他是深知形象在文学艺术上的重要性,而明确地反对概念化的倾向的。

但是,人类的头脑反映社会生活,并不是像摄影机那样机械地纯客观地反映它们的。人们的头脑在反映它们的时候,必然会根据他们所从属的阶级和集团的立场对所反映的事物渗入他们自己的思想和感情,这就使得一切的文艺作品不可避免地会具有某种倾向性,也就是具有某种阶级性、党派性。马克思主义者是主张文艺作品要有鲜明的倾向性,要有强烈的革命政治内容的,但又主张要用艺术形象来表现它们,而不是在作品上贴上政治标签。所以,恩格斯在他给明娜·考茨基的信中说:"我绝不是这种倾向诗的反对者……但是我认为倾向应当是不要特别地说出,而要让它自己从场面和情节中流露出来,同时作家不必把他所描写的社会冲突的将来历史上的解决硬塞给读者。"他当时虽然是指着戏剧、小说而说的,但这个原则无疑是适用于一切的文学样式的。

富有形象的作品才会富有艺术感染力,才足以打动人心,形象的丰富来自作者生活体验的丰富,而概念化的、标语口号式的作品恰恰暴露了作者生活积累的贫乏。所以,文艺作品是形象化抑或是概念化的问题,不仅说明作者懂不懂得文艺的特点,是否按照文艺的特点来进行创作,也说明作者的生活实践是否深入和广阔。形象化是文学艺术上头等重要的问题。一个作家或艺术家是通过创造艺术形象的劳动为政治服务的,就好像一个鞋匠是通过制造靴鞋的劳动为社会服务一样。读者鉴定他们为政治服务成绩的好坏,不是看他们曾经在自己的作品上贴过多少政治标签,而是看他们曾经创造过多少美好动人的艺术形象。

毛泽东同志领导了中国人民民主主义革命、社会主义革命和社会主义建设,并和群众一起亲身参与了这些革命和建设工作中的实际生活,这就赋予

---

① 毛泽东:《在延安文艺座谈会上的讲话》。——作者原注

他的诗词作品以巨大的革命政治内容，赋予他的艺术形象的创造以深广的生活源泉。他总是那么经心着意地创造丰富、生动的艺术形象来反映生活，借以表现由生活所激发出来的革命理想、革命气概和革命精神，来感染读者，来鼓舞读者；他总是那么含蓄地不说出自己的倾向，不把任何的政治结论夹杂在作品里硬塞给读者，而是让它们在艺术形象中流露出来。在他的全部诗词中，他没有使用过标语和口号来破坏作品的形象化，这绝不是由于我国旧体诗词过于严格的形式和规律束缚了作者，使他不能自如地运用它们（因为我们不仅在新诗里，而且确实也在旧体诗词里，看见过不少的标语、口号式的作品），而是由于他深知文艺的特点，并充分地按照文艺的特点来进行艺术劳动的缘故。

　　无论哪一种艺术方法总是包括着精神和表现手法两方面的。革命现实主义和革命浪漫主义相结合的艺术方法，就其精神方面来说，是马克思主义的清醒的革命现实主义和革命理想主义的结合；就其表现手法方面来说，是现实主义对客观世界的精确描绘和浪漫主义对理想世界的热情抒写的结合。无论哪一种艺术方法，它的表现手法的主要任务就是创造形象反映现实借以表现某种精神——某种世界观、某种政治观点、某种思想、感情等等。表现手法的职能是创造形象。毛泽东同志在创造艺术形象这方面，也为我们做出许多运用这个艺术新方法的卓越范例。在他的《沁园春》《菩萨蛮·黄鹤楼》和《浪淘沙·北戴河》中：在它们的上片，他都偏重于对自然景物的精妙描绘，在它们的下片，他都偏重于抒写由那些壮丽的河山和作者参与其中的现实生活所激发出来的革命气概、革命精神。

> 北国风光，
> 千里冰封，
> 万里雪飘。
> 望长城内外，
> 惟余莽莽，
> 大河上下，
> 顿失滔滔。
> 山舞银蛇，

原驰蜡象，
欲与天公试比高。
须晴日，
看红装素裹，
分外妖娆。

江山如此多娇，
引无数英雄竞折腰。
惜秦皇汉武，
略输文采；
唐宗宋祖，
稍逊风骚。
一代天骄，
成吉思汗，
只识弯弓射大雕。
俱往矣，
数风流人物，
还看今朝。

——《沁园春·雪》

　　他这种气盖河山、目空往古的革命气概，不只集中地表现在"俱往矣，数风流人物，还看今朝"这个巨大的抒情警句之中，而且早已蕴蓄在"北国风光，千里冰封，万里雪飘。望长城内外，惟余莽莽；大河上下，顿失滔滔。山舞银蛇，原驰蜡象，欲与天公试比高……"那些阔大壮丽、飞舞生动的景物形象之中，犹如他的另一首《沁园春·长沙》中所表现的那种粪土王侯的革命气概，不只集中地表现在"指点江山，激扬文字，粪土当年万户侯"那个抒情的警句之中，同时也蕴蓄在"看万山红遍，层林尽染；漫江碧透，百舸争流。鹰击长空，鱼翔浅底，万类霜天竞自由"以及"曾记否，到中流击水，浪遏飞舟"那些生动、丰富的形象之中一样。我们在这些色彩鲜明、笔触奔放的精美画幅上，不仅看到祖国河山的壮丽，引起我们爱国的热情；也感受到诗人博大的气概和昂扬振奋的精神，而引起我们积极向上的渴望。如果没有关于深深地渗透着诗人巨大精神的那些现实世界的精妙的描绘，那么，作者所要表现的革命气概，就会像无根之花、无本之木一样，终竟是缺乏生命力的；但如果只有关于自然景色的精雕细琢的摹写，而缺乏革命浪漫主义的精神，那么，作者所给予我们的也不过是北宗画派的一轴金碧辉煌的青绿山水的长卷而已，既缺少耐人寻味的神韵，也缺少深远的意境，是不能给我们以很多的艺术感染的。从这些作品中，我们很可以学习到一些描绘与抒情、现实与理想如何结合的表现方法。

在他的一些小令如《西江月·井冈山》《如梦令·元旦》《清平乐·会昌》《菩萨蛮·大柏地》《忆秦娥·娄山关》和《七律·长征》等作品中，他都把革命的乐观精神和藐视敌人的革命气概渗透在现实生活的精确图画之中。例如：

东方欲晓，
莫道君行早。
踏遍青山人未老，
风景这边独好。

会昌城外高峰，
颠连直接东溟。
战士指看南粤，
更加郁郁葱葱。

——《清平乐·会昌》

西风烈，
长空雁叫霜晨月。
霜晨月，
马蹄声碎，
喇叭声咽。

雄关漫道真如铁，
而今迈步从头越。
从头越，
苍山如海，
残阳如血。

——《忆秦娥·娄山关》

前一首表现了革命部队青春焕发、生气勃勃的革命乐观精神，后一首表现了他们在剧烈、艰苦的战斗中藐视敌人和艰险的革命气概。正如作者其他许多的作品一样，他总是着意创造艺术的形象，反映生活的真实，来表现这种精神和气概，而不是用发议论式的语言直截了当地说了出来。这就是我国古代的文学评论者一直主张的所谓"义主文外"或"兴在象外"的表现手法。

以上所举的作品，都可以说是偏重于用现实主义的手法来表现革命浪漫主义的精神。

他的长调《念奴娇·昆仑》和《水调歌头·游泳》两词，通篇几乎都运用豪迈、壮丽的语言，凭借大胆的幻想，乃至凭借神话故事，来创造囊括宇宙的巨大的艺术形象，来抒写无产阶级改造世界的宏图和远大的革命理想。

横空出世，
莽昆仑，
阅尽人间春色。
飞起玉龙三百万，
搅得周天寒彻。
夏日消溶，
江河横溢，
人或为鱼鳖。
千秋功罪，
谁人曾与评说？

而今我谓昆仑，

> 不要这高,
> 不要这多雪。
> 安得倚天抽宝剑,
> 把汝裁为三截?
> 一截遗欧,
> 一截赠美,
> 一截还中国。
> 太平世界,
> 环球同此凉热。
>
> ——《念奴娇·昆仑》

　　在这首词里的大胆的幻想以及在《水调歌头·游泳》里的"更立西江石壁,截断巫山云雨,高峡出平湖。神女应无恙,当惊世界殊"那样奇妙的想象,在创造艺术形象的传统上说,是继承了屈原、李白的浪漫主义的表现手法的;而在文采上的横放杰出、豪迈壮浪,它们又和苏轼、辛弃疾的词风一脉相承;更由于它们表现了无产阶级改造世界的伟大的革命理想,因而就闪现出令人鼓舞的彩虹。这两首词,无论在精神和手法上,或是在内容和形式上,都可以说是充分的革命浪漫主义的作品。

　　他的另一首革命浪漫主义的杰作是《蝶恋花·游仙赠李淑一》。

> 我失骄杨君失柳,
> 杨柳轻飏直上重霄九。
> 问讯吴刚何所有,
> 吴刚捧出桂花酒。
>
> 寂寞嫦娥舒广袖,
> 万里长空且为忠魂舞。
> 忽报人间曾伏虎,
> 泪飞顿作倾盆雨。

这是通过幻想的境界，即通过革命先烈们的忠魂被神仙们尊敬的境界，来歌颂革命先烈们对无产阶级革命事业的忠贞和他们永垂不朽的精神，并表达了作者对他们深厚、真挚的悼念。作者描绘幻想世界中人物的关系以及他们和现实世界的关系那些情节和场面，写得那么入情入理，那么真切动人，令人觉得天上的幻想生活和地上的现实生活是同样真实的。这首词的优美的语言和奇妙的想象，都使我们仿佛读着屈原《九歌》中那些出色的篇章。这是作者对幻想的主题采取了浪漫主义和现实主义相结合的表现手法。

　　在他的《七律二首·送瘟神》中，他对旧时代被奴役被剥削的千万人民的苦难生活既有深刻的反映，对新中国劳动群众以排山倒海的力量改造世界的伟绩又有热烈的赞颂；他既凭借神鬼的幻想境界以驰骋自己上天入地的想象力，也对现实世界作了准确的描绘；既有极夸张、极豪放的语言，也有极妍丽婉美的辞藻——这是在精神和手法上，在内容和形式上，都是对于革命现实主义和革命浪漫主义相结合的艺术方法错综复杂的运用。艺术方法中的精神和表现手法两个方面，它们是既有区别，而又互相制约、互相影响的，它们在创造艺术形象上所起的作用，也就颇为微妙，颇为错综复杂。我这样地把毛泽东同志创造艺术形象的途径，加以分类叙述，难免有机械和割裂的地方。然而，我还是把自己的一点体会说了出来，一则是想借此机会就正于读者；同时也企图从这些范例来说明：革命现实主义和革命浪漫主义相结合的艺术方法的运用是可以有许多变化的，只要我们掌握住用艺术形象来表现革命现实主义和革命理想主义相结合的精神这一核心，那么，在表现手法上，是可以有这样的结合，也可以有那样的结合，决不拘于一格的，即所谓"运用之妙在于一心"。我们不要把这个艺术方法的运用看得太机械、太死板。

　　以卓越的诗人才华运用完善的艺术方法，充分地按照文艺的特点来进行艺术劳动，创造丰富、生动的艺术形象反映生活，借以表现巨大的革命政治内容，这就是毛泽东同志的诗词所以会具有那样巨大的艺术感染力的秘密所在。

1961年9月，于北京

原载1961年《文学评论》第5期，收入《中国社会科学院学者文选——力扬集》。——编者注

沈尹默先生书赠力扬毛泽东主席《沁园春·雪》词

评论

研究篇

力扬诗歌创作

刘怀玺[①]

1932年7月12日，上海"法租界"监狱里关进了左翼美术家联盟的13位青年艺术家。铁窗，高墙，铿锵的镣铐，失色的太阳掀动了其中两位青年的心潮，他们用拿惯画笔的手写出抒发炼狱心绪的郁勃诗章。

不久，人们在报刊上相继读到了《大堰河——我的保姆》《铁窗里》；《枫》《我在守望着》。从此画苑里失去了两位青年画家，而诗坛上却升起了两颗浙江籍的新星。这就是后来成为新诗泰斗的艾青和著名诗人力扬。

他们登上诗坛的时候，新诗已经在文学的原野上，披荆斩棘艰苦跋涉了十几年，不但取代了旧体诗的统治地位，而且开始呈现出第二次繁荣局面。以蒋光慈、殷夫为代表的左翼诗人继承和发展了"五四"的战斗传统，以饱满的革命激情使新诗成为无产阶级战斗的有力武器；"新月社"诸诗人致力于新诗的格律化，以技巧的圆熟与韵律的优美丰富了新诗的艺术美；象征派诗人追求富于暗示的表现手法和新奇的造句，对新诗作者不无启示；现代派诗人强调内在情绪的律动和意象的丰美，拓宽了新诗的表现手法。20世纪30年代崛起的一群青年诗人，在继承现实主义诗歌传统的基础上，吸收了各诗派的有益营养，逐渐形成了领一代风骚的新诗流派——现实主义诗派。他们大多出身于农村，涉世于都市，对农民的苦难体验深切，对反动派的严酷压迫和帝国主义的野蛮入侵感受锐敏，在蓬勃发展的左翼文艺影响下怀着反抗的心，投入时代的洪流。他们比左翼革命诗人更注意诗歌的艺术美，比只讲究诗美的唯美派诗人更着力于追寻时代的足音。他们通过艺术形象将艺术个性与时代精神融汇，通过歌唱自己而唱出了时代的声音。新诗发展的第二次高峰中，涌上峰顶的正是他们。这一诗派的主要代表当然是大诗人艾青，

[①] 作者系北京师范大学中文系1959届毕业生，毕业后曾在内蒙古自治区托克托县一中任教，退休前为浙江省丽水学院中文系副教授，现定居新西兰奥克兰市。——编者注

力扬则是其中重要的一员,可惜多年来未被充分认识。

从20世纪30年代起到1964年病逝,力扬笔耕30年,写过诗歌、诗歌评论、通讯、文学研究论文。作为诗人,他共发表诗歌约120首,中华人民共和国成立前占2/3,近80首。一生曾出版过《枷锁与自由》《我底竖琴》《射虎者及其家族》《给诗人》4部诗集,共收诗46首,绝大多数是中华人民共和国成立前的创作。其余的诗散见于各时期的报刊杂志。这些诗不但"反映着一个革命知识分子从旧社会到新社会所体验所认识的现实生活,在具体历史条件下所产生的他底理想和愿望,他底思想感情的变化,以及他底优点和缺点"[1],而且也动人地体现出中国人民革命斗争的胜利进程。正由于这些诗时代气息强,调子高亢明朗,形象鲜明生动,所以力扬在新诗史上是有一定地位的。看到新时期诗歌的繁荣景象,我们无法将这一位曾为新诗坛做出过贡献的老一辈诗人遗忘。

一

有人说"愤怒出诗人",有人说诗是"心底歌",都强调了诗歌的个人抒情性。的确诗是抒情的艺术。但我们决不能认为诗是个人意识的孤立表露,而应该是现实生活透过诗人心灵的映现。因此,诗与其他文学形式一样,要植根于现实生活。雨果说:"诗人可以有翅膀飞上天空,可是他也要有一双脚留在地上。我们看见他飞翔以后,也要看着他走路……天才的诗人,请你把脚给我看看,让我看看你是不是像我一样脚跟沾着地上的尘土。"[2]力扬就是一位脚跟沾着厚厚的地上尘土的诗人。

他写于中华人民共和国成立前的诗歌,题材较广泛。有写狱中生活的,有抒发抗日救亡激情的,有抨击反共逆流的,有写农村苦难的,有悼念先哲先烈的,有歌唱民主运动的。

力扬是浙江青田人,曾就读于国立西湖艺专学习绘画。20世纪30年代初他就参加左翼文艺运动,任"美联"执行委员,曾两次被捕,坐牢3年。诚如本文开头所述的,他是在监牢里开始诗歌生涯的。他写的狱中诗不多,

---

[1] 力扬著《给诗人·前记》,作家出版社1955年11月第1版。
[2] 《西方古典作家谈文艺创作》,春风文艺出版社1980年版第1版,正文第376页。

只5首。主要表现狱中的情思和渴望：有的回顾过去的生活，抒发对家乡的怀念（《枫》）；有的写对难友的关怀和鼓励（《给高丽M君》《听歌》），有的抒发坚定的斗争信念和对自由的向往（《我在守望着》），有的揭露社会黑暗，表达他对腐朽现实的憎恶（《污浊底湖》）。另有一首《我底制服》，虽然写在狱外，但有个特殊的写作背景：当时力扬被保释人赵志垚安置在国民党十八军驻南京办事处，穿上了中尉处员的制服。由于无法找到革命组织，被迫疏远了人民，因此感受到比坐牢还要厌烦的苦闷。这首短诗抒发了他对这种身份的厌恶和"迈步在群众行伍里"的心愿，这和他狱中的心情是不二的。所以在《枷锁与自由》中，诗人把这首诗与狱中诗一起编进第一辑《枷锁》中。艾青也曾说过这些是他"狱中生活的记录"。透过这些个人生活记录，我们看到的是20世纪30年代革命知识分子与国民党反动派坚决斗争的社会重大内容。

　　抗日战争爆发后，力扬随十八军驻京办事处撤到长沙，终于甩掉了那身灰暗的军服，投奔武汉，参加了郭沫若领导的政治部第三厅的工作。武汉失守后，他过长沙转桂林，最后来到"陪都"重庆。民族的危亡，国家的命运，共产党人的劳苦卓绝，人民大众的颠沛流离，刺激得这位热爱祖国、追求真理的诗人热血沸腾，于是他的创作进入了旺盛期。他召唤人民奋起战斗，迎击入侵的强盗（《风暴》《太阳照耀着中国的春天》《五月》《把强盗们攆出去》等），揭露敌人的阴谋，控诉法西斯罪行（《"白面包与肉类是有毒的"》《张伯伦底破伞》《仇恨》等），讴歌人民抗战，赞美英勇无畏的民族精神（《台儿庄》《同志，再见!》《朝鲜义勇队》《黎明》《山城》《原野》等）。抗日救亡，奋起图存成了他诗歌创作最突出的主题。

　　当蒋介石通过皖南事变，又一次掀起了反共高潮，使浓云密雾笼罩了山城时，力扬正在文委会工作，为了隐蔽力量，经郭沫若同意，转移到恩施，在湖北第一女师任教。第二年春又重返雾都，由周恩来介绍至陶行知创办的育才学校工作。这期间他的思想更成熟了，诗歌艺术更完美了。他一方面回击国民党反动派所掀起的反动逆流，一方面回思积淀已久的农村生活，深心怒涌着向黑暗的社会制度"复仇"的激情。名篇《雾季诗抄》《我底竖琴》《冬天的道路》《给诗人》《希望的窗子》《射虎者及其家族》《贫农的女儿吴秀贞》等，都是这一时期的作品。

农村题材的诗歌是力扬写得最见功力的。他生于浙南山区，家族的苦难，亲人的愿望，深深埋在少年力扬的心灵深处。当他拿起诗笔，从自己的生活中摄取题材，又"以主观情感去温暖所描写的题材"（力扬语）时，就产生了这些感情真挚、形象丰满的诗篇。最著名的是自传性叙事长诗《射虎者及其家族》。力扬说："此是自家祖父一代历史的一部分。"①这首长诗在1942年《文艺阵地》七卷一期上发表时是7章。第一章《射虎者》，写曾祖父不幸的一生。第二章《木匠》，写祖父在苦难中的挣扎。第三章《母麂与鱼》，写祖父母的生活。第四章《山毛榉》，写两位伯祖父的生活。第五章《白银》，写祖父辈受豪绅欺压。第六章《虎列拉》，写二伯祖父之死。第七章《我底歌》，写自己的复仇欲望。后又在《虎列拉》前加写一章《"长毛乱"》，是写大伯祖父之死的。1948年香港出版的《射虎者》单行本，全诗为8章。②1944年，《诗文学》第一辑又发表了《射虎者及其家族续篇》，小标题为《纺车上的梦》，写祖父母美好生活的梦想。作为一部家族的历史，虽已有9章，但似乎还不够完整，父母辈，兄弟辈的生活，还没有专章。实际上当年诗人是有续写打算的。1951年2月，诗人在一篇未发表的诗集后记中说过："我于1942年写完《射虎者及其家族》后，在1943—1944两年间，曾写了它的续篇，达1000余行。原拟从《虎列拉》那章接下去，以我底家族为线索，一直写到抗战时期的。但我在抗战前就已经离开故乡，对于那一段时间内家乡底和家族底变动、发展情况，从无体验，如仅凭想象来写，一定写不好。所以故事还没有写到抗战时期，就搁笔下来了。但那写好的1000来行中，只有《纺车上的梦》差强人意。当时也就只发表了这一章。"其余的没发表的底稿后来散失了。值得庆幸的是在力扬夫人牟怀真同志的帮助下，我从诗人的手记本中找到一些遗篇。比较完整的有《黄昏》《童养媳》，都无章次。《黄昏》题后缀有"射虎者及其家族三续"字样，是写祖父之死的。《童养媳》是写父亲的第一个妻子的。还有两个残篇：《不幸的家》《弟弟，你为什么要哭泣？》。前者写父亲与母亲的结合，后者写弟兄辈的生活。这样，从内容上看，这部家族史写了四代人的生活和命运，基本完整了。非常

---

① "赠给大妹"，《射虎者及其家族》扉页上的题签。
② 此一段叙述有误。长诗《射虎者及其家族》1942年8月在《文艺阵地》初发表时，即为8章。——编者注

可惜的是后两个残篇只是当年的手记，未经整理，不能成章。失去那千余行使我们无法窥其全貌，这将是一个永远的遗憾了。

这一组叙事诗所描写的射虎者和他的家族是坚忍顽强的。他们年年奋斗，代代不息。但在命运面前，却又是愚弱的。曾祖父在与贫穷的搏斗中死于虎口，留下了永远的遗恨。两位伯祖父在战乱和瘟疫中丧生。祖父以毕生劳作虽然开出了一点自己的土地，仍不能改变家庭的境遇，最后怀着虚幻的憧憬逝去。父亲秉承祖父的希望，读了几年书，成了"秀才"，反倒丧失了向贫穷复仇的勇气和能力，在家口日繁的重压下，境况依然凄苦。待到"我"走向生活时，时代变了，他开始思索复仇的道路，寻找更有力的复仇武器。长诗从个人生活感受出发，真实地描写了农民受穷困折磨的痛苦、被豪绅欺压的血泪、虚幻的美好梦想、愚昧的劳碌挣扎、终归失败的自发反抗、开始觉醒的新的追求。写的是一个家族的历史，却概括了旧中国半个世纪以来农民的经历和命运。丰富的社会生活内涵和高度的典型意义，使长诗成为一部新诗史上不可多得的农民命运史诗。

在写《射虎者及其家族》的同时，力扬还写了另一部长篇叙事诗《哭泣的年代》，近2000行。诗人在那篇未发表的诗集后记中曾说："那是想以我底乡村为背景，写出旧时代的农民在豪绅、地主底压迫和欺凌下的种种苦难及斗争的。"然而也只在1942年10月18日的《大公报》上发表了《李秀贞》一章（收入诗集《给诗人》时，题目改为《贫农的女儿吴秀贞》）。其余的已抄好装订成册，不幸在被朋友借阅时丢失了。诗人的手记本中，尚存一首《给我底村庄》，题后有"序诗"两字。从内容上看，可以断定这是《哭泣的年代》的序诗。此外的诗行已无迹可寻，这也是一个永远的遗憾了。

已发表的这个断片，叙述了一个农村少女的悲惨故事：美丽纯洁的贫农女儿受了地主少爷的欺骗玩弄，含恨自杀了。诗人用质朴的语言，愤懑的笔调生动地描写了吴秀贞的纯洁美丽，村里青年们对她的爱恋倾慕、童养媳制度对少女天性的摧残压抑、地主少爷的荒淫无耻、世俗流言对无辜者的嘲弄诽谤、被侮辱者的屈辱怨恨。诗里没有直露的抒情，没有主观的评论，诗人将自己强烈的爱憎渗透在农村生活的真实描写和主人公命运的动人叙述之中，美丽的少女被逼自戕，丑恶的元凶摇着白纸扇依然快活。通过吴秀贞绝命时内心的呼喊，向整个腐朽的社会发出愤怒控诉。在这类诗里，诗人通过个人农村生活感受,传达出旧中国农民苦痛而不安的心声。

抗战胜利后,留在重庆的力扬投身国统区的和平民主运动,与国民党的法西斯统治进行坚决斗争。他的反内战争民主短诗《我们反对这个》等,被谱成曲,传唱一时。《愤怒的火焰》《祭陶行知先生》等,愤怒谴责反动派的血腥暴行,热情歌颂了李公朴、闻一多、陶行知等民主战士的伟大精神。1947年,力扬随育才学校迁到上海,不久因受特务监视而转赴香港。在解放战争节节胜利的时候,他又写了《我们的队伍来了》以鼓舞人民斗志,欢呼即将到来的祖国的黎明。经过长期革命斗争的锻炼,诗人终于在1948年3月站到了党的红旗下,成为无产阶级先锋队的一员。

中华人民共和国成立后,他长期工作在文学研究所,主要精力用于古代诗歌研究。但作为诗人,他的歌喉没有停歇。在撰写研究论文之余,仍以满腔的热忱向党、向人民、向祖国、向社会主义建设奉献出深情的赞歌,如《虹》《人造的长虹》《刺绣歌》《美好的想象,你们飞吧!》《人民英雄万岁》《祖国母亲的乳浆》等。

力扬的一生,是战斗的一生。他生命的航船,始终乘着时代的劲风,疾驶在人民斗争的长河中。斗争生活,给他的创作开辟了丰富的源泉。诗人说:"如果他已经意识到他所生活着的世界,也正是人民所生活着的世界,而不是生活在人民头顶上的天空,那么,他底歌、哭、希望、理想和斗争,会能够不和人民相一致的吗?如果是这样的诗人,他歌唱了'自己',也即是歌唱了人民。"①正因为如此,力扬从自己生活的矿坑里所发现的题材,所采掘的诗意,才能既打着浓重的"自我"标记,又显示出普遍的社会意义;既饱含着一己的生活感受,又呈现出整个时代的风采。这确是力扬现实主义诗歌创作最突出的特点。

二

力扬的诗尽管题材不同,然而那种令人感奋的引发力却是共同的。这力量来自诗中高亢明朗的调子,奋起抗争的精神。他诉说农民苦难的时候,不会让人沉郁、苦闷,而是在悲愤之中,勃发复仇的意志。《射虎者及其家族》

---

① 《诗人·人民》,原载《新华日报》1945年6月14日第4版。

写了几代农民的苦痛，最后一章《我底歌》情绪昂扬激愤：

> 我纵然不能继承
>
> 他们那强大的臂力；
>
> 但有什么理由阻止着我
>
> 去继承他们唯一的遗产
>
> ——那永远的仇恨？
>
> 二十年来，我像抓着
>
> 决斗助手底臂膊似地
>
> 抓着我底笔……
>
> 可是，当我写完这悲歌的时候
>
> 我却又在问着我自己：
>
> "除了这，是不是
>
> 还有更好的复仇的武器？"

　　《贫农的女儿吴秀贞》里主人公的命运让人悲泣，最后我们听到的却是她内心的呼喊："我恨……"力扬写这类题材，构思的基点不是悲伤、哀怨，而是愤恨抗争。

　　反映狱中生活的诗，袒露给读者的也是诗人那颗坚贞不渝的心和一双渴望自由的"燃炽的眼"。牢房再黑，时间再长，"我总得……守望着一个光明的自由的白热的未来"（《我在守望着》）。鼓励难友要"放开脚步前进，看！太阳就在那边！"（《给高丽M君》）当抗日烽火燃起的时候，他一再地歌唱太阳，歌唱黎明，歌唱人类的春天。这是他这一时期诗歌的主旋律。他欣喜地看到奴隶们正扭断锁链迎击夜袭的强盗，而且举起手臂"仰向东方的黎明，呼唤着新生的太阳"（《风暴》）。他感受到春天的信息，向照耀着中国的太阳，高呼"太阳呵，我歌唱你！"（《太阳照耀着中国的春天》）。他欢呼台儿庄大捷，看见人们"都凝视着，这胜利的火炬，企望那解放的明天"（《台儿庄》）。他诉说："我比人们更仇恨黑暗更渴望温暖的黎明"（《诗一首》）。5月来临时，他表示"我们是从你这火红的月节走向更光明的季候"（《五月》）。黎明时分，他赞颂我们的战士"迎着翩翩而来的黎明奔赴战争"（《黎明》）。

他把7月当作全民抗战精神的象征，喻之为"早晨太阳的火轮"，"从深沉的海底，从血色云霞的上面，滚上历史底光荣的旷野"，人民呼唤着它，为民族的再生而更勇敢地斗争（《七月颂歌》）。在这里，太阳、黎明、春天，所有这些意象都象征了反侵略斗争的胜利和祖国、民族的新生。当反共逆流淹没山城的时候，诗人"希冀祖国的天空闪耀着一个永恒的太阳"，好像看到了"那千万支光明的火箭正透射过泛滥着曙色的森林，残雾上滚起太阳的火轮……"（《雾的冬天》），好像听到了人民"我要太阳，我要春天"的呼唤，于是诗人进入人民的行列，走上积雪的峰顶，透过云块的缝隙，"瞩望着回归大地的春天"（《冬天的道路》）。在漫漫冬夜里，诗人急切地打开窗子，欢迎"穿过黑暗的森林而来的黎明"，欢迎"永远温暖着人类底心灵的永恒的太阳"，诗人的希望"像夏夜仰视的眼睛，永远投向北斗星照耀的所在"（《希望的窗子》）。他歌赞北极星"永远地替我们守望着黎明"（《北极星》），愿乘飞快的大船，在海上"去迎接壮丽的日出"（《初春》）。这里的太阳、黎明、春天则预示了与国民党反共逆流相对立的人民民主的光明前景。

　　力扬喜欢用光明、黎明、太阳、春天等类意象来表达自己的情感，这一点与艾青相同。他们都是毕生追求光明的诗人。然而他们又都是高尔基所说的"在自己身上找到自己"的诗人，因而同中有异，一加比较，就可显出各自的艺术个性。同是写于上海狱中的《铁窗里》和《我在守望着》，表现了两位诗人同样坚定的斗争意志和同样强烈的自由渴望，然而构思却不同。《铁窗里》用了三个诗段说明"只能通过这唯一的窗"才能看见自由的天空，"只能通过这唯一的窗"才能怀念记忆中的生活，"只能通过这唯一的窗"才能希望着未来。艾青是通过被囚禁的苦难来激发对自由的渴念的。《我在守望着》中虽然也有"沉重的围墙""窒息的铁窗"的诗句，但全诗立意于"守望"，力扬用"纵然……总得……"这种假设让步式的诗段突出了对未来的信念。同是写于抗战初期的《雪落在中国的土地上》和《太阳照耀着中国的春天》，都通过战火下现实生活的感受抒发诗人的爱国主义激情，但抒情角度大不相同。艾青的《雪落在中国的土地上》，是被称为"北方组诗"中的名篇，写于1937年12月。当时作者经过大半个中国的流徙，目睹了国土沦丧、民众逃亡的悲惨景象，抗战爆发前后的兴奋心情此时开始沉静，潜隐着的"农民的忧郁"融汇了爱国热情，转化为对民族命运的忧郁表现出来。

这首诗和"北方组诗"的其他诗篇一样突出地表现了人民苦难的深重和抗战斗争的艰辛。力扬的《太阳照耀着中国的春天》写于1938年3月。当时诗人正以极高的热情与孙望等一起创办长沙《抗战日报》副刊《诗歌战线》。他在致孙望的信中说:"为了民族的独立解放,为了自己的创作生命,我们都得勇敢地为诗歌战线而努力着。""无论如何,我们得站在文化的岗位上,为祖国的解放而努力。"在这种振奋中,诗人所感触到的是太阳照耀着的中国,是春天已经来临,看到的是战士们踏着血迹而斗争,庄稼人跑上火线,纺织女为前方织纱布,工人们打制杀敌的刀剑,神圣的战争呼召着受难者冲向敌人,于是诗人高声歌唱祖国、歌唱人民、歌唱太阳,用子弹似的诗句射击敌人。抗战爆发前两月,艾青创作了他的第二首《黎明》,是被称为"太阳组诗"中的重要作品。1939年4月,力扬也写了一首同题的诗歌。艾青在迎接黎明的欢欣中常伴有对黑夜的苦痛回忆,而力扬在迎接黎明时则是一派欢欣。这样比较,不是说明他们艺术上的优劣,而是说明他们各有自己的抒情个性。他们都是光明的激情歌者,而激越、高亢、乐观、明朗则成为力扬诗歌独特的个性。

三

力扬认为诗必须是"用艺术的形象表现出来的东西"。[①]他的诗歌的形象性主要表现在人物形象鲜明,诗的意境晶莹。

力扬的叙事诗《射虎者及其家族》《射虎者及其家族续篇》《贫农的女儿吴秀贞》《吕丽》等,为我们刻画了一系列鲜明生动的人物形象。勇武强壮的曾祖父、朴呐憨厚的伯祖父们、勤劳慈祥的祖父、善良温顺的祖母、懦怯文弱的父亲、纯贞美丽的吴秀贞和天真烂漫的小吕丽,都是令人难以忘怀的。他常常从生活中选取最有表现力的物象,进行意象组合,赋予人物熠熠神采。如《射虎者及其家族》第一章里,用"满张着的弓弩",带着急响的"箭镞",舔着自己的血而发出绝命叫喊的"猛虎"等几个极有代表性的物象,在惊异豪迈情感的支配下,组合成一组生动的意象。于是一幅颇具传奇

[①] 《高尔基与诗歌》,原载《新华日报》1940年6月18日第4版。

色彩的猎虎图和一位机智强悍的猎人形象就活现出来了。第六章描写大伯祖父被太平军败兵错杀后的情景，他用"血液""泥土""手指""泥块"等物象组成这样一组意象：

> 倒在那并非属于他自己的土地上；
> 却又用最后的血液温暖着泥土，
> 用最后的气力通过抽搐的手指
> 深深地撅着一生梦想的泥块……

农民一生的苦难和梦想通过这些饱含诗人感情的具体描写撼动着我们的心灵。

在抒情诗中，他善于捕捉生活感受印象，经过主观感情和意识的酿制，成为富有陶醉力的艺术境界。写于抗战爆发当年的《风暴》，描绘风暴起来了：

> 它呼啸在森林，
> 呼啸在山谷，
> 呼啸在万里的长流
> 与荒冷的大漠。

在席卷全国的风暴里，奴隶们扭断锁链，去迎击夜袭的匪盗。这并非生活实景的临摹，而是以作者的现实生活感受为原材料酿制出的艺术化景象。他把人民的抗战情绪景物化了。美学家宗白华指出："化实景而为虚境，创形象以为象征，使人类最高的心灵具体化、肉身化，这就是'艺术境界'。"[①]力扬的抒情诗就为我们创造了这样的艺术境界。1942年，正在育才学校工作的力扬，写了一首怀念已奔赴延安的挚友艾青的诗《茅舍》，诗里描写了祖国一个"迷人的乡村"：

> 那边是一片平阔地铺展着的石坡，

[①]《美学散步》，上海人民出版社1981年第1版，第59页。

> 它底缝隙间生长着成排的小柏树，
> 那些花朵样的嫩叶是如此均匀，齐整，
> 好像被具有匠心的园丁精勤地修剪过似的，
> 使每棵焕发的生命都成为一座美丽的小塔。
>
> 这边是肥美的山坡，稚嫩的松苗——
> 像婴孩底初生的胎发，茁长在上面。
> 一支永不哭泣，只是歌唱着原野底慈爱的
> 小河，穿流过那片石坡与这小松林的中间。

这个"迷人的乡村"，春光明媚，生机盎然，幼苗自由生长，水流尽情欢唱。这显然并非艾青迁居地的实景，而是力扬心中延安民主自由生活的具景化。这里寄寓着力扬对友人的殷切怀念和对解放区的无限向往。情与景构成了一个崭新的艺术境界。这样的诗还有《黎明》《太阳照耀着中国的春天》《雾的冬天》《冬天的道路》等等。

在另一些诗里，力扬通过对自然实景的描写，抒发情感。但他绝不做纯客观的描写，而总涂以浓重的抒情色彩。如《轭》，写的是农民与耕牛的对话，表现农民在穷困重压下的痛苦和不安的心情。开头写清晨：

> 苍白的梦似的薄雾
> 浸没了秋天的早晨
> 泪点似的露珠贯穿着
> 被秋风虐待过的细草

这与《黎明》中的晨景完全不同。《黎明》中写的是风卷走了云块，原野睁开了睡眼，河流唱着快乐的曲子。前者是忧愁痛苦的早晨，后者是清新欢快的黎明。景之不同，缘于情之不同。情与景融汇渗透，开辟了一片独特的艺术天地。《山城》《驮马》《仇恨》《播种》《初春》等诗中，也显示同样的特点。

在表现手法上，他的诗大多用铺陈文采呈现某种具体场景，描绘人物形

象,抒发真实感情,但也不乏丰富的想象。想象是诗歌的翅膀,"没有想象就没有诗"(艾青语)。上面提到的力扬的诗,都包含有诗人的想象,像《茅舍》里那个"祖国迷人的乡村",主要成分实际上是想象。如果想象把今天与明天连在一起,思想由现在飞腾到未来,就成了理想,它会给人们以奋发进取的力量。力扬的诗歌充满了热烈的憧憬和美好的理想。在黑暗的日子里盼望着黎明,在窒闷的重压下渴念着自由解放,在辛勤的社会主义劳动中向往着壮丽辉煌的共产主义。他在中华人民共和国成立后的作品中,常常借优美的神话传说表现美好的想象。比如《虹》用站在七彩虹桥上为人类祝福的七个女神的神话歌颂党为人民造福的业绩;《人造的长虹》用魔杖化天桥和仙人驾黄鹤飞渡长江的传说赞美武汉长江大桥,《给女织工》以仙女们躲在人间的机房外偷学纺织技艺衬托纺织女工们的聪明才智,为欢呼我国[①]第二颗人造地球卫星发射成功而写的《美好的想象,你们飞吧》,诗人的想象随着"红色月亮"驰骋在万里太空——访问嫦娥吴刚,邀请牛郎织女。崇高的理想与绮丽的想象,为力扬在中华人民共和国成立后的诗歌涂上了浓郁的浪漫主义色彩。

综上所述:选择有代表性的物象,进行意象组合,描绘生动的形象,化实为虚,情融于景,以丰富的想象创造醉人的意境,这是力扬诗歌创作的第三个特点。

四

自由体诗到20世纪30年代艺术上趋向成熟,20世纪40年代呈现出空前的繁荣。力扬认为:"在这暴风雨似的时代,诗歌必须是自由的形式,才能容纳了我们民族的可歌可泣的内容与万马奔腾似的情绪。"[②]因此,他偏爱自由诗。自由体不是毫无章法的随心所欲。他曾强烈反对那种只图炫耀新异,不顾艺术规律而肢解形象和句子的所谓的自由诗,称它们是"新的形式主义"。[③]他受了现代派诗的艺术影响,讲究诗歌内在情绪的律动和语言的自然

[①] 此处有误,应为苏联。——编者注
[②]《关于诗的民族形式》,原载1940年3月《文学月报》一卷三期。
[③]《我们底收获与耕耘》,原载1942年10月《诗创作》第15期。

节奏。因此，尽管章无定节，节无定行，行无定拍，尽管没有对仗句没有落脚韵。但读来却能朗朗上口，和谐自然。我们还是以他的诗为例。

抒情诗《同志，再见！》写于1938年6月，在《诗时代》上发表时副题为《——给毅》。全诗写他与女友久别重逢时的心情。开始用4节回忆昔日在苏州监狱里被难时与女友的恋情和分别3年来的思念，接着用一个长诗节叙述今天与女友意外重逢的激动和油然而生的敬爱感情，最后又用一个长诗节抒发在祖国召唤下割断一己情爱而献身神圣战争的豪情。全诗感情真挚委婉，动人心弦。诗人的情感从难中初恋的温柔甜蜜到3年离别的遥念怅想，再到意外重逢的惊喜，更加一层新的同志式崇敬，最后突然一转，战争抑制了儿女私情，却从各自内心产生出更崇高的对祖国的爱情。这一条起伏跌宕的爱的曲线，就是诗人情感的律动，它构成了这首诗的内在旋律。前两部分，把昔日的憧憬和今天的激动对应着抒写：昔日是在江南古城的荒冷的监牢里相遇，今天是在闪耀着辉煌金波的扬子江的渡轮上重逢；昔日内心里充满甜蜜的爱恋，今天心弦被意外的欢欣拨动；昔日爱情被高墙铁窗所窒息，今天复活了的恋情上又加一层同志的敬爱。这种对应式的感情，不是重复，而是在回环中使感情旋进，一直推向激昂高亢的高潮，这就是第三部分。全诗语言质朴自然，如行云流水，淙淙流响。宽式排比句的频繁使用，形成回环复沓的旋律节奏，增加了全诗的韵味。当年茅盾称赞说："力扬的《同志，再见！》情绪于哀婉中见激昂，内容与形式很和谐，不拘泥于落脚韵，而字句的自然旋律颇为美妙。"①

力扬的作品，不论是叙事诗，还是抒情诗，大都感情真挚，节奏自然和谐，有一种内在韵律引发读者心弦的共鸣，因此常被当众朗诵。如《朝鲜义勇队》《祭陶行知先生》《纺车上的梦》等都曾在群众大会上朗诵，反响强烈。他的抒情短诗感情强烈，节奏铿锵有力，适合于咏唱。《风暴》《我们为什么不歌唱》《星海悼歌》《愤怒的火焰》，而《我们反对这个》《我们的队伍来了》等曾被谱成歌曲，为群众所传唱。《我们反对这个》是一首短小精悍的反内战诗，语言简洁有力，通俗易记，复沓与排比手法构成明快急促的节奏。这种形式与反内战的情绪与气势十分和谐。由孙慎谱曲后，迅速成为民

---

① 《诗时代》创刊号，见《茅盾文艺杂论集》（下），上海文艺出版社1981年第1版。

主青年的战歌。1945年12月25日夜，昆明6000名进步学生在西南联大举行反内战时事报告会，遭到国民党军警开枪镇压。当时西南联大歌咏队就是唱着这支歌与敌人的枪口对峙，鼓舞了全场青年的斗志。

中华人民共和国成立后，特别是1958年以后，他写了一些节有定行、大体押韵的诗，但并没有严谨的格律，他也从不去刻意追求。因此，以写自由体诗为主，讲究诗歌的内在情感旋律和语言的自然音节，是力扬诗歌创作的第四个特点。

力扬的诗集已有32年不再版，诗人离开我们也已有23年。近几年新出的收有力扬作品的诗歌选集不下20部，但力扬个人的诗集或选集没见到一本；新编的现代文学史，虽然每每提到力扬，但至今还未见到关于他的专论。本文的目的就在唤起诗坛被时间冲淡的记忆，让更多的人来研究这位浙江籍的著名诗人。

原载《当代创作艺术》1987年第1期，第115—123页；又经作者修改删减后以《力扬诗歌创作刍议》为题刊于《浙江师范大学学报（社会科学版）》1988年第4期。——编者注

评力扬的诗

吴子敏①

力扬（1908—1964）在20世纪30年代即写出不少好诗，有的曾受到茅盾赞赏，20世纪40年代更以长篇叙事诗《射虎者及其家族》等享誉文坛，是一位有成就有风格的现代诗人。他一生出过4个诗集。除《射虎者》（1948）为长诗单行本外，其他都是结集：《枷锁与自由》（1939）、《我底竖琴》（1944）、《给诗人》（1955）。这4个诗集所收的，除3首外，均为中华人民共和国成立前所作，共43首。在同一时期，力扬已发表的诗尚有30首左右未收入集子，另有手稿近20首。后两部分，数量上竟多于已被选入诗集的，而其中又颇有可选之作。

1929年春，力扬考入国立西湖艺术院，求美术上的深造发展。但生活却为力扬安排了另一条艺术的路。当时，在上海兴起的对无产阶级文艺的宣传和论争的浪潮已波及西湖，尤其是鲁迅对苏联文艺和文艺理论的介绍，更深深吸引和影响着一些希望在人生道路上有新追求的青年，力扬便是其中一个。他们在学院里组织了中国第一个提倡无产阶级美术的团体一八艺社。这当然与学院领导的想法格格不入。九一八事变发生，作为一八艺社负责人之一、又是学生自治会主席的力扬，在学院组织抗日救国运动，并写文章讽刺国民党官僚，因之被开除学籍，强制离院。力扬于是离杭赴沪。党领导的中国左翼美术家联盟成立时，力扬为执行委员之一。但是黄浦江的风浪是比西湖还大的，力扬命运的震荡也更猛烈。他到上海不久即一连两次遭逮捕。第一次是1932年"一·二八"后，因参加为东北义勇军募捐，被国民党拘捕

---

① 吴子敏（1933—2017），江苏苏州人，复旦大学中文系1955届毕业生，毕业后一直在中国社会科学院文学研究所工作，任助理研究员、副研究员、研究员，现代文学研究室副主任。享受政府特殊津贴。中国作协会员。参与撰写专著《中国现代文学史》《中华文通史》等，发表论文《论"七月"流派》《中国文学的新成就》等。——编者注

一星期。第二次是1932年秋，参加左翼美术家联盟活动时被法租界巡捕房逮捕，竟被法院判刑6年。也就在上海的监狱中，力扬开始写出《枫》《我在守望着》等第一批诗。从此，人们再难见到他画笔下的才气，却被他诗行中的激情所动了。力扬美的灵感，甚至是美术的灵感，都集中到新的表现领域——诗歌。这个变化主要是现实的要求和造就，很难说是自我的选择。或者应该说是诗人对人生的又一次有意义的抉择。中国现代文学"狱中诗"之多，正反映了一代诗人的苦难和斗争。但困厄煎熬也磨炼了他们，只要不倒下，便站得更挺直，走得更坚实。这不仅指人，也指他们的诗。力扬失去过自由，但得到的是更坚定的信念和要反抗要自由的渴望。从此，那"复仇"的呼唤便时时响彻他的诗章。

力扬从1933年到1938年留下诗歌15首，其中12首编成诗集《枷锁与自由》。诗集将抗战爆发前后所作分为两辑：《枷锁》《自由》。封面上，他在艺院的同学李可染所画的一个不屈的巨人正在挣断枷锁，这恰好表现出力扬本人与当时祖国相一致的命运。力扬的第一首诗是1933年秋天在狱中所作的《枫》。它构思精致，以记忆之往复，写一个遭受人间厄运的青年的生活、遐想。全诗分4节。第1节，黄昏的狱中，夕阳、红砖、铁槛、阴影，幽暗的环境、幽暗的心。这时古旧书中一片偶见的枫叶使他记起了20余年来故乡屋后那"秋空下的红树"。于是他"记忆的白帆"越过铁窗飞向了碧空。第2节写儿时的情怀，儿时的枫树，它冬天的关怀、春天的情爱、夏天的酣梦，而秋天——

> 难忘的是年年在这季候，
> 当露珠串住松针时的青翠的早晨，
> 当斑鸠欢唱在绿洲上的苍茫的薄幕，
> 它带给我们以无限的绯红的欢欣。
> 山麓下的溪水嘻嘻地笑着，
> 快乐流过祖母脸上的皱纹、
> 母亲底仰视的眉尖、我底幼年的心。

一切都和谐、安宁、温馨，是他仅能唤回的"快乐的残梦"。第3节写青年时在西子湖畔作画，那"金沙港上红树""北高峰底翠微""树荫下的茅屋""菜田里的农妇飘扬着的白的头巾，青的裙裳"，都那样生机盎然，与幼年的梦相通。诗人唤道："这良辰美景呵。"但此刻在他的画幅外，已飘起了"煤烟的黑雾""汽车的尘土"，还有诗人的抱怨。这也许是当年不少诗人、作家的流行的心态：憎恨都市文明对自然景色的污染。但又何尝不是憎恨现实生活对自己幼年残梦与良辰美景的破坏呢。第4节写十年游子重归故乡的悲哀与失落，残梁焦土，庭园全非，亲人逝去，存者衰微。他只能"别了南国的山林、东海的鸥唱与浪歌。也不复留恋着旧游的湖畔"。这时"记忆的白帆"往而又返，诗人正面对着狱中"浴着血的噩梦与铁的幽光"，"迈着沉重的驼步长征时间的广漠"。这首诗感情深沉，诗意恬美，色彩绚烂。作为初作，实是使人惊奇的。它显然不是来之一时灵感的萌动，而是为近年的监禁生活所孕育，对20余年坎坷生活的思索。

　　这首诗艺术上很值得注意，它并无常见的诗作的粗糙，显示出相当的艺术功底与深思熟虑。它的初现的一些特点，大多在日后保持着、发展着。一是这首诗所表现出的那份真挚淳厚的诗情，即为日后大量诗作所具有。力扬的诗作，感情上有高扬沉实之分，感染力也不尽相同，但真实真挚，是他所坚持的。在他笔下，那种浮泛的高叫与无端的低徊是很难见到的。二是这首诗反映出力扬颇善驾驭形象化手法、形象的语言等。例如被监禁者仅有的自由，是自己的思想。对着狱窗中的小片天空，多少艺术家为我们留下了心灵的行迹。力扬在这里不同于常见的飞鸟与自由天空式的向往。在他的诗里，碧空成了"茫茫的倒悬的无浪的海"。这是形象的新奇，也是喜爱大海的力扬的感情所需，他宁可驾着"记忆的白帆"在海上航行，去找回那有情的，又正在远去的梦。这个"倒悬的海"的形象，看来为力扬所珍爱，以后的诗作中还两次出现过。又如写十年游子重归故乡而又离开，用的只是这样一行形象化的词句，"荒凉的，幻灭的村野投掷出受伤的儿子"，那种落寞、伤心、无奈、匆促，都刻在纸上了。三是更具力扬个人特色的：一个画家的目光与手法。诗中几段生活，恰如几幅彩绘，力扬调集了心中的五光十彩，给那些生活以既丰美又恰当的色和光，在上面引用的若干诗行中已可见其一角。重要的是，这些色和光又无不随着诗情的发展而变换、闪动。以本诗主要的枫的红色调的变幻来看，从狱中夕阳幽光下红叶"憔悴的色泽"，到家乡枫树"绯红"的笑，到西子湖"红树""深红的色彩"，又变为"秋树已不够鲜红"，最后回到了牢狱"浴着血的……幽光"中。又如西湖"银色的涟漪和乳色的朝雾"，随着被"死静窒息"的心，也变得"太灰白"，等等。色与光的层次与心灵的层次一样细腻，色与光的亮度与诗情的亮度相一致，诗人心里的灵感与画家眼中的敏感相结合。当然，色与光只是画幅上重要因素之一，还有那构图、形态方面的才气，也都在力扬日后的诗作中得到表现。

另一首狱中诗《我在守望着》，是力扬发表于刊物的第一首诗。他用几个短节铺叙在围墙铁窗下从早到晚、从春到秋地守望的情景，最后用长节呼唤出自己的心声。在漫长阴暗的时空条件下，他"以跃跃的心／摆过寸寸的前程／以燃炽的眼／亮着坚贞的希冀／守望着／一个／光明的／自由的／白热的／未来"。《我在守望着》显示了力扬诗作的又一个重要的特点：乐观的信念和坚定的斗志。它与前面提到的真挚淳厚的诗情，始终在力扬日后大部分诗作中相互扶持着，成为力扬风格的主调。这首诗在艺术上除了表现出以形象手法去写时间这一抽象概念的才能外，还有意用近乎自由咏唱的形式去写不自由环境下的严峻的思索，却又正好能激荡起那乐观的信念，与内容相和谐。

力扬的另两首狱中诗，都是赠给朝鲜难友M君的，同样表现出坚定的信念。有同情，但更多激励。收入《枷锁》辑的另两首：《污浊的湖》（1935年冬）《我底制服》（1936年），都写于出狱之后。当时力扬暂时栖身一同乡父执处，并因其关系在国民党十八军驻南京办事处工作。力扬对这段生活深感苦闷，将此时所作也收入《枷锁》辑，是有深意的。"我要向着愚蠢的人们敬礼，／而亲密的伙伴却给我漠视。／在我穿着这制服的日子，／我没有思想、诗与图画。"《污浊的湖》则寄意西湖的友人，对现实社会的黑暗作抨击，诸如艺术的堕落、宗教的虚伪、权门的腐败、弱者的苦悲等。诗中表露着分明的憎恨与同情，却也流露着力扬当时愤懑又略带烦躁的心情。上述这些诗作表明，力扬是跨着较坚实的步子走上诗坛的。他的起点，是比较高的，当抗日战火将起之际，作为一个诗人、一个关注并必将参与祖国正义斗争的诗人，力扬是在思想感情上、艺术上都做了相当的准备。他在渴望着，积极地寻觅着自己的路。

力扬终于向着新的高度起步了。抗日战火乍起，他离南京去长沙，翌年4月赴武汉，在周恩来、郭沫若等领导下工作。10月武汉失守前，又经长沙、衡阳至桂林，于1939年夏初抵重庆。力扬是全身心投入这艰苦辗转的，作为诗人的心灵和活动也同时迈入新的境界。这时期，他不仅写诗，还做了很多编辑、组织等工作，如他与诗友一起编辑长沙《抗战日报》副刊《诗歌战线》，在武汉以诗歌工作社名义编辑诗歌丛刊《五月》，还有《诗时代》等。他以异乎寻常的热情从事诗歌创作、编刊及诗歌界的活动。这热情之所来，也是感人的，他写道："为了民族的独立解放，为了自己的创作生命，我们都得勇敢地为诗歌战线而努力……我们得站在文化的岗位上，为祖国的解放而努力"（3月13日致孙望信）。"我们努力着吧，为着中国、为着诗"（4月17日致孙望信）。力扬这样的热情和自觉，鲜明地表现于收入《自由》辑的诗作中。《风暴》形象地表明力扬正从民族解放斗争风暴的呼啸中"扭断锁链"，摆脱污浊，"向东方的黎明呼唤着新生的太阳"。更有代表性的是《太阳照耀着中国的春天》。诗人感受到冰雪融解、草木苏生，"春天终于来了"。于是他为"祖国、民众、自由、太阳"高歌，也为自己抒唱：我"……带着十年为祖国的解放／而负伤的沉痛，带着屈辱……对这照耀着祖国的春天的太阳，我勇敢地摔断了灵魂的锁链"。分明显示了一个知识分子在祖国忧患之日热切的期望和思索。

此后，力扬创作的视野开始扩大，实际的斗争生活经常进入他的诗章。诗作的形式和风格也因之趋向多样化。同时他诗作的影响也在扩大，如《风暴》被作为歌词谱曲，《朝鲜义勇队》在成立大会上被朗诵等。力扬此后常写歌词、朗诵词，可说是从这里开始的。

这时期力扬诗作中最为动人的，是《同志，再见！——给毅》。它发表于1938年9月《诗时代》创刊号上，以后被选入力扬全部三个诗歌结集中，可见作者本人的挚爱。一位女难友久别偶逢，引起诗人对昔日感情的回忆，在短暂的相聚后，终因战斗的需要而再次告别。力扬在他的诗作中第一次表露了自己的爱情。何必去追问事实呢，哪一个青年，尤其是青年诗人心中不充满了爱,向往着爱?即使是那种进退于爱情和友谊之间的情谊,也曾激励过多少人,也激励着此时的力扬,他为它献出了最美的感情、最美的诗情。在江南古城苏州的监狱,这"荒冷的角落""忧伤的岁月"中,他以"农民的纯朴"和"同志的亲爱"迎接来自辽远北国的女囚那"纯真的微笑"和"眼海的深湛"。力扬这样抒写在死沉的环境中心底被激起的情思:

>每天,
>我仰视着
>射进铁窗的
>一线阳光,
>呼吸着
>爱恋的气息;
>或是凝注着
>幽暗的墙根下
>一朵寂寞开放的
>剪秋罗,
>想象你的欢笑;
>在不眠的夜晚,
>我倚伏在窒息的铁窗边
>看繁星的闪耀;
>你生长在
>我的枯寂的心灵上,
>像一朵明媚鲜艳的红花,
>活在没有水草的沙漠。

这是初萌的爱?还是已转化为生与自由的信念?它明净、高尚而又富生机,宛如人们在苦痛无望的病室中看到一双明亮的眼睛。以后是三年的离别,难友踏上征途,诗人将感情化成遥远的祝福。此刻,在太阳照耀下武汉扬子江的辉煌金波上,他们在渡轮中突然不期相遇了。自由的岁月、光明的环境、欢欣的见面,给力扬的诗换上了完全不同的情绪:"快乐拥抱着我/像江水拥抱着这行进的航轮",他听女友告诉他,"在冰雪的大野里","跨上驰骋的战马"追逐敌人的故事。他知道,在他紧握的手上,已"不是爱人底血液的奔流,而是战士底铁掌的坚强",从心中泛起"同志深切的敬爱"。纵然"也曾复活了往昔的恋情",但它已为更高的爱——对斗争理想的爱,对革命同志的爱所代替。面对祖国神圣的战争的召唤,诗人为她唱出了动情的骊歌:

> 你——
> 像一匹
> 新生的小马,
> 快乐地驰回
> 你自己战斗过的疆场,
> 向光明的太阳行进。
> 我挥一挥坚实的手臂,
> 从心底吐露出
> 一声坚实的言辞
> ——同志,再见!

《同志,再见!》全诗深情绵延。它所写背景的色、光由暗淡到明亮,诗人心绪从低徊趋高昂,情操自单纯渐宽阔,诗句变委婉为舒展。人们会在它的告别声中感受到豪迈的意气,为之惜别、祝福。这首诗在中华人民共和国成立前几次发表,收集时,全诗120余行,除几处运用了似断还续的引伸号外,不落一标点,也助成那种连绵的情致[①]。

茅盾在他主编的《文艺阵地》第2卷第3期(1933年11月)上,亲自撰文介绍《诗时代》的创刊,并提出了刊物上"我最喜欢"的4首诗,其一即《同志,再见!》,说它"情绪于哀婉中见激昂,内容与形式很谐和,不拘泥于落脚韵,而字句的自然旋律颇为美妙"。在撤离武汉后暂驻桂林,抵达重庆的半年多时间内,力扬写下了《黎明》《山城》、北行杂诗两首《驼马》和

---
① 后在收入诗集《给诗人》时作者补入了少量标点。——编者注

《苗民》等。这些诗大多描绘了他在旅中所见、所感，它们如力扬所擅长的风景画，又是当地民间的风俗画，在这些精致的画卷中，我们感受最深的是后方军民为抗战所献出的艰苦、刚毅的劳动和战斗，还有诗人的爱心和敬意。这种挚爱和信念，同样表现于他1939年夏初到重庆后的一些诗作中。《把强盗们撵出去》是献给这"扬子江哺育的城市"的心声；《原野》更把自己的深情溶入原野，将家乡命运连着后方，唱着亲切的歌："我有什么理由，不深爱着／这原野上辛劳的人群，不深爱着如此美丽的原野呢？"

应该说，直到1940年，力扬的诗作大多具有如此较明朗的基调。如《播种》中，诗人在3月温暖的阳光下走入丰美而亲密的水田，劳动辛苦但快乐，因为播下金色的种子将收获金色的希望。《收获》写多彩的初秋，银色的镰刀闪亮在黄金的田野上，军民一起为战争胜利而欢乐劳动。诗人咏唱着"生活的旋律是高亢而又激昂！"

现实中的苦难当然同样激动着力扬，进入他的诗篇，但他是坚强的。如《仇恨》重笔描写日寇轰炸，全诗背景除血迹外，一片死灰、毒焰，两位失去亲人的妇女被痛苦所折磨，绝望疯狂。画家力扬在此又一次表现出他的特长，用近乎"定格"的手法塑造了她们的形象，使她们由惘然的动态变为沉凝的静态，诗的主旨也由痛苦升为仇恨：

> 她们凝视着血迹，
> 像凝视着死难的亲人；
> 眼泪是一支愤怒的小河，
> 向深坑滴下
> 比深坑更深的仇恨……

武汉失守已两年，抗战正处中期，当时不少诗人作家们在思想感情上、创作上出现过沉闷的反映，而力扬的诗还始终呈现着较新鲜明快的格调。他喜欢摄取和抒写生活斗争中美的、充满希望的事物，即使面对丑恶、悲苦，也总努力保持乐观的信念。这除了他生活经历及性格所带来的影响外，应充分看到他在理论认识上的自觉性。他在报刊上发表的一些文章，尤其是诗论，如《谈诗底形象和语言》（刊1940年2月24日《新华日报》）、《关于诗的民族形式》（刊《文学月报》1卷3期）等，即在文艺与现实斗争的关系、文艺家的世界观、思想感情、文艺的教育作用及诗歌艺术的很多方面表现出明确而清晰的认识，即使在当时的进步文化界，也是很难得的。而且力扬是自觉地身体力行的，他的这些认识充分体现于他的创作实践中。他的诗歌始终具有对生活的坚信。力扬此后几年写的诗论，更对很多问题做了进一步的发挥。发表于《诗创作》1942年10月第15期"诗论专号"上的长文《我们底收获与耕耘》，可以说是力扬阅读了毛泽东于2月所作《反对党八股》一文后对诗歌问题所做的一系列思索。它概述了中国新诗长期来，尤其是抗战以后的发展，坚持现实主义的道路；它反对形式主义，认为作家应"向生活的密林突击"，以克服"生活的荒芜与枯萎"。文章还大量引用了《反对党八股》（当时条件所限，未提作者及文名）的论述，指出它也"扼住了诗风的要害"。很明显，这些都记载下了历史的真实：在20世纪40年代的国统区，力扬努力将自己的诗以至自己的人，都和革命文艺、革命，紧相联系着，趋向坚实的目标。

经过七八年的艺术实践，力扬的诗歌造诣和理论水平都在平稳地发展、丰富和深入。就在这环节上，发生了1941年年初的皖南事变，它对力扬的生活、思想和创作都造成极大的影响。力扬于1941年下半年撤离重庆，至湖北恩施，1942年春回重庆，周恩来曾找他谈话，并介绍给陶行知，在陶主持的育才学校中任教，此时并任"文协"重庆分会理事，从事着众多的进步文化活动。新的斗争经历、新的思想境界，为他酿造出新的诗情，力扬此时的创作，从内容到形式，都明显地出现了前所未有的信息，表现出刻意的追求，进到了更为丰富的世界。

力扬步入诗坛后，一直跨着舒缓但坚实的步子，速度不急，但总是在向上，时时留下明显的足迹。他不擅长于下笔千行、诗作等身，但他总能在诗行中为人留下些值得品味的东西：诗人情、画家意。他诗歌的感情特点、艺术风格从一开始即有鲜明的表现，此后一直悉心锤炼，越趋丰美，而并无出人意料的变化或是戏剧性的飞跃。他只是在自己的路上向前走着。当然，前途事物的变化，无疑会改变跋涉者的心情和步履。此时人们看到，作为诗坛的跋涉者、探求者，他在皖南事变后的岁月中留下了更多也更深的脚印。此后几年中，力扬的诗作无论品种、数量和艺术质量，都有很大的发展，呈现出创作成熟期的景象，它们代表了力扬诗作的高峰。

其中，首先迎面而来的是1941年1月所作的《雾季诗抄》5首、《雾的冬天》，它们和稍后的《我底竖琴》《给诗人》《短歌》等，清晰地反映出当时力扬的深沉的思索。这组诗，和力扬以往的诗歌不同，它们很少山影湖色，流光泛彩，很少幻美的回忆或遐思，它们不同于由景及情、由外及里的抒情风格，它们是诗人在皖南事变后对突变的现实所做的更为内在的富于哲理的思考和抒发。《雾季诗抄》的5首诗是同时发表的（《文学月报》3卷1期），它们诗句精炼，思索的层次逐渐上升，感情也越趋开阔、乐观，记载下一位知识分子在皖南事变后阴暗的"雾季"中内心真实可贵的自述。纵然有沉凝的思索，绝无低徊的太息，总是保持着一贯的信念。其中第4首《我们为什么不歌唱》后来被谱曲，在国统区的青年中广为流传。《雾的冬天》中，尽管寒雾浓重，迷漫于"人民走向斗争的道路"，有人躲在雾的阴影下"酿造人类的罪恶"，但他从农妇、工人、战士身上感受到温暖与希望。他写道：

> 冬天，纵然带来
> 雾与寒冷——
> 愤激和憎恨，
> 但是，我们谁曾
> 在冷风中打过寒噤？
> 谁又在雾里迷失了自己的道路？
> 我们已看见春的脚步，
> 走近更生的岁月；

《我底竖琴》《给诗人》《短歌》则更为集中地表露了力扬作为诗人的使命感。它在政治气候寒冷的雾天，反变得更为自觉。

> 在那些晴朗的日子，
> 你知道的——
> 我曾经弹起我底竖琴，

>   嘹亮地歌唱人类的黎明。
>
>   在这风雪的日子里，
>   我默默地前行，我要唱出
>   对于寒冷的仇恨，
>   弹着你赐给我的竖琴。
>
> ——《我底竖琴》

此时的力扬，已更为明确：诗歌就是武器，竖琴就是剑。他在《给诗人》中写道："拿稳你底竖琴——你底剑，冒着袭来的风雪，英挺地／歌唱着走在兄弟们行列的前面。"力扬日后分别将这两首诗题作为两部诗集的书名，突出地表明了他对诗人天职的执着、坚贞。力扬这一组诗，虽然并未为他此后的诗作开创新的路子、新的风格，但它们清楚地表明了此时诗人思想、艺术上一种新的信息：深邃和成熟的信息。它在力扬的整个创作中，又如同协奏曲中的华彩乐段。它在乐章中骤然升起，分外精彩，它在形式上似乎与前后有异，但在乐思上则保持着高度的一致，且更为凝练。

力扬在如此深沉的自我执着和自我勉进的同时，又在认真地寻找力量，寻找扶持。

既为诗人，他的心自然地通向一些前辈先贤，这时的创作中，他记叙着屈原、李白、杜甫的苦难，并先后表现出对海涅、普希金、莱蒙托夫、惠特曼等具有反抗黑暗、争取自由精神的诗人们的仰慕、纪念之情。这是以前所未见的。如《冬天的道路》取义于海涅的名诗《德国——一个冬天的童话》，深沉地抒写着祖国的苦难，诗人的心愿。它以力扬固有的抒情风格表现着与《我底竖琴》《给诗人》相同的内含。诗作开始以绚丽的光、色和几乎是流动着的、带着音响的图景记下了以往春天的欢欣与希望，接着又以冰封雪阻、似乎凝结一切的灰白写着冬天的来临。在这骤变时节，他听到战斗的同伴们的呼唤："如果你要再看见春天，就必须在寒冬里战斗！"诗人于是"提起我底手提箱，走着海涅底冬天的道路……"由于诗人坚贞的心与苦难的战斗的人民相通，全诗在深思中迸发出激昂的斗志：

> 我又看见我们英毅的兄弟,
> 半裸着身体走在风雪的里面,
> 战斗的热情燃烧起生命的火炬,
> 沉默的忍耐代替了无限的愤恨。
> 我掺入他们的行列,走上多岩石的
> 积雪的峰顶;透过云块的缝隙,
> 透过森林的网,群山的海洋,
> 我瞩望着回归大地的春天;
> 倾听着伙伴们为祖国的自由而搏斗的呼喊。
>
> 我是看见过春天底美丽的日子来的,
> 我要走完冬天的道路,歌唱她的再生。

但在那艰苦岁月中,给了力扬最大力量的,无疑是他从"希望的窗子"中仰视的那"北斗星照耀的所在"——革命根据地。抗战开始后,力扬挣脱枷锁,奔向自由,此后三四年,尽管征尘艰辛,后方军民的劳动、斗争、生活,总是激励着他,给他信心和热情。但以皖南事变为分野,他此后的诗作中对所处现实多了冷静的观察,多了冷凝的保留乃至尖利讽刺批判。这后一点,往后更为常见,到解放战争时期,成为主线、基调。

严酷的现实,促使力扬将希望的目光专注地投向党领导下的革命,从中获得力量。上引《希望的窗子》(1942年春)中初次出现的信息,在以后的短时期内频繁再现,而愈益明确。如《北极星》(1942年7月)表露着诗人对它"忠贞的爱恋"。《茅舍》(1942年夏)寄意此时正在延安的艾青。力扬用友人的祝福和诗人的匠心为他构筑了"祖国迷人的乡村"中一间环境优美的茅舍,力扬渴望自己有幸福做这茅舍的主人,在那里"迎接每个黎明,写着诗",力扬诉说道:"在我们这边这是一个怎样艰难而寒冷的梦呵。"但他还是在《普希金林》(1942年12月)中以叙事的形式为一群学生去革命根据地送行,"离去了这荒凉的冬天的原野,走向一个自由、美好的地方"。

在力扬的笔记本中,留下了《秋天的信使》的草稿,它作于1943年初秋，记录了此时力扬对北方近乎灼热、焦急的渴念。他祈望南归的雁群捎来友人的歌和安慰，但他看到的是雁群将"仇恨敌人的血泪"涂抹得晚霞红艳，而留给他的，只剩"一片白云，一片秋意"。这诗想象丰富、感情真挚，较深地表现了诗人等待、向往的心情。最后，他还在盼望、诉说：

> 等明年雁群北飞的时候
> 我将要告诉你们
> 在我们这里
> 紫薇花开得鲜丽
> 红蓼花和雁来红也开得美丽
> 嘉陵江底河岸上
> 铺展着温柔的雪白的芦花
> 给南归的雁群住宿
> 可是我底声音呵
> 却被灰白的雾气窒塞着
> 不能自由地嘹亮地歌唱……

力扬在这几年内，除写了上面已谈到的一组富于哲理思考的和重在自我寻求、自我咏唱的诗作，以及稍后将述及的一组叙事诗外，他同样写了很多在手法上与以往诗作相近的抒情诗。这些诗仍然保持着力扬善于写景抒情、景情相容的特点，且更趋成熟；它们依然表现出力扬固有的坚信而日见沉稳。但它们又明显地呈现出一些异样，或者说，更为多样。在那困难的年代中，力扬思想上的震荡和寻求很自然地会反映在他对艺术的寻求和表现上；现实生活的雾盖云障，也难免给他的诗作抹上别样的色彩。此时，什么形象容易激动他的心灵，什么颜色最先刺激他的眼睑？人们会发现，它们是产生了变化的。

如果说，1940年时，力扬喜欢在温暖的阳春写《播种》，在多彩的金秋写《收获》，那么，到此时，我们读到的却是《残堡》（1942年夏）、《断崖》（1943年秋），劳动的欢笑消逝了，代之以历史的询问："它看过多少次／风云起伏的变幻？它听过多少次／雷、雨的呼啸，闪击。"即使还是写播种、收获，我们看到的，却是那沉重的《轭》。在苍白的秋晨，饥饿的佃农与喘息的耕牛都用迟钝的眼凝视着自己辛苦的身影，耕牛苦于沉重的轭子，佃农告诉它，自己肩上的轭子更沉重而久长，从父辈传下，又将压到儿子的肩上。

> 两个不安的苦难的生命
> 在池水的镜面上
> 是那么深沉地相契——
> 久久地伫立在那里
> 凝视着彼此的心灵，默默无语……

这首诗以轭为命运的象征，诉说着生之苦难。它故意多用重复的词、句，更加重了迟钝、辛苦的感觉。它又实在似一幅画，与诗情相一致，它采用了水墨画似的色调，而更为显著的是它在形象、构图方面表现出的才气，读上引几行诗句，恰如看到实景一样，在静止、沉凝的画面上又分明看到了痛苦在流淌。这种基调的诗，在力扬笔下并不多见，但它在一个侧面接近于《射虎者及其家族》的神态。这首诗见于力扬1942年的笔记本中，并未发表。

尽管现实生活中多了灰白、阴暗，但力扬仍在寻找鲜花，等待春天。只是他的心情比以前较为沉实、复杂了。《少女与花》（1943年7月）中，一个黑发的少女在暴风雨的黑夜中歌唱着奔行，去找寻"那开放着的榴花""她梦想着的鲜红的颜色"。这个寓意是很清楚的，它正是诗人的追求。但这时，一个老人告诫她："回来吧！你不怕风吹雨打？"这里，人们可能会感受到鲁迅的《野草·过客》中那种追求的困顿与痛苦。人们不知道1925年的过客，最后找寻到的是鲜花还是坟？但此时的力扬，让闪电劈开黑暗，让少女"攀下枝条，狂吻着鲜红的花朵；狂吻着那鲜红的理想；微笑在闪烁的亮光里边"。这诗在写实中显见象征的意义。它写的是少女鲜花，但它并不恬静、委婉，却带着动荡、急促。恰如力扬的心情，虽然始终坚信着，却也是复杂的，时而焦灼的。

这种复杂的心情更明显地表现于《初春》（1944年2月）中，一开始写春的来到，文笔还那么轻柔，色彩还那么和谐。但立刻，在初春看到了寒冰、痛苦、疾病、饥饿,接着是诗人的自我咏叹,他热情地抚爱祖国的大地,贪恋祖国的气息,愿为它献出完整的爱,但他却流浪、痛苦,没有自由,他感到沉重而愤怒。随着感情的发展,人们看到的是劣马坠入深谷,暴风雨打碎船只,吞没生命。诗人最后疑问着:"太阳还没有出来,而人们说这是初春。"这里有些情绪是与上述《秋天的信使》相通的,但已在秋的等待与盼望中更多了春的不平。这种屈原天问式的不平,在力扬诗作中很少出现,它只是真实地甚至更深地反映了他心灵历程中一时的坎坷与询问。

路途纵有坎坷,脚步纵有试探,力扬的信念从未颠摇,他的挚爱决不游移。就在急促的《少女与花》之后,他即以恬美安宁的心写出了《爱恋》,他自比"溪滩上的流水""河岸上的芦苇""山坡下的棕榈""秋天的早晨",全身心地化入祖国,倾诉着对它的爱恋。接着不平的《初春》,他写了《抒情八章》这首动情的诗,它真挚细腻,境界明净。它正好为力扬抗战时期的抒情诗打上句号。在这首诗中,人们又看到了何等美好的事物:红叶、白鹭、黄鹂、樱桃、玫瑰、春天的嫩叶、透明的绿水和镶金线的云霞,而比这一切更美的是诗人对女友的思恋,她的"青春的生命"。他在白色的坡路上重温着昔日沉默的幸福的足迹,寻觅着"生命的芳香"。没有它,春天的阳光失去美丽,有了它,在冬天的寒雾中感受温暖。这位女友,人们似曾相识,分别有年,如今她穿着草鞋和灰色的军装,正和同伴们一起,为一个"更高的可实现的理想"而战斗着。诗人向她"青春的心灵"送上遥望的祝福,它正"拂轼去我底昨日的眼泪""拂轼去我受创的心灵底血迹""更替我招回一季生命的春天"。

在上述这几年中,力扬艺术上一个重要实践是从事叙事诗的创作:早在1939年,力扬即在《叙事诗·政治讽刺诗》(《新华日报》10月9日)中提倡写叙事诗,认为这比写抒情诗"艰苦得多",但它是"教育和组织群众的有力的诗的形式,我们必须克服艰苦而勇于尝试"。那时,提倡和试作叙事诗,是日益受关注的。到1942年10月,茅盾在《〈诗论〉管窥》(《诗创作》第15期)这篇长文中畅谈了中国叙事诗发生、发展及停滞的历史过程后,结论是:"'长诗'比'小诗'难写,这是我的看法;然而'长诗'之有伟大的前途,当无疑义。"叙事诗难写,但要迎难而上,这便是当时的共识。

力扬在写《射虎者及其家族》之前，仅写过一首较简单的叙事诗《吕丽》（1940年），它写孩子剧团在三年抗战烽火中的成长。应该说，力扬这方面创作经验并不多，但他却接着于1942年写出了不愧为力作的《射虎者及其家族》（以下简称《射》）。这里，人们会回忆起读他初作《枫》时的惊奇感，却也只能同样地理解：它来自十分深厚的生活基础，对历史的思考和艺术上的深思熟虑。更何况，时近十载，力扬在思想感情和创作上的积累，都反映在他的新作中，倒并非形式之差别所能阻隔。

《射》写的只是一个家族四代人的生活、命运，但具有普遍的意义，形象地表现出中国农民长期的痛苦、厄运和他们的仇恨与反抗愿望。《射》共8章。《射虎者》章写曾祖父。诗行刚劲有力，突出猎人一生的搏斗与被噬、生与死：

> 他把自己隐藏在茂密的草丛，
> 伺候下山的猛虎触动引线，
> 锐利的箭镞带着急响
> 飞出弓弦；
>
> 伺候那愚蠢的仇敌，
> 舐着流在毒箭上的它自己底血，
> 发出一声震动山谷的
> 绝命的叫喊。

这是诗，更是一幅画。黑夜中，满引的弓弩，紧张的气氛，突发的尖啸，这里凝聚着力，激发着生命的渴望与搏击，充满了静与动的强烈转化。最后，力扬在画面上高悬老人的遗嘱：一张巨大的弓。诗人这是给长诗悬起了它的主题：永久的仇恨。这主题在后面更加深着、发展着。《木匠》章写祖辈三兄弟。它以相对平缓的基调描述了他们的生活，"赤贫成为他们更凶恶的敌人"。《母鹿与鱼》章写祖父母。这里有使人"神往而又惊奇"的往事，出现了整个长诗中很少见的亮色。《山毛榉》章写两位伯祖父。他们有与山毛榉一样的品格：忍耐与坚贞。却还是离不开眼泪、汗水和厄运。《白银》章写祖父母一代。诗情急趋紧张，暴雨洪水攫去了桑地稻田、果树牲口,祖父们在岸上惶乱、伤心,却又意外地冒险从水中钩得十数条白银似的杉木。但这立刻化成另一种灾难:地保田主的胁迫、诈财,只落得祖母的哭泣,"你要从水里抢下白银,但别人却已经从我们的血里抢去了白银……"《"长毛乱"》章写祖父母一代。太平天国败军过境,人们躲藏、逃避,而坚持看家的大伯祖父却终被"错杀"。长诗为他唱出了感人的祷歌:

> 他倒在那里,带着五十年的
> 没有爱情,没有欢笑的日子
> 倒在那并非属于他自己的土地上,
> 却又用最后的血温暖着泥土,
> 用最后的气力,通过抽搐的手指
> 深深地撒着一生梦想着的泥块……

《虎列拉》章写祖父辈。他们以宽厚的笑接纳了叩门的生客,他带来雇农的亲近,却也带来了疾病的种子。二伯祖父最后被黑色的死神吞噬,"带着人世的仇恨与心酸……安息于那荒凉的墓穴"。《我底歌》章提及父亲及弟弟,主要是写自己。这里表现出全诗主题的总结和跃升。正如祖辈三兄弟并未拿起猎人的弓弩一样,诗人放下了农民的镰刀,但他们却都没有忘记家族世代的遗嘱:仇恨。力扬于是拿起了"更好的复仇武器"——诗人的笔。

这首长诗,以鲜明丰满的形象、沉实朴素的语言,感情深厚的写下旧中国农村中一个家族的悲歌,但他的蕴意无疑早已超越,而属于整个时代的众多苦难者。长诗的主题从仇恨到复仇,也同样地超越家族的内涵,而属于阶级、民族。以家族史而言,他们是很具体的,有猛虎、苛政,有贫穷、疾病,有自然的灾害、人间的不平,即以力扬本人说,他生命的历程中,就有"幽暗的铁窗、狱吏和皮鞭,一切伪善的狞笑着的吸血者"(《给诗人·前记》)。但在长诗这一艺术作品中,它们又已飞跃、升华,而成为一种对厄运的抗争,成为对自己命运、自己人生道路的呼唤和渴望、探求和征服。

仇恨与复仇的精神,贯穿于力扬以往十年的创作生涯中,他时而在作品里直接呼喊,如《玛克沁·高尔基呀,我们为你复仇!》《山城》《原野》《仇恨》《我底竖琴》等。而到这首长诗,则进入更高境界,这里已不是山民家族的强悍性格所能概括,也不是会稽之地传统的复仇精神所能规范,它包含了力扬对生活斗争的新的思索。具体的复仇可以完成、终结。而对生命的渴望和探求，那是永无止境的。力扬在长诗的最后问道：

> 我纵然不能继承
> 他们那强大的膂力，
> 但有什么理由阻止着我
> 去继承他们唯一的遗产
> ——那永远的仇恨？
> 二十年来，我像抓着决斗助手底臂膊似的
> 抓住我底笔……

这时，作为家族史似已写完，作为艺术作品也已经过主题的提出、发展，而臻完成。但诗人却又一次自问：

> 可是，当我写完这悲歌的时候，
> 我又在问着我自己：
> "除了这，是不是
> 还有更好的复仇的武器？"

诗人在高声呼唤中突然进入沉思，做更深层次的探求。是阶级、民族的更高的革命要求？还是那人生的永无止境的艰难的探求？

心灵的回荡同时化为诗意、韵味的回旋，它将人们从高处突然引向静地，却发现了另一个迷人、催人的境界。这种艺术上的升华，具有相似的规律，人们在一些古典乐章中常有相似的感受。

《射》诗为抗战时期的长篇叙事诗创作提供了一份优秀的实绩。它受到文化界的肯定。作为代表作，此后几十年内它和力扬几乎是同名的。和力扬的整个创作未受充分关注不同，它倒是一直受到论者和选家们青睐的。但是，它的影响主要是在文学界或文化界中，很少进入更广的社会面。究其原因，是可以从特定的艺术形式与社会效应的关系上看《射》诗艺术上的一种欠缺，或者说特点的。

长篇叙事诗之能传世，主要当然在于诗歌的艺术质量，但它能获得广泛

的熟悉，则常常借助于其他艺术形式的帮助，如舞台、银幕等。但要获得这好运，也需诗作本身具备某种与戏剧等相近的特点：如故事情节的发展、人物性格的变化、矛盾冲突的展开等等。简言之，需要动态。有意义的是，力扬在《叙事诗·政治讽刺诗》一文中早已明确，叙事诗"必须具备一个完整的故事"和"描绘出人物的肖像"。但在《射》诗中，除《白银》《"长毛乱"》两章如同两个完整的、有发展的小故事，能更好地表现出人物性格外，从整体说来，它并不重在写故事情节。固然有很好的人物肖像，但相对地处于静态。力扬擅美术不擅戏剧小说，《射》诗中对仇恨、厄运的表现正是通过一幅幅"人物肖像"完成的。读《射》诗，会使人想起鲁迅对珂勒惠支版画的介绍，其中有《织工一揆》一组6幅和《农民战争》一组7幅，这些画每幅都有题名，有独立的内容，它们不一定有紧扣的故事情节，但都以鲜明深刻的肖像表现出同一题旨。鲁迅称它们是"连续版画"。当时鲁迅常用"连环图画"的提法，唯独在此用"连续"，可能正着眼它们情节上的特点，但它们却无疑是完整的作品（见《〈凯绥·珂勒惠支板画选集〉序目》一文）。在力扬的创作过程中，他的形象活动中，对肖像、构图的敏感度是优先于情节构思的，这就是力扬写《射》诗时的得和失。

人们都注意到《射》诗最初发表于《文艺阵地》时仅7章，认为《"长毛乱"》章为后来加写。其实，在力扬的笔记本上可看到，这章是同时写出的，只是他产生了困惑，暂时未予发表①。历史事实是他的祖辈与太平起义军败兵有过格斗，大伯祖被杀，但如何处理这无法回避的事实又客观地对太平军的评价？这问题实际上始终未解决好。初时的"奔窜在乡村，搜括乡村、屠杀乡村"等，到1951年版改成"从城市退到了乡村，带来了混乱"，这犹可，但还加上了正面的评价，诸如"带来了平等，博爱和自由……也带来农业社会主义空想"等，到1955年版时，又加上了历史的谅解，如"还不曾诞生一个最先进的阶级，来领导农民实现人类最好的理想"等。力扬在著作再版时，很少对原作加以修改，但这里却几次改写，这原因是可以理解的。可是，面对着败兵的土铳铁剑，终于被杀，这是形象；评价杀人者的历史功绩，这是概念，让长诗中的某处频频出现大于形象的概念，这后果是可想而知的。至少影响长诗风格的统一。

---

① 参见本书《力扬诗歌创作》（刘怀玺）文第103页注②。——编者注

力扬在两年后写过《射》诗的若干续篇，除曾发表的《纺车上的梦》外，现已从手稿上看到的还有《不幸的家》《黄昏》《童养媳》《童年的伙伴》《弟弟，你为什么哭泣》等。紧接着《射》，力扬还写过一些叙事诗，如长诗《哭泣的年代》，可惜除一个断片《李秀贞》（后改名《贫农的女儿吴秀贞》）发表外，仅留下《序诗》手稿，其余都已遗失。还有，是前已提及的《普希金林》及未完成的《昨天的歌》等。断简残篇，无从论定，但从中可看出力扬对于塑造人物、描写情节的努力。1959年，他又曾试作《移山造海》，惜很快搁笔。但中华人民共和国成立后，他写过不少文章，论及涅克拉索夫、阮章竞、闻捷等，从另一角度表现出他对于叙事诗创作的眷恋和关注。

抗战胜利以后，力扬更多地参加民主运动和文化运动的实际工作，写诗并不多。严酷的现实和斗争的需要还极大地影响了他的诗风。这时，他几乎未写抒情诗，所作除几首讽刺诗外，大多带有战歌的性质。如《我们反对这个》被谱曲后成为"一二·一"运动中民主青年的战歌。最重要的是《星海悼歌》《愤怒的火焰——闻一多李公朴两先生悼歌》和《祭陶行知先生》，它们或谱曲在会上咏唱，或作为祭词在会上朗诵。一般说，这类纪念性、礼仪性的，又带有急就章式的作品，较难写好。但力扬这三首诗，充分表现出他的诗才，它们是悼词，但更是诗。

力扬这时还写了不少其他形式的作品，如散文、杂文、通讯、诗论、画论、剧评、影评、旧诗以及唯一的一篇小说。它们在数量上远超同期诗作。这很清楚地反映了力扬投身斗争的不倦身影。

1947年8月，力扬随育才学校抵上海，是年冬赴香港。此时，为解放战争顺利进行所鼓舞，写歌词《我们的队伍来了》。1948年9月，由香港搭轮船经平壤、安东、大连至胶东，转赴晋察冀解放区。力扬来到了他渴望的"北国"，迎接久盼的"春天"。

从组织一八艺社至此，将近20个寒暑，自狱中写第一首诗《枫》算起，也已15度春秋。力扬在革命文艺的路上始终呈献着自己的忠贞。即使在最困难的时刻，也总是自持自勉，从不停下探求的步伐。中国现代诗歌自20世纪30年代，尤其是抗战开始起，得到了很大的发展，原因很多，其中关键的一条是现实精神的普遍加强，诗人诗歌与生活斗争的关系日益密切。这不仅是以往提倡革命诗歌的人们如今自觉的走向，也是很多过去善写格律诗、象征诗的人们自然的趋势，在民族危亡的大形势下，不同流派风格的诗人们都为中国现代诗歌做自己的贡献。力扬正是在这时怀着"为着中国、为着诗"的誓念置身于这个行列的,他从未为诗艺而背弃生活斗争,却也从不因生活斗争而无视诗艺。当然,力扬并未建立丰碑,但他确实为中国现代诗歌留下了一份值得珍视的业绩。

中华人民共和国成立以后,力扬先在马列学院学习、执教,于1953年春调文学研究所,1964年5月5日,因病逝世。这时期内力扬共写诗40余首,其中10余首仅留手稿,未发表。1960年5月,曾编就诗集《美好的想象》,收诗30首,终因自己不满意,未出版。这些诗作,写的都是新的生活斗争、新的人物,因此它们自然地充盈着热烈欢愉的气氛,也激动着诗人新鲜的诗情和变得年轻的心。这都是以前的创作中不可能有的。这些诗作,仍然表现出一位成熟诗人的形象化魅力和锻词炼句的功底,仍然保持着力扬一贯认真的创作态度。因此它们大多是较好的作品,清新可读。其中,有部分诗作更是相当隽美的。如《虹》(1955年)用神奇的彩笔敬献出对党和人民的祝福。如《布谷鸟》(1957年),作为农民的后代,他又回到了熟悉的生活,在布谷声中浮想连绵:它昔日的啼泣、今日的"催忙"、明日的歌唱,诗情厚重。如《泉水是祖国母亲的乳浆》(1959年)真挚地抒写自己对祖国养育之恩的感念,以泉水为线索,将自己50年的生活命运与祖国紧贴着做了回顾与前瞻。还应提到的是力扬本人较喜欢的《洛阳怀古三首》(未发表)和《登伯牙琴台》,这些怀古诗章,显然都寄托和诉说着力扬的诗人心灵。

力扬在中华人民共和国成立后是志在创作,并也写出了一些好诗的。但综观全体,与他在中华人民共和国成立前的作品相比,总觉得有明显的欠缺。且不苛求传世的佳作,也较少具有深厚艺术感染力的诗章。过去曾有的深厚、丰满、绚烂,曾有的喜人乃至动人,似乎渐次疏远了,阔别偶见了。在缺乏生活感受的情况下,即使有激情,也难以创作,这在力扬是早已明确的。他在《诗人・人民》(《新华日报》1945年6月14日)中说:诗人"在自己的生活感情还没有和人民深深相拥抱、结合之前,还没有从人民底丰富的生活内容上吸取丰富的艺术形象之前",就"过于天真、过于勇敢"地创作,就像"冒失的赛马",还没坐稳,便"纵马出发","结果是连人带马跌在跑道上"。力扬的比喻不幸言中以后不少诗人。他本人并未落到如此命运,但也常常勒马不前,无驰骋之勇了。力扬的困惑又不仅在生活感受之不足。就说对于诗人所特需的激情,他此时也出现了伤痕。力扬早年苦苦寻求的革命的春天早已来到，但春天并不总是明媚光昌的。对于不少人，尤其是一些知识分子，其心灵还会经受"苦难的历程"。20世纪50年代频仍的政治运动并未严重地打击他，虽有过一时的误伤，也得到了组织的平抚。但心灵的困惑则深刻、长久些。从那些年代力扬写下的一些非著作性文字看，除了明显地反映出他心中的矛盾、苦恼、茫然，并流露出丝丝无奈外，确也存在着一份真诚。总把自己与光辉相比，谁能不发现自己的阴影呢？中年的力扬也有20世纪50年代的单纯呵！这些，当然给力扬诗的激情留下了伤痕，也用他本人的比喻，一个赛马者如无信心，怎能前行？力扬创作暂时歇笔，但对诗的关心和思考并未或停，他应该有新的步伐！可惜天不假年，56岁时即过早谢世，只留下向亲人吐诉的"出师未捷"的遗恨。

  在文章最后，引力扬本人的几行诗来纪念这位离世已整整29年的有成就有风格的中国现代诗人。前文述及1944年作收入《我底竖琴》集的《抒情八章》一诗，在1955年出版的《给诗人》集里，为第七章，诗人自删其第八章。这一章，在全诗明净的祝福、恋歌之后，忽然流露出一腔怅惘，但它令人流连，似能听到诗人不安的心声。这是怵于1944年的伤感，还是出于1955年的心态？是为了舍弃诀别，还是为了更深地保留给自己？诗人再也无法回答我们了。

    也许，有一天
    我的为你歌唱着的琴弦
    会突然断了
    ……
    ——如果用那希望所织成的
    美好的梦，在你底眼睫上消逝
    真理的火焰在你底心头熄灭
    而你底青春的生命也失去了诗

1993年5月　北京

原载《文学评论》1993年第5期，第120—132页。——编者注

射虎者及其家族的"未完成性"

段从学①

力扬的长篇叙事诗《射虎者及其家族》是一部有些特殊的作品。一方面，自1942年8月在茅盾主编的《文艺阵地》第七卷第一期发表以来，一般文学史论著在谈论抗战时期的长诗写作现象或者中国现代叙事诗的时候，总要提到这首著名的叙事长诗。另一方面，力扬此后又公开发表过《射虎者及其家族续篇》，并留下了大量已经完成但未能公开发表的手稿。这些手稿直到2008年才经诗人的独子季嘉整理后，在"中国社会科学院学者文选丛书"《力扬集》中，第一次完整地公之于世。发表在《文艺阵地》上的，即一般人所谈论的《射虎者及其家族》，仅是长诗的一部分。作者的构思和实际完成的写作量，远比这要宏大得多。

这就引出了一个值得深思的疑问：在摆脱了学徒期"发表渠道"困扰的情形下，诗人后来已经写成的"续篇"，为什么没有全部公开发表？

版本流变

为了便于讨论，我们先把《射虎者及其家族》的版本做个简单的梳理。

最初发表在《文艺阵地》上的《射虎者及其家族》共八章，依次是：《射虎者》《木匠》《母麂与鱼》《山毛榉》《白银》《长毛》《虎列拉》《我底歌》。另附四条注释，分别对第二章《母麂与鱼》中的"拦腰布"、第五章《白银》中的"送上"、第六章《长毛》的标题"长毛"二字、第七章《虎列

---

① 段从学，汉族，1969年11月生，云南大姚人。文学博士、教授、博士生导师。现为云南大学文学院教授，兼任成都大学特聘教授等职。中国现代文学研究会理事、中国鲁迅研究会理事、中国茅盾研究会理事等。出版《"文协"与抗战时期文艺运动》《穆旦的精神结构与现代性问题》《中国新诗的形式与历史》等专著，主编研究生教材《新诗文本细读十三章》等。

拉》中的"座头饭"等俗语，做了必要的说明。长期以来，包括《力扬集》的整理者、诗人的独子季嘉在内的研究者，都认为这个版本的《射虎者及其家族》只有七章，叙述太平天国溃兵之乱一章是后来加入的。但事实上，"文阵版"的《射虎者及其家族》一共八章。之所以会被误认为只有七章，极有可能是一个技术性的细节：按顺序应该是第六章的《长毛》，标题排在刊物第十七页最后一行，而正文则从第十八页开始，顶格排印。

坊间常见的《中国新文学大系（1937—1949）》《中国抗日战争时期大后方文学书系》诗歌卷等注意到了这一章的存在，但收录的却不是它们标注的"文阵版"。《中国抗日战争时期大后方文学书系》把原来的标题《长毛》改成了带引号的《"长毛乱"》。全诗结尾处的"一九四二，诗人节后一日写完于陪都"变成了"1942年，诗人节后一日写完于重庆"。"文阵版"附录的四条注释也没有了踪影。在《中国新文学大系（1937—1949）》诗歌卷中，这一章的标题被改成《长毛乱》，注释也从"文阵版"原注变成了诗人后来修订的新注。

1945年2月，力扬又在邱晓崧和魏荒弩共同主编的《诗文学》丛刊第一辑《诗人与诗》中，以《射虎者及其家族续编》为题，发表了标明系第八章的《纺车上的梦》。正文之前，有这样一则短序："这是继1942年在《文阵》上发表的《射虎者及其家族》写的，这一章是续篇中的一章，其余各章待整理后，继续发表。"此外，该辑丛刊还在《作家近况》中报道诗人近况："力扬仍在北碚教书，生活极清苦。他最近完成《射虎者及其家族续篇》一首，约七百余行，即将陆续发表。"

从发表时特别标明系第八章，以及诗前的小序、《作家近况》中的报道等情形来看，力扬的"续篇"和此前已经发表的部分，实际上是前后相连的整体，而非另起炉灶。依照力扬"家族史"的自然时间顺序，作为"续篇"的第八章《纺车上的梦》加入进来后，原来没有标明章次的"文阵版"被赋予了章节次序，变成了一个统一的整体。这个包含了《纺车上的梦》等"续篇"在内的版本，事实上并没有完整地出版或发表过，所以不妨叫作"构思版"。

但在1945年5月的《诗文学》第二辑，《为了面包与自由》中却未见力扬另有诗作"陆续发表"。据当事人回忆，《诗文学》丛刊第三辑本来也已经编好，交给了印刷厂，但因纸张、工料价格飞涨，印刷厂拖延时间，迟迟未能出版。随后，抗战胜利，出版机构和文化人士纷纷离渝，不仅《诗文学》第三辑未能出版，连已经编好的一套《诗文学》丛书，也被迫将大部分稿子退还给了作者。退稿之中，就有力扬的《射虎者及其家族续篇》。①

　　令人费解的是，长诗后来改为单行本出版时，仍然没有收入已经发表和完成了的"续篇"。1948年，新诗歌社在香港出版的《射虎者》，1951年新文艺出版社在上海出版的《射虎者及其家族》，收录的都是发表在《文艺阵地》上的八章，只是对文字和注释进行了少量的修改。这两个单行本都是在诗人沙鸥主持下出版的。因为出版条件和封面规格的限制，新诗歌社将长诗改名为《射虎者》，另外附上了沙鸥的《后记》，印五百册。新文艺版则恢复了《射虎者及其家族》的原题，抽去了沙鸥的《后记》②，印三千册。

　　1955年6月，诗人又"将第六章做了必要的修改"之后，收入诗集《给诗人》，由作家出版社出版。这个版本的《射虎者及其家族》用阿拉伯数字标明了各章次序，仍然只收录了"文阵版"已经发表的八章。这是诗人生前最后一次修订并公开发表的《射虎者及其家族》。这个版本，实际上是对新文艺版的进一步修订。我们称为"作家版"。

　　事实表明：力扬并没有忘记《射虎者及其家族续篇》的写作和出版问题。1951年2月，诗人曾将《射虎者及其家族》、"续篇"《纺车上的梦》以及《贫农的女儿吴秀贞》等三首叙事长诗编为一部叙事诗集，并写好了《后记》，但这部叙事诗集同样未能出版。研究者根据诗人留下的手稿等史料指出了力扬继"文阵版"后，续写《射虎者及其家族续篇》，但最终未能完成的相关情形：

　　　　1944年，《诗文学》第一辑又发表了《射虎者及其家族续篇》小标题为《纺车上的梦》，写祖父母美好的生活梦想。作为一部家族史，虽已有九章，但似乎不够完整。父母辈、兄弟辈的生活，还

---

① 邱晓松、魏荒弩：《从〈枫林文艺〉到〈诗文学〉的点滴回忆》，载《新文学史料》1981年第1期。
② 参看季嘉为《射虎者及其家族》所写的《编者附记》，载《力扬集》，123—124页，北京，中国社会科学出版社，2008。又，下文关于《射虎者及其家族》保存和整理等情况的叙述，也参考了季嘉在《力扬集》里提供的有关线索。

没有专章。实际上当年诗人是有续写的打算的。1951年2月，诗人在一篇未发表的诗集后记中说过："我于1942年写完《射虎者及其家族》后，在1943—1944两年间，曾写了它的续篇，达一千余行。原拟从《虎列拉》那章接下去，以我底家族为线索，一直写到抗战时期的。但我在抗战前就已经离开故乡，对于那一段时间内家乡底和家族底变动、发展情况，无从体验，如仅凭想象来写……一定写不好。所以故事还没有写到抗战时期，就搁笔下来了。但那写成的一千来行中，只有《纺车上的梦》差强人意。当时也就只发表了这一章。"未发表的底稿后来都失散了。值得庆幸的是在力扬夫人牟怀真同志帮助下，我从诗人的手记中找到一些断片较完整的有《黄昏》，正标题为《射虎者及其家族三续》，是写祖父之死的；《童养媳》，是写父亲的原配妻子的，皆无章次。还有两个残篇：《不幸的家》，写父亲与母亲的结合；《弟弟，你为什么要哭泣？》写兄弟辈的生活，皆未整理，不能成章。这样，从内容来看，这部家族史写了四代人的生活和命运，基本完整了。可惜的是那抄好的千余行，至今无从寻觅，成为诗坛永远的遗憾。①

1964年5月，力扬因病去世，留下的遗作和手稿被保留在家属手中。2008年，诗人的独子季嘉在编辑"中国社会科学院学者文选"《力扬集》时，根据手稿、剪报等资料，将《射虎者及其家族》的"续篇"《纺车上的梦》，以及未曾公开发表过的《童养媳》《不幸的家》《黄昏》《童年的伙伴》《弟弟》等一并整理出来，加了必要的注释，附在"作家版"《射虎者及其家族》后面。这样，"文集版"的《射虎者及其家族》就成了目前最完整但也可能是读者最少的版本。

据笔者统计，和"文阵版"相比，"文集版"新增加的内容总共只有399行。这个数字，无论是和《诗文学》丛刊预告的"七百余行"，还是和诗人自己所说的一千余行相比，都有很大的差距。从1942年的"文阵版"到2008年的"文集版"，前后66年，经过了两代人的努力，但和作者的"构思版"相比，《射虎者及其家族》仍然是一部"未完成"的作品。

---

① 刘怀玺：《力扬诗歌创作刍议》，载《浙江师范大学学报》（社会科学版）1988年第4期。按：《诗文学》丛刊第一辑的出版时间，是1945年2月。

基本内容与修改的焦点

尽管最终仍"未完成",长诗《射虎者及其家族》的构思却不难辨识和确定。这是一部具有自传性质的"家族史",叙述曾祖父到诗人自己的一家四代人所遭遇到的痛苦和不幸,探寻人类获得解放与自由的"复仇之路"。力扬把"续篇"《纺车上的梦》编订为第八章,就充分说明了这一点。季嘉整理"文集版"的根据,也是"家族史"叙事的自然时间顺序。

根据这个顺序,力扬实际完成并最终保存下来的《射虎者及其家族》一共十四章。不包括"新文艺版"和"作家版"的修改和增删,分别是:"文阵版"八章,419行;"续篇"《纺车上的梦》,156行;手稿本五章,213行。合计818行。各章具体情形如下。

第一章《射虎者》,24行,曾祖父的"射虎"生涯及死亡。

第二章《木匠》,24行,祖父从木匠到农夫的生活史。

第三章《母鹿与鱼》,24行,祖父和祖母生活时代的"自然"之丰美。

第四章《山毛榉》,32行,两位伯祖父砍伐山毛榉换取粮食的樵夫生活。

第五章《白银》,86行,祖父一代遭到族人"恩赐贡生"和地保的压榨。

第六章《长毛》,84行,大伯祖父被太平天国溃兵杀死,二伯祖父和祖母侥幸逃过劫难。

第七章《虎列拉》,62行,二伯祖父死于被叫作"瘟症"的急性传染病虎列拉。

第八章《纺车上的梦》,156行,父亲考中秀才,全家实现了生活"富裕"的梦想。

第九章《童养媳》,80行,父亲第一个妻子"童养媳"的不幸命运。

第十章《不幸的家》,32行,祖母与父亲第二个妻子的婆媳矛盾给全家带来的不幸。

　　第十一章《黄昏》，32行，祖父之死及他留下的朴素"阶级意识"。

　　第十二章《童年的伙伴》，69行，作者的童年伙伴周海生参加农民暴动失败，壮烈牺牲。

　　第十三章《弟弟，你为什么要哭泣》，30行，弟弟悲惨的农民生活。

　　第十四章《我底歌》，83行，诗人的自我追问，探寻"诗"以外的复仇道路。

　　"文阵版"之后，诗人的改写和修订主要集中描写太平天国溃兵带来的灾难一章，即第六章《长毛》上。就事实而论，这一章涉及的内容虽多，但并不算复杂。从写作的角度看，这些"家族史"上的真实事件，本身就集中、尖锐而又充满了戏剧性，极大地降低剪裁、提炼和组织等技术层面上的写作难度。

　　然而，正是这内容并不复杂、写作难度也不算太高的第六章，成了诗人反复修改的对象。首先是标题及注释问题。如前所述，"文阵版"标题是《长毛》，注释如下：

　　　　太平天国时，因反对清朝辫发之俗，军队皆散长发披在肩上，故乡村中称太平军为"长毛"，太平军失败后，奔窜乡村，烧、杀、掠夺，乡人称为"长毛乱"，即长毛之乱之意。

1951年的"新文艺版"，标题改为《长毛乱》，注释改为：

　　　　太平天国时，因反对清朝辫发之俗，军民皆散长发在肩上，故乡村中称太平军为"长毛"。太平军失败后，奔窜乡村，乡人称为"长毛乱"，即长毛之乱之意。

删除了"烧、杀、掠夺"的历史痕迹——但仍然保留了"奔窜乡村"的字样。

1955年的"作家版",标题改为《"长毛乱"》,注释也做了彻底删改:

> 太平天国因反对清朝辫发之俗,军民皆散长发披在肩上,所以清朝反动统治阶级称太平军为"长毛";太平军失败后,小股散落乡村,地主乡绅称为"长毛乱";都带着侮辱和轻蔑的意思。由于统治阶级意识的影响,在旧社会的民间,也沿用了这种称呼。

标题中,新增加的引号撇清了叙述者"我"与带有侮辱和轻蔑之意的"长毛乱"三个字之间的关系。相应的注释,则明确把"长毛"和"长毛乱"变成了"清朝反动统治阶级"和"地主乡绅"对太平军的"侮辱和轻蔑"。此外,还将原来不加限定的全称"太平军",改成了有限的"小股",删除了残留在"新文艺版"中的"奔窜乡村"等字眼。《中国新文学大系(1937—1949)》诗集卷采录的,就是这个修订的新注。

标题和注释之外的另一个改动,是在减弱和消除其"破坏性"的同时,不断增加对太平天国"历史正义性"的说明。"文阵版"第六章,共15节86行。"新文艺版"增为16节,92行。"作家版"又在"新文艺版"的基础上,增为17节,98行。这些新增加的篇幅都在修订有关太平天国的历史表述,极力彰显其"历史正义性"。

"文阵版"十五节中,第一节到第七节,描写"古老的绿色的和平村庄",在太平天国溃兵到来之前的骚动与慌乱。这部分,"新文艺版"和"作家版"都仅有对个别词语和表述的细微调整,完全可以忽略。很显然,力扬从一开始就意识到了太平天国的"历史正义性"和个人"家族史"上的"真实性"之间的分歧。所以很自然地,"文阵版"第八节,特地对曾给自己家族带来过灾难的"英雄们",表达了充分的敬意:

> 那些太平天国的英雄们
> 当他们用痉挛的仇恨的手指
> 解开辫发,抓起斩马刀和红缨枪

> 以愤怒的吼号震撼着
> 爱新觉罗氏底王座的时候
> 他们曾经是农民们亲密的兄弟

接下来的第九节，力扬又对太平天国溃兵烧、杀、掠夺乡村的野蛮残暴行径给予了必要的辩护：

> 可是，现在他们是溃败了
> 被那些为了自己底爵位和土地
> 做了人民和种族的叛徒
> 做了皇室的忠仆的人们所击溃了
> 他们已经失去了领导，失去了理想
> 奔窜在乡村，搜括乡村，屠杀乡村

在以后的几个版本中，第八节也没有任何改动，原样保存了下来。这充分说明：力扬自始至终没有否认太平天国"英雄们"的历史功绩，没有因为"家族史"上的灾难而否认他们的"历史正义性"。

问题在于赞扬和肯定的程度，即诗人的"思想高度"不够。所以在"新文艺版"中，力扬又在第九节之后新增一节，对太平天国"英雄们"的历史功绩给予了更充分的赞扬，大幅度提升了自己的"思想高度"：

> 他们曾经用革命的斗争，
> 打碎封建的压迫、剥削的枷锁，
> 带来了平等、博爱和自由；
> 也带来"有田地同耕，有饭同食，
> 有衣同穿，有钱同使"的
> 农业社会主义的空想。

1955年的"作家版"再新增一节，在马列主义社会发展史框架内，运用当时刚刚普及开来的"历史局限性"理论，对太平天国"英雄们"的失败做了更有"思想高度"的辩护：

> 但在那遥远的落后的年代里——
> 城市里还没有汽笛和机器的声音，
> 乡村里还只有手摇纺车的歌唱；
> 既然没有彻底推翻封建制度的力量，
> 也还不会诞生一个最先进的阶级，
> 来领导农民实现人类最美好的理想。

"新文艺版"和"作家版"两次新增的内容，既与作者最初流露出来的对太平天国"英雄们"的同情和敬仰有关，更表明了当时日趋成熟的太平天国"革命史"叙事对诗人的影响。

所以很自然地，"新文艺版"和"作家版"中都出现了如何处理"文阵版"第九节，即太平天国"英雄们"的失败，以及失败后奔窜在乡村的所作所为的问题。"新文艺版"将这一节改为如下内容：

> 可是，现在他们是溃败了。
> 被那些为了自己底爵位和土地，
> 做了人民和种族的叛徒，
> 做了皇室的忠仆的人们所击溃了。
> 他们已经失去了领导，失去了理想，
> 从城市败退到乡村，带来了混乱。

和"文阵版"相比，"新文艺版"首先是抹去"奔窜""搜括""屠杀"等行为的主动性，将其变成了"败退"之后被动选择。其次，是把感情饱满而语气铿锵的"奔窜在乡村，搜括乡村，屠杀乡村"等充满了暴力色彩的具体行为弱化成了抽象的描述："从城市败退到乡村，带来了混乱。"从诗艺的立场来看，后者只是平庸的描述性散文语言，表达的力度和强度显然不如前者。

1955年的"作家版"中，力扬又将这一节修改为如下内容：

> 现在，他们是被反动的大军所击败了；
> 被那些为了自己底爵位和土地，
> 做了历史底罪魁、人民和种族的败类，
> 做了皇室的忠仆的人们所击败了。
> 这些败类虽然不可能倒转历史的车轮，
> 却也把封建黑暗的统治延长了半个世纪。

这次修订，一方面清除了"文阵版"和"新文艺版"中的"溃败""失去了领导、失去了理想"等带有负面色彩的词句，强化了对镇压太平天国革命的"败类"的愤怒批判。"文阵版"和"新文艺版"都只是站在民族主义话语的立场上，从清朝与所谓"汉家"的对立出发，斥之为"人民和种族的败类"。"作家版"则站在了人类历史发展普遍规律的高度上，在原有的痛斥之外，揭露了他们逆潮流而动，"把封建黑暗的统治延长了半个世纪"的历史罪恶。此外，力扬还循着"新文艺版"的思路，干净、彻底地抹去了太平天国的"英雄们"给乡村带来的灾难。用我们熟悉的话来说，就是诗人最终抛弃了个人"家族史"狭隘的感情立场，和太平天国的"英雄们"站在一起，向反革命"败类"发出了怒吼。

小结一下，"新文艺版"和"作家版"对"文阵版"第九节的修改有三点。第一，将太平天国的"英雄们"的"溃败"改成了被动性的"击败"；第二，把对镇压太平天国革命的"败类"的愤怒批判，从民族主义话语提升到了人类历史发展普遍规律的马列主义的高度；第三，逐步削弱，最后完全消除了太平天国的"英雄们"在乡村四处搜括和杀戮的历史痕迹。

经过上述改动，再加上对注释的修订，"长毛乱"就从力扬"家族史"上的一场灾难变成了中国"革命史"，乃至人类社会发展史上一次令人扼腕长叹的"英雄的失败"。

而这也就意味着力扬必须对个人"家族史"上的"长毛乱"做出相应的修改。太平天国的"英雄们"从城市溃败到乡村，经过诗人家乡时，曾经发生过这样几件事。第一，诗人的祖母和邻居妇女们躲在荆棘丛里，凭着祖母的机智与沉着，侥幸逃过了溃兵的杀戮；第二，诗人的二伯祖父拼死夺下溃兵的武器，保住了性命；第三，坚持留在家里看守财物的大伯祖父被杀死在三十里外的田埂上；第四，长期受"恩赐贡生"压榨和剥削的一名长工乘机加入了反抗的队伍。

作为已然发生了的历史事件，它们被自然时间封闭在过去时态里，以自己的"真实性"拒绝了任何形式的改变。更重要的是，其"真实性"已经被"文阵版"固定下来，变成了文学史的公共经验，丧失了以私人经验的形式"匿名"存在，或者通过"改写"而使之消失的可能。力扬所能做的就只有根据中国"革命史"叙事的要求，进行外科手术式的修补。

最容易处理的，自然是"恩赐贡生"的长工加入了反抗队伍的情节。受压迫者奋起反抗，加入太平天国的队伍，既是诗人"家族史"上的真实事件，又是中国"革命史"的正义之举。就诗本身而言，力扬既在第五章《白银》中写出了"恩赐贡生"的恶霸行径，又预先在本章开头渲染了长工的反抗愿望，这里的情节于情于理都是水到渠成的事。据"文阵版"第十二节，情形是这样的：

    那"恩赐贡生"的长工
    引着一些英雄，在山头搜获他底主人
    就用被俘者的长辫把俘虏吊在树上
    逼他说出地窖的所在，掘去一坛白银
    然后，他穿上他主人底羊皮袄
    加入那向茫茫的道路窜去的队伍

"作家版"则改为如下内容：

    那"恩赐贡生"的长工和贫苦的佃农，
    引着一群英雄，在山头搜获他们底主人。
    就用被俘者的长辫把俘虏吊在树上，
    逼他说出地窖的所在，掘去一坛白银。

> 然后，他拿起他主人底红缨枪，
> 加入那向茫茫的道路而远征的队伍。

"作家版"的修改，首先是凸显了反抗的自觉性和广泛性。在"文阵版"中，勇敢地站起来反抗"恩赐贡生"的，只有长工一个人。修改后，变成了"长工和贫苦的佃农"们的集体行动。偶然的、个别的反抗变成了普遍的群众运动，从而极大地提高和彰显了太平天国革命的历史正当性。反抗的目标也从最初朴素而直接的夺取"主人底羊皮袄"变成了"拿起他主人底红缨枪"加入革命队伍。

相应地，太平天国的"英雄们"既然已经不再是"溃败"，而是被反动势力"所击败"之后，才"从城市败退到乡村"（"新文艺版"），而且不再像"文阵版"那样"失去了领导，失去了理想"，零零散散的"一些英雄"就被力扬修订成了有组织的"一群英雄"。他们的离开，则从原来漫无目标地"向茫茫的道路窜去"，变成了"向茫茫的道路而远征"，被赋予了明确的方向和目标，暗示了"英雄们"还将不屈不挠地战斗到底。

但这里的修改也带来了两个小问题。其一，引着"一群英雄"，在山上抓住了"恩赐贡生"的，是复数形式的"那'恩赐贡生'的长工和贫苦的佃农"，但最终加入了"那向茫茫的道路而远征的队伍"的主语仍然是单数的"他"；其二，惊慌失措地把辫子盘在头上，"挟着那保存田契的小木匣"狼一样窜进了丛林的"恩赐贡生"，何以像太平天国的"英雄们"一样，突然间有了一支"红缨枪"？

或许是一时的疏忽，或许是失去了耐心——总之，诗人并没有留意到这两个小小的问题。在消弭"家族史"与"革命史"之间的裂痕的同时，修订行为同时又导致了文本内部的新裂痕。

让诗人大伤脑筋的，是如何处理祖母侥幸逃过红缨枪的杀戮，大伯祖父被杀，以及二伯祖父曾和"长毛"溃兵殊死搏斗等"家族史"上的"历史事件"。面对这个难题，力扬的做法是：一方面按照中国"革命史"的要求，加强了对太平天国"英雄们"的正面评价；另一方面又在不回避基本事实的前提下，对祖父母们的遭遇和行为给予必要的后设解说。

祖母和邻居的妇女们躲藏在茅草和荆棘丛的深处，侥幸逃过杀戮的情节，用增加正面评价的方式来处理，就是将"文阵版"第十节第三行"满山搜索着的红缨枪刺在她的股上"，改成了"作家版"的"那搜索地主的红缨枪刺在她底股上"。这样，"失去了领导，失去了理想"的溃兵们漫无目标的搜括与杀戮就变成了专门针对地主的革命行动。祖母的遭遇，也就变成了太平天国"那持枪的英雄"开展正义的革命行动时，无意中对无辜群众造成的一次虽然令人遗憾但却可以原谅的小小伤害。

祖母的遭遇，通过"加法"来修订。二伯祖父的遭遇，则"加法"与"减法"并用。"文阵版"第十一节直接正面描绘了二伯祖父的遭遇：

> 二伯祖父攀在森林内的木茶树上
> 想靠那繁盛的枝叶，阻隔住
> 沿着小路奔来的搜索者底视线
> 可是，当那家伙托起土铳
> 要向他瞄准的时候，他就跳下地
> 扑向前去，夺下敌人底武器

此外，力扬还在第十三节第三行里用了"凯旋"的字眼赞扬二伯祖父的英勇，暗示了"夺下敌人底武器"之后可能发生的事："二伯祖父也带着土铳凯旋的日子。"

1951年的"新文艺版"，首先将这里的"凯旋"改成了中性的"归来"，抹去了其中可能存在的暗示。四年之后"作家版"又在"新文艺版"的基础上，将"文阵版"第十一节后三行修改如下：

> 可是，当那英雄托起土铳要瞄准的时候，
> 他就跳了下来，夺下那个人的武器：
> "你，怎么把枪口对着农民兄弟!……"

"那家伙"变成了"那英雄"，"敌人"变成了"那个人"，彻底扭转了"文阵版"从"家族史"立场来看待太平天国的"英雄们"的基本态度。这是"加法"。

而"减法",则是尽量弱化二伯祖父与溃兵搏斗,夺取了敌人的武器凯旋的行为在"家族史"上的正义性。据"文阵版",是因为"那家伙托起土铳要向他瞄准",二伯祖父才不得不夺过溃兵的土铳,从死亡中夺回了自己的性命。两人的冲突,是没有任何妥协可能的生死抉择。下文的"凯旋"二字,则暗示了以"敌人"的身份出现在"家族史"上的"那家伙"可能的结局。在"作家版"里,冲突的直接性减弱了,间不容发的"向他瞄准"变成了含糊其词的"要瞄准"。二伯祖父之"夺下那个人的武器"也不再是为了从死亡中夺回生命而被迫采取的本能举动,而是站在人类历史发展的高度,大义凛然地阻止"那个人"偏离正确的革命道路,违背"革命史"正义性的错误举动:"你,怎么把枪口对着农民兄弟!……"在求生本能支配下的生死搏斗,被修订成了基于人类历史正义的理性选择。相应地,"文阵版"第十三节中的"凯旋"一词则从"新文艺版"开始,就被改成了平平淡淡的"归来"。

"文阵版"用了十三、十四和十五一共三节的篇幅,描述了坚持要留下看家的大伯祖父,最后惨遭杀害的情形。篇幅之长,感情之浓烈,充分说明了"家族史"上最悲惨的这一幕,在力扬心中留下了怎样刻骨铭心的体验。

当那溃散的队伍已流向远方
祖父带回他底妻子和牯牛
二伯祖父也带着土铳凯旋的日子
那空虚的茅屋却已失去了那看家的人
两兄弟沿着队伍所经过的道路去寻找
在三十里外的田埂上才找到了大哥的尸身

他倒在那里。哪一个溃败的英雄
对着农民兄弟的胸膛砍下了这一剑?
他底不瞑的双目盯着灰白的天空
是仇恨?还是向那无情的人世

求乞最后的怜悯？

　　他倒在那里，带着五十年的
　　没有爱情，没有欢笑的日子
　　倒在了那并非属于他自己的土地上
　　却又用最后的血温暖着泥土
　　用最后的气力通过抽搐的手指
　　深深地揪着一生梦想着的泥块……

　　"新文艺版"的改动不大，只是将"文阵版"第十四节第二行"对着农民兄弟的胸膛砍下了这一剑？"修改为"对着农民兄弟的胸膛错杀了这一剑？"如前文所说，力扬一开始就已经意识到了太平天国的"英雄们"在中国"革命史"上的正当性，与长诗"家族史"视角之间的冲突，把大伯祖父被杀描述成了"溃败的英雄"们的行为。"新文艺版"的修订，就是循着这种冲突的轨辙，强化了对"溃败的英雄"们的理解与同情，约束"家族史"感情对"革命史"的伤害。

　　"作家版"更进一步大幅度增加了对太平天国的"英雄们"的理解与同情。如上文所说，"作家版"首先是将"文阵版"第十三节第一行的"溃散"改为"败退"，第三行的"带着土铳凯旋"改成"带着土铳归来"。其次，是对"文阵版"第十四节做了彻底的改写。

　　他倒在那里。是哪一个鲁莽的英雄，
　　对着农民兄弟的胸膛错杀了这一剑？
　　他也是一生被欺侮被剥削的人，如果
　　他了解你们，他底心就会和你们亲近。
　　你们看他那不瞑的双目瞪着灰白的天空，
　　难道不是对这冤枉的死亡提出痛苦的疑问？

　　"溃败的英雄"，变成了"鲁莽的英雄"。悲剧的根源，从最初的溃兵"奔窜在乡村，搜括乡村，屠杀乡村"的野蛮行径，变成了大伯祖父因为不理解"鲁莽的英雄"们的正义行动而导致的"错杀"。"不瞑的双目瞪着灰白的天空"这个震撼人心而又难理解的细节，也被放置在历史的因果逻辑中变成了因为被"错杀"而发出的"痛苦的疑问"。"死不瞑目"的无法理解，因而也无法被平息的愤怒，被历史理性改写成了事出有因的痛苦。

  这些并非无关紧要的改动汇聚在一起，将大伯祖父被杀的叙事天平从"家族史"的情感逻辑，彻底转向了"革命史"的历史理性逻辑。诗人"看"大伯祖父之死的视角，也就从最初的"家族史"个人情感立场变成了站在"家族史"和"革命史"之间的历史理性立场。除了"他倒在那里"的个人叙事视角之外，新加入了"你们看"的后设历史叙事视角，而且一直往后延伸把最后一节的开头也从"他倒在那里"改写成了"你们看他倒在那里"。从"家族史"内部生发出来的同情、愤怒和永恒的抗议变成了站在中立的公共立场和"你们"一起看到的客观历史事实。

  "强烈的"个人诗情，不断受到"正确的"历史理性的规范和压缩，因而"作家版"的《射虎者及其家族》不仅仅带来了细节方面的"不真实"，更重要的是原本情感饱满、浓烈的叙事"诗"，越来越接近"叙述"，而偏离了"诗"。诗人晚年在中国社会科学院文学所工作时的同事吴子敏，曾经以力扬在大伯祖父被杀的"历史事实"和太平天国革命的"历史功绩"之间的冲突为例，探讨过这个问题。"历史事实是他的祖辈与太平军败兵有过格斗，大伯祖被杀，但如何处理这无法回避的事实又照顾太平军的评价？"吴子敏认为，力扬在改写《射虎者及其家族》的时候，实际上并没有解决好这个问题。"面对败兵的土铳铁剑，终于被杀，这是形象，评价杀人者的历史功绩，这是概念，让长诗中的某处频繁出现大于形象的概念，这后果是可想而知的。至少影响了长诗风格的统一。"[①]

  在这个意义上，"革命史"的历史正义和"家族史"的诗性正义两种不同的声音，一开始就潜含在"文阵版"中，并最终瓦解了长诗在艺术风格和情感逻辑上的统一性。

[①] 吴子敏：《评力扬的诗》，载《文学评论》1993年第3期。

力扬的"自然"叙事空间

之所以要强调"一开始",乃是为了避免简单地将《射虎者及其家族》的"未完成性"归咎于太平天国"革命史"叙事对个人"家族史"叙事的外来压迫。用粗俗的流行装置取代另一个同样粗俗的流行装置,不是细读更不是思考。那只是用追逐泡沫的方式,来掩盖思想的疲软与无能。我们必须在诗的内部来思考问题,进一步追问:如果没有太平天国"革命史"叙事的挤压,力扬能不能按照自己最初的宏大构思完成《射虎者及其家族》的写作?

为了厘清这个问题,有必要稍稍回顾一下力扬在《射虎者及其家族》之前的诗歌创作。抗日战争发生之前,力扬主要从事左翼美术活动,为此曾两度入狱,发表诗作不多。全民抗战的爆发,让力扬看到了中华民族挣脱枷锁,走向自由和解放的光明前景。热情洋溢地歌颂抗战,号召人民"勇敢地扭断锁链"(《风暴》),打击侵略者,成了他这个时期诗歌的基本主题。"皖南事变"发生后,"无数殉难的伙伴们的血"(《雾季诗抄》)惊醒了诗人,让力扬开始了自己的独立思索。曾经为"《太阳照耀着中国的春天》"而激动、而欢呼的诗人,开始了对寒冷和黑暗的关注。《我底竖琴》这首短诗,实际上是力扬的"诗学宣言":

> 在那些明朗的日子,
> 你知道的——
> 我曾经弹起我底竖琴,
> 嘹亮地歌唱人类的黎明。
>
> 在这风雪的日子里
> 我默默地前行,我要唱出
> 对于寒冷的仇恨,
> 弹着你赐给我的竖琴。

确实,正如"你知道的",力扬热情洋溢地歌颂抗战、歌颂"人类的黎明"的时候,他面对的是一个事先已经完成了的"历史叙事"。在他开始自己的书写之前,所有的事件和人物都已经被这个宏大的"历史叙事"组织起来,赋予了明确的意义和价值。力扬所要做的,就是根据"历史叙事"的要求来歌颂抗战,书写抗战。他这个时期的诗歌创作,显然只是受控于宏大"历史叙事"的被动书写,没有挣脱"历史性"的笼罩,建立起自己的"诗性"话语空间。

小学生做练习似的把褒义词置换为贬义词,把歌颂换成诅咒的话,并不是"转向",而只是同一条直线上的单向度运动。无论是歌颂,还是诅咒诗人和他的"诗"都没有构成一个独立的存在,而只是被动地随着"历史叙事"而改变自身的"历史性"存在。事实上,"皖南事变"之后的历史环境也确实需要,并且为诗人提供了简单地把歌颂换成诅咒的社会文化空间。但力扬最终还是摆脱了直线式单向度反应的诱惑,把目光转向了更为复杂也更为幽深的话语空间,开始了自己的独立思考。

长诗的主题是复仇。复仇的对象,乃是人类生活中无处不在的苦难。力扬试图回答的,乃是这样一个人类的生存论难题:如何消除无处不在的苦难?这是人类永远无力做出最终回答,但又因无力回答而始终诱惑着我们不断追问、反复探索的"真问题"。

在最粗糙的意义上,我们可以这样说:古代人把苦难的根源归咎于人类与生俱来的宿命本性,把消除苦难的希望寄托在人类不可掌控的"天"或者"神"身上。而现代人——尤其是现代中国人,则坚信:苦难的根源是不公正的社会制度,人类能够凭借自身的力量推翻不公正的社会制度,最终彻底消除苦难。何其芳的"三步论"通俗地说明了现代人关于这个问题的理解:

第一步:我感到人间充满了不幸。
第二步:我断定人的不幸多半是人的手造成的。
第三步:我相信能够用人的手去把这些不幸毁掉。[1]

抗战初期,力扬也曾经以为找到了彻底消除苦难、获得解放与自由的复

---

[1] 何其芳:《给艾青先生的一封信——〈画梦录〉和我的道路》,《何其芳全集》第6卷,471页,石家庄,河北人民出版社,1999。

仇之路。当他开始审视自己的"家族史"时,却发现问题远远没有那么简单。"人间充满了不幸",这是盲人也看得见的事实,无须多说。诗人的"家族史",就是一部具体而微的人类生活苦难史。

问题发生在他试图找出苦难的根源这个环节上。在力扬笔下,自然环境的变迁、社会生产力水平低下、偶然的社会历史事件、人性自身的恶等四个方面的原因,都曾经给自己的"家族史"带来过灾难。社会历史事件中,以同宗族的"恩赐贡生"和地保相互勾结,"从我们底血里抢去了白银"的第五章,最为典型。此外,诗人后来一改再改的太平天国溃兵之"乱",从"家族史"的角度来说,也可以归结为社会历史方面的原因。生产力水平低下的问题,集中体现在描写二伯祖父之死的《虎列拉》这一章里。人与自然环境的矛盾冲突,则第一章、第二章、第三章和第四章里都以不同的形式反复出现,占据了力扬思考和写作的中心。人性之恶的问题,则集中在他生前没有公开发表的手稿《童养媳》和《不幸的家》,即"文集版"第九章、第十章里。长诗几经修改,仍然处于"未完成"的写作状态之中,就在于诗人最终未能将上述四个方面的原因组织成一个完整的现代性"故事"。

或许是因为意识到了将一切归之于人的现代性"历史叙事"的狭隘和不足,长诗一开篇就把目光转移到了人与自然的关系上,展开了"射虎者"曾祖父奋昂、饱满而又充满了张力的生命轨辙:他射杀了无数的猛虎,"卫护了那驯良的牲畜/牲畜一样驯良的妻子/和亲密的邻居",建立并守护了人类的生活世界。

> 他自己却在犹能弯弓的年岁
> 被他底仇敌所搏噬
>
> 他底遗嘱是一张巨大的弓
> 挂在被炊烟熏黑的屋梁上
> 他底遗嘱是一个永久的仇恨
> 挂在我们的心上

自然养育了他,又吞噬了他。他的"永久的仇恨",因而固执地指向那夺去了他性命的猛虎,指向养育了人类而又吞噬着人类的大自然。

如果说第一章《射虎者》曾祖父留下的仇恨还可以纳入现代性"历史叙事"范畴,从人类征服自然和改造自然的角度来解释的话,接下来的《木匠》《母麂与鱼》《山毛榉》等,则彻底把人与自然的关系还原成了人类学的生存论关系。威风凛凛的"射虎者"死后,"留下一张弓／也留下三个儿子"。面对"赤贫"这个远比猛虎更凶恶的敌人,他们各自抓起了不同的复仇武器:

> 最大的抓住了镰刀
> 第二个抓住了锄头
>
> 最小的一个——我底祖父
> 抓住了锯、凿和大斧

在他们的"复仇"生涯中,大自然从曾祖父的仇敌变成了他们的恋人、恩人。祖父最终在茅草与森林的深处,找到了一块"每季可收获一石谷的稻田",战胜了"赤贫"的死亡威胁,娶了"一个永远分担痛苦与仇恨的伴侣"。为了进一步清除从"人类劳动"的角度来思考问题的限制,在第三章《母麂与鱼》里,力扬彻底撇开人的存在,绘声绘色地回顾了大自然曾经慷慨的赐予,向"自然"母亲献上了自己的感激与思索:

> 难道"自然"母亲
> 现在已变成不孕的老妇——
> 老不见她解开丰满的乳房
> 再哺育我们这些儿女?
>
> 也许她仍在健美的中年
> 会生育,也有甜蜜的乳浆

> 不是不肯哺育我们
> 而是被别人把她的乳汁挤干

  这里的思索，虽然已经牵扯出"别人"，隐约中潜含了归罪他者的现代性"阶级论"话语，但这里的"别人"，依然被系在"'自然'母亲"这条纽带上，并没有被彻底抛出来，成为和"我们"相对立的存在，构成新的生存论维度。诗人的立足点，依然是人与自然的关系，是对"自然"母亲的复杂感情。故所以，虽然第四章《山毛榉》也写到了两位伯祖父的"更为可悲的厄运"，涉及了富庶的市镇、地主们的院子，但总体基调仍然是对"自然"、对"曾经是我们家族的恩人"的山毛榉的感激：

> 秋天，是人们底欢乐的收获季节
> 地主们底院子里洒满黄金的谷粒
> 我底伯祖父们却流着眼泪和汗水
> 挑着山毛榉换取地主们多余的食粮
>
> 人们喜欢山毛榉，因为它
> 是良好的木材，良好的柴薪
> 我喜欢山毛榉，是因为它
> 曾经救活了这一群不幸的人们

  这并不是说力扬的"家族史"上从未遭遇到阶级压迫和社会不公，更不是说诗人故意对血淋淋的阶级压迫和社会不公视而不见，不是的。在《白银》这一章里，祖父和伯祖父兄弟三人，再加上祖母，全家人冒着生命危险从汹涌无情的洪水里，捞起了"十数条巨大的白杉"。但这意外的收获，不仅没有给一家人带来憧憬中的美好生活，反而招致了巨大的灾难。第四天村里的地保领着"一位我们同宗的'恩赐贡生'／——许多田地和森林的主人"来到家里，威逼着祖父们在交出了"二十七元的白银"作为"罚款"之后又强迫他们"用肩挑过山毛榉的柴担的／起茧的肩膀扛着那些大杉木"，送到"恩赐贡生"的家里。对二十七个银元生动而辛酸的描写——

> 于是，我底祖母从箱角里
> 翻出一个蓝花布手巾的小包
> 解开它，数了二十七圆的白银
> 无尽的泪珠落在她战颤着的手上
>
> 那些白银——是我底祖母
> 用每个鸡蛋换成三个康熙大钱
> 七百文康熙大钱换成
> 一块银圆的白银啊！
>
> 和祖母的血泪哭诉——
>
> 于是，我底祖母哭泣了三天
> "你们要从水里抢下白银
> 但别人却已经从
> 我们底血里抢去了白银……"

以及三年后在"续篇"《纺车上的梦》里的旧事重提等，充分表明了这次"家族史"横祸，在诗人的心灵深处留下了怎样巨大的创伤。

我们的意思是，在刚刚从宏大"社会历史"叙事里退出来的力扬这里，阶级压迫和社会不公正的问题并没有被特地独立标识出来，提炼和升华为支配性的，乃至唯一的元话语。所以很自然地，在揭示了血淋淋的阶级压迫的存在之后，力扬并没有沿着"阶级论"的话语逻辑，而是再一次回到了"家族史"复杂而诡谲的"历史事实"上，继续展开自己的叙述，这才有了后来多次被改写的第六章《长毛》。

而正如我们反复强调的那样，在这一章里，诗人一开始就已经意识到了个人"家族史"的"真实性"和中国"革命史"的"正当性"之间的可能冲突。在这种情形之下，写作行为本身就告诉了我们：力扬并不打算把《射虎者及其家族》当作近代中国"革命史"的一部分来对待。他的诗学抱负之一,就是突破"历史叙事"的单一叙事模式,在更为复杂的语境中来思考人类的苦难问题。虽然他不无犹豫,但仍然写下了《长毛》一章,并在以后反复修改,恰好说明诗人自以为能够驾驭"长毛之乱",在"诗性正义"的层面上将个人"家族史"的"真实性"和中国"革命史"的"正当性"统一起来。

所以,在接下来的第七章《虎列拉》里,诗人又以二伯祖父死于传染病的"真实性"为依据,进一步拓展了自己的思考空间,引出了人类因为生产力和科学技术水平不发达而遭遇的苦难问题。

> 我们底乡村有什么医院,医生和药品?
> 我们底医院是穹隆下面那绿色的草原
> 我们底医生是住在天上的那虚渺的神灵
> 我们底药品是那苦味的草根
>
> 谁也不曾发明一种治疗这疾病的
> 草根,我们也把这种疾病叫做瘟症
> 叫做无可抵抗的黑色的命运
> 叫做不能战胜的黑色的死神
>
> 于是,我们那罪孽的伯祖父
> 遂成为了千万个战败者的一员

力扬显然忽略了这一点:叙事之为叙事,就在于它必须将"历史事实"描述成为一个"故事",一个有自身内在逻辑的"说法"。从曾祖父到自己祖孙四代的"家族史",那是"存在"。从曾祖父开始,一直到诗人自己的《射虎者及其家族》,是"叙事诗",是关于"存在"的"说法"。两者有相关性,但绝不是一回事。借海德格尔的话来说,前者是语言无法掌控和把握的"不可说的神秘";而后者,则是关于"不可说的神秘"的一种"说法"。正因为如此,任何一种关于苦难的"叙事"注定都只能是关于苦难的"说法"之一种,不可能真正把握和穷尽苦难自身。现代性"历史叙事"的形而上学特征，以及由此而来的意识形态性质，就在于它总是力图抹去特殊性和个别性，把自己从关于苦难的"一种说法"，变成"唯一说法"。叙事的性质，决定了现代性"历史叙事"必须从单一的也是唯一的角度来寻找"苦难"的根源，以此推出它消除这种根源的历史行动的唯一性和绝对性。

《射虎者及其家族》的写作却体现为一个从单向度的线性"历史叙事"中挣脱出来，极力想要穷尽"家族史"上的一切苦难及其根源的"漫游"。正是这种挣脱"说法"而不断向着"存在"回溯的"漫游"，把力扬带进了"写作的黑洞"。作为开端，曾祖父一代的"家族史"，因为其单一性——同时也是偶然性——而与作为"说法"的叙事行为，保持了表面上的"同一性"。但是，越来越多的"历史事实"随着诗人"漫游"的步伐进入"家族史"之后，这种以偶然的单一性为基础的"同一性"幻象，很快就破裂了。力扬发现：越是逼近"家族史"的"真实性"，苦难的形态和根源也就越是趋于多样化，越加难以被化约为"一种说法"。《射虎者及其家族》的写作，因此变成了一个距离"叙事"的要求越来越远的离心化过程。

如上文所说，《长毛》及后来的反复改写，恰好说明这里的"历史事实"并未颠覆力扬的写作抱负。颠覆性的挑战，来自父母亲一辈的"历史事实"。末尾注明一九四四年"十月二十一日夜，北碚"写成的续篇《纺车上的梦》，在《诗文学》丛刊上以《射虎者及其家族续篇》为题发表时，被编为长诗第八章，并且特地通过正文之前的小序宣告了诗人继续从事《射虎者及其家族》写作的事实。

我们看到，也就是在这一章里，"由于他们底血汗的灌溉／由于他们底'勤劳'和'忍耐'底培养"，十年之后，祖父和祖母终于实现了自己的梦想：儿子成了秀才，盖起了新房，过上了"小康之家"的生活。祖父和祖母，终于完成了对"赤贫"的复仇——要知道，这可是当初压在大伯祖父、二伯祖父和祖父兄弟三人身上，比夺去了曾祖父性命的猛虎"更凶恶的敌人"。但"家族史"上的苦难，并没有因此而终结。

祖母，就是那个曾在第五章《白银》里，被迫流着眼泪，用战颤的手数出二十七圆的白银，交给了"恩赐贡生"的"我底祖母"，那个"老是用微笑和仁爱去接待着这个世界"的"我底祖母"，在第九章《童养媳》里，变成了咒骂、鞭打和虐待自家童养媳的恶魔，成了"家族史"苦难和不幸的根源。"我底父亲的第一个妻子",先是婆婆长久的折磨和虐待,接着又在刚生下"我底姊姊的时候"遭到遗弃,最终悲惨死去。

> 三十年的"活寡"的生活
> 留在人世上的是嘲笑、耻辱和酸辛
> 她底患着沙眼的眼睛
> 到她瞑目的日子也不曾看见过爱情
>
> 她不是生我的亲娘
> 但我爱她却远胜过我底母亲
> 我永远看见一个呼喊着复仇的
> 面影,站立在我底面前……

这还不算。当"我底父亲"遗弃了他的第一个妻子,迎来了第二个妻子也就是诗人的生母之后,祖母又"把所有的仇恨都给了母亲"。在这种仇恨的推动下,她甚至反过来"把人生最后的爱"都给了曾被她长久虐待过的童养媳,竭力想用"这爱去挑拨另一个仇恨"。祖母仇恨着儿子新娶的媳妇,祖父却偏爱着"他底汗血所培养出来的儿子"。种种的怨恨和矛盾错综交织,组成了诗人自幼生活在其中的《不幸的家》,随时"充满着斥责、诅咒和啼哭",随地"充满着指鸡骂狗的纠纷"。苦难的形态变了,根源也变了。诗人的思考和追问也随之发生了变化:

> 如果"家"会给人类带来幸福
> 何以我们底家偏偏是如此?
> 如果家不会给我们快乐和欢笑
> 何以人类又把"家"字写上历史?

初看来,当力扬把苦难和不幸的根源追溯到"家"的时候,"家族史"和"革命史"之间的紧张关系,似乎在现代"革命史"的终极目标之下,得到了和解的可能。按照一种更高级的宏大"历史叙事",以"消灭私有制,实现人类彻底解放"为目标的全球性无产阶级"革命史"叙事完全有可能，也有能力消除诗人遭遇到的"家庭之恶"。因为，正如我们所知道的那样，在这个远比中国"革命史"更为宏大的"历史叙事"里，人性也被当作一种特殊的历史性存在，变成了可以被改造、被完善的存在。以人性的不完善为根基的"家庭之恶"，最终将消失在未来理想社会的光明之中。

试探"另一种写法"

而事实上，只有预先获得在向未来敞开的现代线性时间轴上不断后退的特权，这个更为宏大的"历史叙事"才能承诺终将"彻底"消除人类社会的一切罪恶。质言之，"彻底"之所以理直气壮而充满了魅惑，秘密就在于它预先逃脱了"当下"兑现的现实要求，把自己变成了一个飘浮在真实历史经验之外的永恒"说法"。而力扬的问题却是：祖孙四代"家族史"上的苦难，如何在自己手里得到最终的复仇？诗人关心的问题是如何终结"家族史"的苦难在自然时间链条上不断繁衍、演化和变异的增殖性，试图找到"复仇"的最终武器。而关于人类"彻底"解放的"历史叙事"，却只能在现实经验层面上带来更多的延宕，以及随着延宕而不断繁衍、演化和变异着的苦难。

所以，尽管力扬很早就参与了旨在争取人类"彻底"解放的全球性无产阶级"革命史"事业，但直到最后一章《我底歌》里，"家族史"的苦难和不幸随着时间的自然延伸而不断增殖的事实，仍然困扰着诗人。新出现的"继母"与曾经折磨过祖先的贫穷一起，变成了压在新一代人身上的苦难。

> 我底弟弟们
> 在继母的嘎声的鞭挞下面
> 眼泪和怨恨一起滴上磨石
> 磨亮那祖传的镰刀
> 哭泣着，上山去采伐山毛榉
> 难道他们还不曾替祖先复仇的日子
> 自己却找到了新的仇恨？

曾祖父被猛虎吞噬之后，祖父兄弟三人尚未来得及为父亲复仇，就遭遇了"赤贫"这个更凶恶的仇敌。弟弟们在替祖先复仇之前，"自己却找到了新的仇恨"。更重要的是，这里的"新"，不仅仅是数量的增加，更是形态上的多样化。每一种新形态的出现都对现代性"叙事"的单一性要求构成了新的挑战。

"叙事"越是抽象，越是宏大，将丰富多样的历史事实化约为"一种说法"的能力越强，遭遇的"例外"也就越多，"说法"与"存在"之间的裂痕也就越大。回到《射虎者及其家族》的写作上，就是随着自然时间在线性轴线上的延伸，最初设想的"一种说法"，也就越加难以容纳"家族史"上不断增殖的苦难和不幸。祖母身上的"二元性"，《纺车上的梦》里出现的"懒惰的庄稼汉"与辛苦勤劳的"我底祖父母"们的对比，以及隐隐约约闪现在《不幸的家》《我底歌》等章节里，但却最终没有被诗人完整而清晰地呈现出来的"我底父亲"的复杂形象，都以自己在"家族史"上的真实性为根据，对"一种说法"的可能性构成了尖锐的质疑。

种种迹象表明，力扬曾经为此大费周章，甚至尝试过另起炉灶，从"革命史"的角度来探讨"彻底"消除个人"家族史"上那"永久的仇恨"的可能性。1942年"诗人节后一日"——即6月19日——《射虎者及其家族》"写完于陪都"。同年10月18日，诗人又在重庆《大公报·战线》副刊发表了长达160多行的《李秀贞——长诗〈哭泣的年代〉之一章》，描绘了出身贫穷，六岁就被卖给了村里南货店老板李隆盛的儿子做童养媳的李秀贞，长大后又被大少爷李南轩诱奸，随即遭到抛弃，最终在众人的冷言冷语中服毒自杀的悲惨命运。

收入诗集《给诗人》时，力扬将其改为《贫农的女儿吴秀贞——长诗〈哭泣的年代〉断片之一》，并在注释中对其来龙去脉做了简要的说明：

> 我于写成《射虎者及其家族》后，曾经写过另一长诗《哭泣的年代》，约一千余行，企图反映在封建制度的压迫和剥削下旧中国农民们所遭受的苦难。但全诗中以失败的章节居多，故未全部发表。全稿也早已遗失。这一章曾经发表于当时重庆出版的《大公

报》上，因而保留了下来。①

并在末尾标明了写作时间和地点："1942年夏天，于重庆歌乐山。"

结合发表时间和诗本身的相关内容来看，力扬后来添加的注释和说明应该是可信的。此外，考虑到"李秀贞"和"吴秀贞"的一字之改无关紧要，而作为"李隆盛"替儿子买来的童养媳，"吴秀贞"这个名字也比"李秀贞"更合乎旧中国乡村习俗。这里就僭越一下，用后来改订的《吴秀贞》为标题。

如诗人所说，《吴秀贞》关注的还是旧中国农民的苦难问题。写作时间则刚好在《射虎者及其家族》之后，"续篇"之前，但其"写法"却与《射虎者及其家族》截然不同。诗中人物被划分成了受害者吴秀贞，迫害吴秀贞的凶手李南轩及其帮凶两个界限分明的阵营。不难看出，这是最典型不过的现代中国"革命史"叙事模式，"坏人／富人"是苦难的根源，"好人／穷人"则以自身的受难向不合理的社会发出控诉，召唤"革命"的到来。

从"大胆假设"的角度来看，吴秀贞的童养媳身份及命运，显然与"义集版"《射虎者及其家族》第九章《童养媳》里那永远"呼喊着复仇的面影"不无关系。用甜言蜜语引诱，随后又抛弃了吴秀贞的李南轩，则与《不幸的家》《我底歌》等章节里含糊不清的"我底父亲"的形象颇多相通之处。我们看到在《童养媳》里，力扬曾明确站在母亲一边，用"遗弃"二字，表达了对"我底进了秀才的父亲"的强烈不满。《不幸的家》在描述"我底父亲"与生母的恋爱关系时也包含了明显的不愉快：

> 当那个年轻的绅士我底父亲
> 飘着秀才的蓝衫
> 行走过一个热闹的市镇
> 就用他底仪表和虚荣恋爱了我底母亲

这种不快，虽然无法与《吴秀贞》里满腔愤怒的控诉相比，但在"我底父亲"四个字面前，分量显然不能算轻。更重要的是，"我底弟弟们／在继

---

① 《给诗人》（作家出版社，1955年）第80页，注释1。

母的嘎声的鞭挞下面"等诗行也暗示了一个未曾展开的家庭悲剧。

没有理由断言《吴秀贞》里的"李南轩"就是《射虎者及其家族》中的"我底父亲"。但可以肯定的是，力扬把无法在《射虎者及其家族》中——具体而言，就是在"我底父亲"身上——得到充分表达的种种复杂感情，利用"革命史"叙事模式投射到了"李南轩"身上。进而，又反过来遵照后者的要求，放大了"李南轩"的"罪恶"，将其塑造成了反动地主阶级的"典型"——正如吴秀贞被塑造成了受迫害的旧中国农村妇女"典型"。

这就是说，在开始《射虎者及其家族》的"续篇"写作之前，为了避开"我底父亲"等人的"真实性"问题带来的困扰，力扬曾经尝试过根据"革命史"的"正当性"的要求"虚构家谱"，将"我底父亲"从"家族史"上真实而丰富复杂的存在，改写为"革命史"所需要的阶级"典型"。但遗憾也好，幸运也罢，最终的事实是：一千多行的长诗《哭泣的年代》，"以失败的章节居多，故未全部发表。全稿也早已遗失"。我们今天能够看到的就只有《吴秀贞》。既然已经完成了"约一千余行"，"失败"二字，当然就只能是就艺术性而言。质言之：在已经完成一千余行的长诗《哭泣的年代》里，从诗歌艺术的角度来看，"以失败的章节居多"。

诗歌艺术上的"失败"让力扬抛弃了《哭泣的年代》的"革命史"写作模式，重新回到了《射虎者及其家族》的"家族史"写作模式上来。"诗艺的正当性"，扭转了革命的"历史正当性"。诗歌"艺术的力量"，在这里得到了最恰当的诠释。"现实主义"的诗性正义，再次让力扬回到了以"家族史"的"真实性"为立足点的"写法"上。①随之，它也就再一次陷入了永远无法弥合的"真实性"与"正当性"、"存在"与"说法"的争执之中。于是很自然地，我们在两年之后，看到了"续篇"《纺车上的梦》，以及全诗"约七百余行即将陆续发表"的预告，以及《射虎者及其家族》迄今仍然"未完成"等顺理成章的事实。

直到最后一章《我底歌》里，诗人仍然停留在思索的途中，未曾像一般人想象的那样，找到并且踏上了"正确的道路"。在这里，贫穷仍然是最大

---

① 如前所述，力扬曾经将长诗未能完成的原因，归结为自己早已经离开家乡，对家乡和家族在抗战时期发展和变动等情形"无从体验"，仅凭想象，"一定写不好"而作罢。

最根本的敌人，它遍布世界的每一个角落，人生的每一个时刻，最终使得人类反抗贫穷的行为本身也变成了它的一部分。诗人自己也同样牢牢地被祖先的仇恨牵引着，保持在思索的道路上。

> 我是射虎者的子孙
> 我是木匠的子孙
> 我是靠着镰刀和锄头
> 而生活着的农民的子孙
> 我纵然不能继承
> 他们那强大的膂力
> 但有什么理由阻止着我
> 去继承他们唯一的遗产
> ——那永久的仇恨？
> 二十年来，我像抓着
> 决斗助手地臂膊似地
> 抓着我的笔……
> 可是，当我写完这悲歌的时候
> 我却又在问着我自己：
> "除了这，是不是
> 还有更好的复仇的武器？"

这"永久的仇恨"始终保持在混沌未分的自然状态。它植根于人与自然的矛盾，从曾祖父被虎搏噬那一刻开始成形，中间又添加了同宗"恩赐贡生"的压榨，太平天国溃兵的杀戮，可怕的传染性疾病，等等，最终以被叫作"贫困"的可怕之物的形式定格在家族的历史中，定格在诗人的血液里。换言之，诗人的复仇对象，依然潜涵在作为复仇者的诗人自己的身体里，没有被彻底外化或投射到他者身上。在这个意义上，结尾处关于"更好的复仇武器"的思索，仍然是关于"如何复仇"的思索。

诗人力扬，仍然没有，自然也不可能，回答人类的苦难问题。篇幅的添加并没有解决诗人的问题：面对苦难，"是不是还有更好的复仇的武器？"力扬涉及的，实际上是人类的生存论问题，而不是知识学的，更不是现代性诗歌叙事领域的问题。《射虎者及其家族》也就毫不奇怪地成了一部永远无法写完的作品。

今天看来，《射虎者及其家族》的"未完成性"，不仅刷新了我们关于"皖南事变"之后的"文学转向"的流行想象，更重要的是它也成了我们重新思考"诗性正义"如何可能的一个契机。

原载段从学主编《新诗文本细读十三章》，清华大学出版社2017年9月第1版，第78—105页。——编者注

力扬佚文《一首诗的完成》考释

扈琛

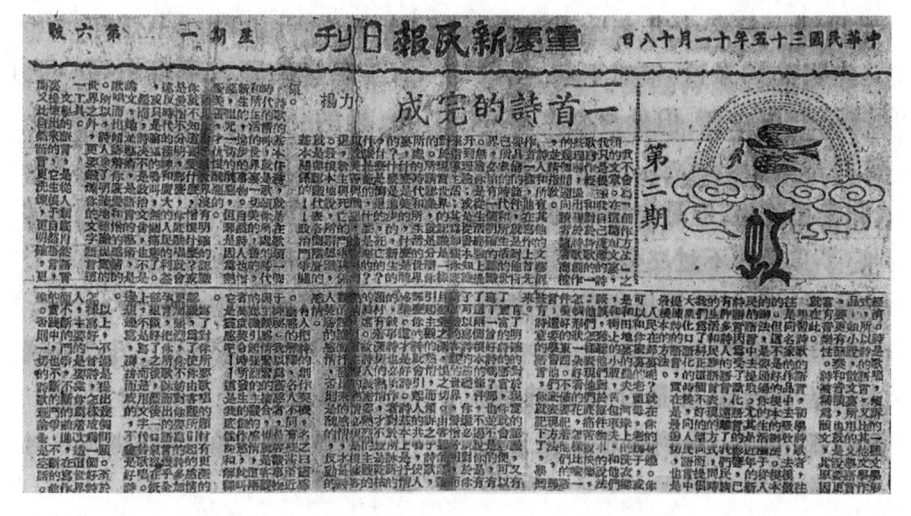

力扬《一首诗的完成》,原载重庆《新民报·虹》1946年11月18日第3期第6版

诗人力扬虽在现代文学史、中国新诗史中被屡屡提及,但却少有深入论述。在专论研究方面,除刘怀玺的《力扬诗歌创作刍议》、吴子敏的《评力扬的诗》、段从学的《论〈射虎者及其家族〉的"写作"困境》等文章外,尚未有系统研究。2008年,中国社会科学院科研局组织编选的《力扬集》,较为全面地反映了力扬"诗歌创作和诗歌理论探究中所取得的成绩"[2],但仍有部分重要诗论未被收入其中;2021年,季嘉编撰的《力扬年谱画传》进一步补充了《力扬年表》的未尽之处,但在作品发表历史的梳理上仍存在部

---

① 作者单位:武汉大学文学院。基金项目:国家社科基金重大项目"中国新诗传播接受文献集成、研究及数据库建设(1917—1949)"(16ZDA186)阶段成果。

② 季嘉:《编后记》,中国社会科学院科研局组织编选:《力扬集》,北京:中国社会科学出版社,2008年,第530页。

分疏漏。笔者在搜集材料时，即新发现一篇力扬的佚文《一首诗的完成》，此文在《力扬集》《力扬年表》以及《力扬年谱画传》中均未见收录或提及。

一

力扬的新诗创作开始于1933年。抗日战争爆发后，力扬先后辗转南京、长沙、武汉、衡阳、桂林等地，后于1939年到达重庆。1941年年初，又因皖南事变从重庆撤离至湖北恩施。1942年春，力扬再次返回重庆，并进入陶行知创办的育才学校担任文学组主任，开始了他长达6年的山城生活。黑暗的社会现实以及激烈的政治斗争激发了力扬的创作热情，也迎来了其新诗创作的爆发期。在渝期间，力扬先后发表了以《射虎者及其家族》为代表的新诗作品43题，占其民国时期新诗创作的63%[①]，并出版有新诗集《我底竖琴》(1944年)；同时，他还与重庆文艺界保持着密切的联系，积极参与文化出版工作，担任过《文学月报》、重庆《新民报》文艺副刊等编委职务，其作品大量发表于《新华日报》《新民报》《新蜀报·蜀道》《国民公报》《青年文艺》等报纸刊物。

刊登力扬佚文的《新民报》于1929年创刊南京，后因战迁至重庆。1938年复刊于重庆的《新民报》日刊，是与《新华日报》《时事新报》《中央日报》《扫荡报》《大公报》等齐名的重要报纸。在"主刊拉客，副刊留客"的办报策略下，重庆《新民报》主持、出版了大量文艺副刊，其中既有《血潮》《最后关头》《大时代》《万方》《呼吸》《西方夜谭》等存在时间长、影响范围广的重要副刊，也有类似《虹》《学生周刊》《妇女周刊》等昙花一现未能引起关注的一般副刊。作为重庆《新民报》的文艺副刊之一，《虹》创刊于1946年11月4日，终刊于1947年3月17日，每逢周一出版[②]，前后仅持续出版4个月，共发行20期。期间虽有郭沫若、何其芳、唐弢、孙伏园、柳

[①] 据《力扬集》中的新诗收录情况统计，力扬自1933—1949年共计创作新诗68题。其中，在1933—1939年间创作新诗16题；1939—1947年间创作新诗49题(在恩施创作6题，在重庆创作43题)；1947年离开重庆至中华人民共和国成立前仅创作新诗3题。

[②] 在这一时期，重庆《新民报》曾同时出版7个副刊，均为周刊。其中周一为《虹》，周二为《学生周刊》，周三为《妇女与儿童》，周四为《科学世界》，周五为《文教论坛》，周六为《人间乐园》，周日为《星期漫画》。《本报周日程》，《新民报·虹》1947年3月3日第18期。

倩、力扬、吕剑、林如稷、许寿裳等文化名人发文助阵,但无论是在刊物影响力还是续存时间上都略显不足,因此容易被学界忽略,致使力扬的文章散佚。

二

1946年11月18日,重庆《新民报·虹》第三期第六版刊登力扬的佚文《一首诗的完成》①,原文照录如下:

  我不会写"创作方法"之类的文章。在这篇短文里,我只是根据我自己浅薄的诗歌写作经验和对于诗歌的一些理解,提出关于诗歌创作的几个问题向读者诸君商榷,并请指教。
  诗人和所有其他的文艺创作者一样,他在写作上首先要具备的条件,就是对自己所处的时代和所生活的世界,必须有一个明确的认识。无论你是从生活经验上提升到理论;或是从书本知识来指导生活;其为加强你底对于现实世界的认识是一样的。所谓认识,就是分辨你所处的时代和所生活的世界里,什么是美的,什么是丑的?什么是进步的,新生的,什么是倒退的,死亡的?什么是善的,什么是恶的?以及美善与丑恶,进步与倒退,新生与死亡的斗争关系。最根本地说,所谓认识,就是要认识代表各个阶层的基本关系的——政治斗争关系。
  诗歌的基本任务,就是在歌颂一个时代的精神,就是歌颂你所处的时代和所生活的世界里一切美的,善的,新生的,进步的事物。自然诗人也憎恶,诅咒一切的丑恶,但那是因为热爱美善,才仇恨丑恶的。
  如果你对于这世界没有明确的认识你就不知道喜爱什么,憎恨什么?或是爱憎不分明,那么,你底歌唱就会违反时代的精神和广大的人民的利益,或只是嗡嗡的鸣叫,无关痛痒了。
  然而,诗绝不是政治文告,也不是论文,她是艺术,是语言的

---

① 力扬:《一首诗的完成》,《新民报·虹》1946年11月18日第3期。

艺术，是歌唱而出倾诉着你底爱和憎的感情的。所以，诗人除了明确地认识现实的世界之外，更要锻炼你的文字语言这一工具。

文学的语言，是从人类底自然语言里提炼出来的，它生根于自然语言，而又比自然语言更洗炼，更明确，更经济。诗是歌唱，倾诉的一种文学形式，所以诗的语言，又比其他文学作品，如小说，散文里所用的文学语言，要更有节奏和音韵，也就是说要更富有音乐性。诗被称为韵文，其原因就在此。

学习诗歌的语言，初学诗歌者，往往是向名家的作品中去吸收，去模仿的。但这不是好的根本的办法。根本的办法，是要通过你的生活圈子从人民的语言中去提取。尤其是近年的新诗语言因为受了欧化语言的影响，已有许多诗人的语言，远离了我们民族的生活和民族语言表现的方式，同时我们为了纠正这个不好的倾向而提倡大众化口语化的时候，向人民语言中提炼诗的语言，实在是最迫切，也是最根本的方法。

人民在那里呢？就在你的身边。你可以和你家里的老祖母，老妈子，或是和田地里的农夫，河岸上的洗衣妇，和街上的小贩，黄包车夫。和他们谈谈，听听他们对于每件物事的说法：他们怎样表现他们底痛苦或快乐，怎样形状一朵好看的花，怎样比喻一件美好的东西。不仅要记着他们的语言，还要学习他们底表现方法，那些有诗意的语言，你就记下了，学回来。

有了明确的对于现实的认识，又有了丰富的诗的语言，你就会随便可以写下一首好诗吗？那也并不是的，有了这两个根本的条件，不过说你是有了可以写诗的基础，你还必须对于你新认识的客观的世界，爱憎分明，而且要爱之深，恨之切。由客观的认识引起主观的热情，而倾诉之于诗歌，那么你的诗就会引起人的共鸣，使人感染。这才是好诗。诗基本上是抒情的，叙事诗也必须作者对于所咏诉的题材有着深切的热情，才不致是干枯的叙述。故诗人诚需要热烈的主观的热情，但（这）主观的热情必须是根据客观的认识而抒发出来的感情，才是诗人美善的感情。否则是丑的，反动的感情。

有人把诗的创作契机，名之曰灵感。灵感的解释，个人不同，有些甚至近于神秘。我以为灵感者，是客观事物与主观感情紧紧的接合，也就是客观的认识引起强烈的主观的感情，这两者高度契合时所发生的创作欲，就叫它是灵感吧——这是我底体（验）和解释。

为了对你所要歌唱的题材有更深的认识，为了使你由客观所引起的感情更加强烈，你不妨对你要写的诗多加孕育，把你所歌咏而出的语言几乎全部组织好了之后，然后一口气写在纸上，不是写，而是用文字代替歌唱。边想边写，凑拼而成的，不会是好诗。

以上，不过是提出几个问题。至于怎样写好一首诗，怎样成为一个好诗人，主要的是要靠你为着改造这世界而不断的斗争，不断的前进，在写作的实践中，也不断的斗争，不断的前进。否则一切的诗歌理论全是空话。

三

笔者确认此文为力扬佚文主要基于以下几点证据。

首先，该文在《新民报·虹》刊登时即著名"力扬"。其次，据《力扬年表》记载，1946年7月15日，"艾芜主编的《萌芽》杂志创刊，力扬为编委。同时他还主编《新民报》的《虹》与《每周文艺》两个专刊"[1]；季嘉编撰的《力扬年谱画传》记载，1946年冬，力扬"被聘为重庆《新民报》文艺副刊编辑，并任民盟重庆支部候补委员"[2]；陈铭德、邓季惺的《〈新民报〉二十年》中也有"力扬编文学周刊——《虹》"[3]的记录。可见，力扬当时正负责《新民报·虹》的编辑工作，因此在《虹》上发表自己的文章"抛砖引玉"也属情理之中。同时，除《一首诗的完成》之外，他还在该刊中发表过另外一篇文章《清扫色情文化》[4]，二者均刊于《虹》的头版头条位置。再次，1942年后，力扬先后在育才学校、社会大学（夜校）从事文学教育工作，并在1946年1月讲授"诗与写作"课程。佚文的新诗创作指导属

---

[1] 中国社会科学院科研局组织编选:《力扬年表》,《力扬集》,第523页。
[2] 季嘉:《力扬年谱画传》,《新文学史料》2021年第3期。
[3] 陈铭德、邓季惺:《〈新民报〉二十年》,中国人民政治协商会议全国委员会文史资料研究委员会编:《文史资料选辑》(63),北京:中华书局1997年,第156页。
[4] 力扬:《清扫色情文化》,《新民报·虹》1946年12月23日第8期。

性，也与力扬此时的教学经历一致，或是由其课程讲稿整理而成也未可知。最重要的是，该文在内容和观点上与力扬同时期的其他诗论文章高度互文。

在《一首诗的完成》中，力扬从政治斗争、诗歌语言、创作契机等方面梳理了其现代诗学理念，与在此之前发表的诗论《今日的诗》（1940年1月1日《读书月报》第1卷第11期）、《谈诗底形象和语言》（1940年2月24日《新华日报》）、《关于诗的民族形式》（1940年3月15日《文学月报》第1卷第3期）、《我们底收获与耕耘》（1942年10月《诗创作》第15期）、《诗人·人民》（1945年6月14日《新华日报》）中的诗学观念如出一辙。此外，1946年1月30日，力扬还曾在《新华日报》发表《伤兵吴有贵和他的诗》，其中在描述《当兵的》一诗的成诗经过时，就记述到"请他（吴有贵）坐在我们收发室里，他边念，我边记。标点和注释是我加的，分行和分段，都依照他当时的语气停顿"[①]，这种作诗的方法，也是佚文中向人民学习诗歌语言方法的直接实践。在1946年6月发表的《写在黎明》中，力扬"无论是要加强你对客观世界的认识也好，或是要燃烧你的主观热情也好，离开人民，离开人民的斗争的实践，你将会徒劳无功的。而这两者的密切的结合和统一，也只有通过斗争的实践，而后才能得到和谐和升华，而你的诗也才会是有生命、有内容的诗，才不会比一只木桶对人类更没有用处"[②]的观点，也与佚文中对政治斗争的强调、对新诗创作契机的总结相同。因此，《一首诗的完成》确为力扬佚文无疑。由于该文发表于抗战胜利后的1946年，此时力扬"更多地参加民主运动和文化运动的实际工作，写诗并不多"[③]，自1933年开始写诗至1964年去世，"力扬共发表诗歌约120首"[④]，绝大部分新诗作品的创作时间也都集中于民国时期，《一首诗的完成》也就成为其新诗创作经验与现代诗学观念的阶段性总结。

值得注意的是，《一首诗的完成》具有明显的新诗创作"教育"属性，它在总结力扬个人创作经验的基础上，更侧重于对具有可操作性的新诗创作方法的指导。这种对新诗创作方法的阐述和梳理，固然与力扬从事的教学工

---

① 力扬：《伤兵吴有贵和他的诗》，《新华日报》1946年1月30日。
② 力扬：《写在黎明》，《力扬集》，中国社会科学院科研局组织编选，第350页。
③ 吴子敏：《评力扬的诗》，《文学评论》1993年第5期。
④ 刘怀玺：《力扬诗歌创作刍议》，《浙江师范大学学报（社会科学版）》1988年第4期。

作有关，也与20世纪40年代战争语境对诗教的需求相连。"诗教是借《诗经》言志，其方式是赋诗、教诗和引诗"①，讲授诗歌是传统诗教得以实现的主要方式。然而，在诗教传统的现代转化中，作为现代诗教阐释对象的新诗仍处于发展建构的关键时期，换言之，现代诗教的实施并无固定的底本可依。这就导致"教诗"不再局限于讲授既有新诗的意义、内涵，而是更进一步延伸到对适应现代诗教需求、具备社会革命动员功能的新诗的创作指导。力扬本人也认为"在民族解放战争更艰苦地进行着的现阶段，文学的任务必然地要加重加深，她不仅要号召着组织着更广大的人民起来为最后的胜利而斗争，而且要在工农士兵的群中养育出多量的有才能的作家，创造优秀的作品，使中国的文学发展到更高的境地"②，诗人的使命不再局限于对时代、现实、政治的歌唱，同时也担负着引导更多民众直接参与到新诗创作中来的职责。《一首诗的完成》在相当程度上系统回答了新诗"写什么""怎么写""何时写"的问题，为战争语境中读者尝试新诗创作提供了基本路径。

总之，佚文《一首诗的完成》的发现，总结了力扬的新诗创作经验，补足了力扬的新诗理论文献，对于研究其现代诗学观念，编纂力扬年谱、传记具有重要意义。

原载2023年5月《新文学史料》第2期，第158—162页。——编者注

---

① 方长安：《中国诗教的现代转化及其当代传承》，《中国社会科学》2019年第6期。
② 力扬：《关于诗的民族形式》，《文学月报》1940年3月15日第1卷第3期。

序跋

散文篇

《中国新诗选1919—1949》代序："五四"以来新诗发展的一个轮廓（节选）

臧克家[①]

一九四一年皖南事变以后，由于蒋介石连续发动反共高潮，对抗战的革命力量加紧了压迫与摧残，国内政治空气马上沉闷了起来，在国民党统治区的革命进步的作家受到压迫和种种苛刻的待遇。诗人们也都带着失望和愤懑，抗议黑暗的反动统治，抗战初期的那种初升太阳似的心境，罩上了浓黑的云幕，激情退潮了，不少诗人用比较清明深沉的情感创造长诗。但由于诗人对现实生活把握得不够，对于这样大的题材一时还拿不大动，所以产生出来的东西，并不能反映那个时代的精神面貌作为一件艺术品留传下来。倒是以比较熟悉的劳动人民的悲惨生活和斗争为题材的长诗，还有写得比较出色的，力扬的《射虎者及其家族》就可以作为例子之一。

一九五四年十一月十四日写成

原载臧克家选编《中国新诗选1919—1949》，中国青年出版社1956年9月出版，代序第30页。——编者注

[①] 臧克家（1905年10月8日—2004年2月5日），山东潍坊诸城人，著名诗人，曾用名臧瑗望，笔名少全、何嘉。国立山东大学知名校友。第一部诗集《烙印》，主要讽刺诗集《宝贝儿》，短诗《有的人》被广泛传颂，曾任《诗刊》主编，中国诗歌学会会长。中国民主同盟盟员。全国人民代表大会第二、三届代表，全国政协第五、六届委员，第七、八届常务委员，中国作协第一、二届理事，第三届常务理事、顾问，第四届顾问，第五、六届名誉副主席，中国文联第三、四届委员，第六、七届荣誉委员。——编者注

《中国新诗库（六集）·力扬卷》卷首

周良沛[①]

力扬（1908年12月—1964年5月），浙江省青田县高湖乡人。原名季信，字汉卿。1929年，考入国立西湖艺术学院学习绘画，那正是后来成为新诗大家的艾青离开这个学院的时候，但他俩先后都受教于艺术大师林风眠。学习期间，在鲁迅的影响下，与进步同学组织了提倡革命美术的社团"一八艺社"，为负责人之一。该社主要成员后来都成为中国左翼美术家联盟的骨干，他为执行委员之一。九一八事变时，他在学校组织抗日救亡团体，并任学生自治会主席，因宣传抗日，反对国民党当局消极抗日，积极反共，被校方开除。去上海后，他积极参加地下党领导下的左翼美术活动。由于反动当局的白色恐怖，这时"中国左翼美术家联盟"的活动难于正常展开，富有斗争经验、长期与反动派进行韧性斗争的鲁迅先生，一方面鼓励"左翼美术家联盟"的成员改变活动方式，组织轻装机动的美术社团、灵活多样地各自为阵地的发展左翼美术活动。这时，他与先后同学，原名蒋海澄，这时化名"莪伽"的在一起了。在鲁迅、冯雪峰的支持下，他和江丰、艾青等人"在上海萨坡赛路（西门路）丰裕里四号二楼，租到了一间房子，作为美术青年们的活动场所。1932年5月22日，由艾青起名的，由力扬手书的白底黑字的'春地艺术社'的木牌正式挂上了丰裕里四号的门口"。办社经费，是大家凑的。其中包括鲁迅资助的20元。"除去交房租和供应唯一的模特儿兼公务员——一个山东籍的老陈头每月十元的生活费以外，教员无分外收入。画室陈设亦极为简陋，只有三四具木制画架，一只小小的写字台，一条凳子，加

[①] 周良沛，1933年生于江西井冈山地区永新县，1949年4月底，随横渡长江的大军南下，19岁始在《文艺报》《人民文学》等报刊发表作品。笔耕60余年，著有诗论、诗选集、长篇传记、散文等。独自编写十大卷《中国新诗库》等系列工程。为国际笔会中国中心成员，世界华文文学联会理事，中国作协台港澳暨海外华文文学联络委员会委员，北京《诗刊》编委、香港《海岸线》执行编委等。——编者注

上不知从哪里借来的一块小黑板，学生们上课则席地而坐。"①"春地艺术社"的第一个大型活动"春地画展"在社会上引起强烈的反响。6月26日在上海八仙桥基督教青年会楼上展出的画展，100多幅作品多是描绘人民大众的苦难、挣扎、呼号和奋斗的画作。还有鲁迅先生珍藏的德国女版画家凯绥·珂勒惠支的《农民战争》《织工暴动》两幅名作送来借展，使这个画展，具有强烈的予人启迪的激动和深思的力量。画展的成功，引起反动派的恐慌与注意。"7月12日晚上，正当艺术社在上世界语课的时候，突然被一批法租界巡捕房的侦探包围，13个美术青年（其中一人是敌人派进来伪装成'学员'的暗探）同时被捕。"力扬和周熙（江丰）、艾青、于海、李岫石、季春道等遂被押上囚车，关进了位于建德路和思南路交界的上海市法属第二看守所。国民党江苏省高等法院第三分院刑事科的起诉以及判决书的诬告则是"……从所内搜出之美联四月份工作、美联章程、名单登记表及历次会议记录，并按期发行美术画报等大宗宣传品，认定'春地美术研究所'即为左翼美术联盟之机关，且系以危害民国为目的而组织之机关，并有宣传与三民主义不容之主义之行为……"并以"危害民国紧急治罪法"②治罪……现在，由这些资料可以看到，力扬在早期左翼美术运动中，是位勇敢的战士。

　　他在上海曾两度被捕入狱。在这之间，两位先后受教于林风眠的美术青年，他和艾青，并未相识在他们终生敬爱的老师面前，却相知在左翼美术运动中，为此身陷囹圄，铁窗相隔，心有灵犀，竟然不约而同地写起诗来。为什么如此，力扬没有留下有关文字，艾青后来写道："我过的是囚徒的生活。我和绘画几乎完全断了关系。我自然而然地接近了诗。只要有纸和笔就随时可以留下自己的思想感情。我思考得更多、回忆得更多、议论得更多。诗比起绘画，是它的容量更大。绘画只能描画一些固定了的东西；诗却可以写一些流动的、变化着的事物。"③于是他们流动的思想流动在诗笺上，为诗坛崛起了两位各具艺术个性的诗人。

　　抗击日本侵略者的侵略，民族解放战争的烈火燃遍大江南北。力扬来到重庆，在郭沫若领导的国民党军事委员会政治部文化工作委员会工作，任过

---

① 杨匡汉、杨匡满：《艾青创作五十年纪历》，见《新文学史料》16期（1982年8月22日）。
② 杨匡汉、杨匡满：《艾青创作五十年纪历》，见《新文学史料》16期（1982年8月22日）。
③ 艾青：《母鸡为什么下鸭蛋》，《人物》杂志1980年3期。

《文学月报》编委。1941年1月，震惊中外的皖南事变，蒋介石反诬新四军为"叛军"，以其血腥的暴行，再次掀起他们的反共高潮。为此，力扬一度离开重庆，到湖北恩施，在第一女师任教。这一次，他自己都数不清是第几回为白色恐怖而亡命在外，但这一次，他在为革命再次遭受的挫折而流离的生涯和不安的心情中，认真地思考了中国革命及农民问题，翌年回到重庆时，写出了他著名的长诗《射虎者及其家族》，并在陶行知先生创办的"育才学校"任教，担任过"中华全国文艺界抗敌协会重庆分会"理事和《新民报》文艺副刊编辑，积极参加重庆的民主活动和文化工作。抗战胜利后，他于1947年随"育才学校"复员到上海。同年冬，赴香港，任中国民主同盟港九支部委员兼宣传部部长，并任香港中业学院文学系主任。1948年3月加入中国共产党，同年冬，到晋察冀解放区，入马列主义学院学习。1951年于该校毕业，留任为国文教员。1953年到中国科学院文学研究所工作，先后任秘书主任、研究员，主要研究李白、杜甫等中国古代诗人，并参加《中国文学史》的编著工作。

《中国文学家辞典》上说："力扬在中学时代就开始写诗。"然而，目前可以看到作者公开的作品，还是在1933年写狱中生活的，是其最早的作品[1]。他有诗集《枷锁与自由》（无出版单位，1939年4月）、《我底竖琴》（昆明诗文学社，1944年9月），代表作《射虎者》1948年曾由香港新诗歌社出版，1951年上海新文艺出版社再版这一长诗时恢复了它最初发表在《文艺阵地》时的题目《射虎者及其家族》。中华人民共和国成立后，他将自己1933年至1953年的诗作编成选集《给诗人》（作家出版社，1955年）。1960年，又将中华人民共和国成立后的诗作编成诗集《美好的想象》，后未出版。此外，还写过《关于诗》《关于诗的民族形式》及《论杜甫诗歌的现实主义》等论文。

艾青为自己学绘画却写了诗，幽默地说是母鸡下了鸭蛋，同样是学绘画也写了诗，而且是同艾青一样在监狱中放下画笔拿起诗笔的力扬，他与艾青，从某个角度看，是这么相同，但他俩写的诗，又这么不同。

---

[1]《艺海诗风——国立艺专诗选》（郑朝编，中国美术学院出版社，2003年11月第一版），曾收入力扬（季春丹）作于1928年的旧体诗词《如梦令》一首："窗外缠绵寒雨，／织就千愁万绪。／一幅小红笺，／寄不尽心头事。／相忆，相忆，／人远天涯尺咫！"——编者注。

艾青的绘画，当时在"春地画展"上展出的作品，是法国抽象派的玩意儿，但他在铁窗中写出的成名作，是他想起用自己的乳汁喂养了地主的儿子，受着"数不清的奴隶的凄苦的《大堰河》"。是"切着冰屑悉索的萝卜""用手掏着猪吃的麦糟"这样细节极其具体的写实，是"给予这不公道的世界的咒语"。而力扬在牢里，是从夹在旧书中一片枫叶激起诗的灵感——

  在这初秋的狱里的黄昏，
  夕阳底酡颜偎着赤砖的围墙。
  碧空虚阔地展开了幅员
  茫茫的倒悬的无浪的海啊……

这首《枫》的一开头，就是用色彩涂抹的一幅画；画家还是画家，是用诗笔——换了画具在画画。那夕阳的酡颜和虚阔的碧空，是色彩很鲜明的对比，而牢房"赤砖的围墙"也是风景，它的赤红与夕阳的酡颜，又是同一基色中分出的层次感。一句"茫茫的倒悬的无浪的海啊"，到底是囚徒的浪漫，还是要给人诗的想象啊。这位画得很实的画家，写的诗，自然不像他的画，同样也不会是艾青那抽象画似的诗，更不是艾青在《大堰河》中的那种写实风。

  在那辽远的异乡
  娇慵无力的少妇般的西湖，
  我曾经孤独地以深红的色彩，
  图绘着金沙港上红树底颜容。
  北高峰底翠微做烘托的背景，
  树荫下是低的茅屋、蹲着的摇尾的狗，
  菜田里的农妇飘扬着白的头巾、青的裙裳。
  这良辰美景呵，
  也曾唤回我幼年的快乐的残梦；
  也曾诱惑我去追随自然底行踪；

> 也曾使我唾骂过发明蒸汽机的瓦特
> 与发现电力的安迪生,
> 他们留下多么的愚行啊——
> 使天空弥漫着煤烟的黑雾,
> 奔驰的汽车把路旁的小草蒙上尘土的面纱。
> ……

在这里,作者对待瓦特和爱(安)迪生的态度,很容易让人想到俄国诗人叶赛宁(1895—1925),他就反感闯进他想象中的田园牧歌里之马达和蒸汽机的轰鸣。最后他自杀的原因是很复杂的,但他乌托邦式的幻想破灭的痛苦,那个社会是无法为他负任何责任的,即使他在那个时代就已先觉到工业污染的危害,那么,也不能舍本求末,可以在现代社会排斥工业,只唱牧歌,而能得到社会的发展和进步。力扬写出这种叶赛宁式的诗情时,正是以一位左翼革命画家的身份坐在反动派的大牢里,确实是很尖锐地表现出作者思想极度的矛盾。也许作者是在这些梦幻似的想象中借以摆脱牢狱之苦,诗的语言、色彩、意象,显然都是经过经心的安排,如"小草蒙上尘土的面纱"这样的语句,其尘污和"面纱",本来是无法进行类比的,而这"尘土"又是作者"唾骂过"的现代机械的汽车扬起使原野自然的面貌弄得足以使叶赛宁式的诗怀之伤心事,那么,这尘土就更无法与那使妇女的庐山真面目若隐若现的面纱好比,但作者这样去写,显然有种唯美的东西使之如此。这些,都使力扬与艾青在同一时期、同一环境、同一条件下,还同样写着故乡——江南农村的诗,却无法取得同样的效应。

但,抗战的洗礼,显然已使他从牧歌的梦中醒来。他的《给诗人》道:"……请不要忘记人类底悲苦和灾难,当你那些亲密的兄弟,为我们明天的幸福而战斗着的晚上,你能守住你的妻子对着炉火安眠?……"而且,他是弃了牧歌唱战歌——

> 奴隶们,在风暴里
> 勇敢地扭断锁链,

驰向亚细亚的海岸,
迎击着夜袭的海盗。

而且,将举起
浴血的巨臂,
迎向东方的黎明,
呼唤着新生的太阳。
　　　　　　——《风暴》

　　这对力扬,确实是了不起的变化,与他早期的诗风相比,是个强烈的反差。但是,这也毕竟是个新的开始,高亢有余,深沉不足,情绪外在的表达,总是无法替代那全民抗战"风暴"的力量之深广的内在开掘与表现。
　　皖南事变,白色恐怖,亡命在外的人生体验,使他对自己的命运、革命的前途,有了更深的思考——

我是射虎者的子孙,
我是木匠的子孙,
我是靠着镰刀和锄头
而生活着的农民的子孙,
我纵然不能继承
他们那强大的臂力,
但有什么理由阻止着我
去继承他们唯一的遗产
——那永远的仇恨?
……
　　　　　　——《射虎者及其家族》

　　当然,不能将文艺作品中的第一人称,简单地看作作者个人生活的自述,但它绝对是作者对现实,也是对这种现实形成根本问题的思考,以及对它怀着强烈的感情的表达。人民——一代一代继承下的先人的遗产,不都是那"永远的仇恨"吗？这是现实，又是历史，是几千年的封建剥削、压迫下的广大底层的群众，所唯一可得到的，又是为他们终生之不幸而唯一可以用以回答的东西。这《射虎者及其家族》，作者虽写明它是太平天国一场起义失败时的故事，也正似他们一代一代继承同样的遗产一样，都是同样的悲剧的延续和重演。它可以是久远的故事，又是眼前血泪的现实。造成射虎者及其家族一代一代的贫困、受疾病等等天灾人祸的不幸，和在现实中诗人在白色恐怖下的不幸，其根子不都是一个么？虽然在不同年代、不同地方，反人民的人物、阶级，也会变化他们姓名的符号，甚至也会有各自的个性差别，但他们世代共有的阶级本性也是他们的遗传基因，也才使千千万万射虎者的后代在中国有千年受压迫的历史，那射虎者——

……

他射虎，
卫护了那驯良的牲畜，
牲畜一样驯良的妻子
和亲密的邻居。

射虎者
射杀了无数只猛虎，
他自己却在犹能弯弓的岁月，
被他的仇敌所搏噬。

他的遗嘱是一张巨大的弓，
挂在被炊烟熏黑的屋梁上；
他的遗嘱是一个永久的仇恨，
挂在我们的心上。

先人的"仇敌"是虎，那后人得到的"遗产"——"仇恨"所仇视的，正是一个猛于虎的旧世道，由此，这虎和射虎者，就无疑地具有一种喻义和象征了。然而，使他的诗直面——是如此地直面人生的，又毕竟是如此的生活之严酷的本身，使诗人在被它所磨炼之中的严肃、认真的人生思考而表现于诗时，自然无法与那些唯美的东西结缘，某些诗中容易出现的浮华之气，也荡然无存。他的诗笔之写实，也像生活对诗人之严酷那么"实"得一样。不似绘画式的用"赤砖""酡颜"分出色彩的层次，却写出道地的中国农村的色彩。当诗人写到"伯祖父"被"瘟症"所"战败"后——

> 没有妻子的捶胸的哭泣，
> 没有儿女的眼泪的温存，
> 没有生命的延续的根苗，
> 他诀别了这个只是一半属于他自己的家。
>
> 享受了一碗生冷的座头饭，
> 享受了几杯稀淡的奠酒，
> 他被搬入了几块薄板夹成的
> 永远黑暗、永远寒冷的新居。
>
> 带着那些不成串的冥钱的灰烬，
> 带着一条薄棉被、一席草荐，
> 带着五十年的人世的仇恨与酸辛，
> 他遂永远安息于那荒凉的墓穴……

这，很容易让人想到艾青的"大堰河，含泪的去了／同着四十几年的人世生活的凌侮／同着数不尽的奴隶的凄苦／同着四块钱的棺材和几束稻草／同着几尺长方的埋棺材的土地／同着一手把的纸钱的灰／大堰河，她含泪的去了……"然而，这不是模仿，是两位笔下出现的人物之命运的相同而作了同样的描写，是两位直逼生活和为生活直逼时，他们要将自己的感受原样地直面读者时而同样的写实。但，《射虎者及其家族》写这家族的群像之各自遭遇与命运时，其笔触所及的社会生活，也深广得多，有概括力，有典型性，也没有欧化的句式和语言。如"那三个接受遗嘱的儿子／还没有揩拭去那弓弦上面／被猛虎所舐上的先人的血迹，／却已各自的找到了新的仇恨，／又把一张张的遗嘱留给我们……"，这"仇恨""遗嘱"所相系的意象，不仅在全诗的前前后后多次出现，就是在这一小节中，也有回环往复的艺术效应，而且，短短五行，写到上一代还没为先人报仇，又"找到了新的仇恨"，成为留给下一代的"遗嘱"，时空的大跨度，在它们前后的相系点之间，是诗的韧性的张力，扩展了诗行的空间，而且，文字简洁干净。但诗人笔下，当简则简，该细之处，又写得很细，当写到"许多田地和森林的主人"带着地保上门要钱时——

……

于是，我底祖母从箱角里，
翻出一个蓝花布手巾的小包，
解开它，数了二十七圆的白银，
无尽的泪珠落在她战颤着的手上。

那些白银——是我底祖母
用每个鸡蛋换成三个康熙大钱，
七百文康熙大钱换成
一块银圆的白银呵！

于是，我底祖父和伯祖父们，
用肩挑过山毛榉的柴担的
起茧的肩膀扛着那些大杉木，
给"恩赐贡生"送上。

于是，我底祖母哭泣了三天：
"你们要从水里抢回白银，
但别人却已经从
我们底血里抢去了白银……"

诗人在此不惜篇幅，将这银圆写它"用每个鸡蛋换成三个康熙大钱"那样细而实处，真是催人泪下啊。充分地表现出文学上写实的力量。这在"五四"后的新诗中，尤其是叙事诗中是不可多得的好作品，也是"五四"时不少诗人呼唤"平民文学"后，真正可以落到实处的"平民文学"中的精品，这也是新诗史上不可漏写的一笔。

原载周良沛编序《中国新诗库（六集）·力扬卷》，长江文艺出版社2000年1月第1版，第195—206页。——编者注

蛰居在中关园的诗人——忆力扬

马嘶[①]

最早知道力扬的名字是在念初中的时候。1948年年底，我的家乡解放后不久，我在书店里买到几本由茅盾、叶以群主编的文艺刊物《文联》，那里面有力扬写的一篇郭沫若访问记，写的是1946年2月10日重庆"较场口事件"中，国民党特务捣毁庆祝政协成立大会，打伤郭沫若、李公朴等人的情况。读了文章，便记住了作者力扬的名字。后来，我就读到了他写于1942年的那部很有名的长诗《射虎者及其家族》，并深深地受到了感动。我喜爱他有着强大震撼心灵力量的诗，记着这个"射虎者"子孙的名字，但不知道他在什么地方。1953年，我考进北大中文系之后，才知道这位大名鼎鼎的诗人就住在我们身边。

那时，北京大学有个文学研究所，这就是现今中国社会科学院文学研究所的前身。所长由郑振铎先生兼任，主持工作的是副所长何其芳同志，力扬是文学研究所研究员。

进北大不久，我就参加了诗社，参加诗社后的第一次活动，便是听力扬先生讲课。他是我心仪已久的诗人，去听他讲课时便带着很激动的心情。我早早地来到会场，坐在离讲台很近的地方，为了能够看清他的面孔、听清他的话语。

他是中等身材，脸色微黄，一只眼睛略小些，常是细眯着。也许正是这只眼睛的缘故，他显得有些衰老，其实，那时他不过四十四五岁的年纪（他生于1908年），正是壮盛之年。他讲一口浓重的浙江话，我听不太懂。这似乎与我想象中的诗人力扬很有些不同。读过他的诗，总觉得他这个"射虎

[①] 马嘶（1934—2017），原名马守仪，河北唐山丰南人，中共党员，大学文化。1957年毕业于北京大学中文系，曾任《唐山文学》主编，唐山市文联主席兼党组书记、名誉主席。中国作家协会会员，国家一级作家。——编者注

者"的后裔,定是个狂放不羁的彪悍大汉,而站在我面前的却是一位温文尔雅的中年人。从他那刻着深深皱纹的额头和温顺的脸上,我看不出他是曾经接受了祖父的"锯、凿和大斧"这份遗嘱,"二十年来,我像抓着决斗助手底臂膊似的抓着我的笔"的那个"不安分者"。我看到的是一个饱经忧患而未老先衰的平和宁静之人。

他似乎是刚参加完一个什么会议回来,在我写这篇回忆文字时,才猜想,这很可能就是那年9月召开的全国第二次文代会。他开始谈的便是那次会议的一些情况。那正是开始贯彻过渡时期总路线之时,他讲了许多关于梁漱溟的事情。总之,他讲的大多是政治形势问题,而很少谈诗。我感到很不满足。总之,这第一次印象是并不太理想,我多少有点失望。

1954年春,《北大诗刊》发表了我的诗《未名湖畔有一个姑娘》,不久,这首诗被北京大学校刊转载,转载时,对原诗作了很多修改。诗刊的编辑告诉我,这是他们请力扬先生修改的,并且转告我,力扬先生欢迎我到他家里去。这样我便怀着欣喜又忐忑的心情去拜访力扬了。

他住在学校小东门外的中关园公寓二层的一个单元房里,他的屋门正对着楼梯口,上了楼就到了他的屋门口。进了门,便是那间书房兼客厅的屋子,屋子宽敞得像个大厅,摆列了许多书橱、桌案、沙发、椅子,仍留下许多空间。书房北面一隅有一小门,进去便是他的卧室。他用来读书、写作的那个写字台很大,仿佛是一个宽大的几案,桌上摆着一摞摞书籍、稿纸。

他似乎不太健谈,话也不多,但他对诗社的活动和同学们的诗歌创作却很关心,向我打听一些情况。由于我们的年龄相差很多,他说话又很少,显得很严肃,有点不苟言笑的样子,这第一次拜访我觉得很拘束,坐了不到一个小时就告辞出来。不过,他似乎对我又有一种说不出所以然的吸引力,使我以后又时常去扣响他的门扉。

不久,我怀揣着厚厚的一本诗稿小心翼翼地去拜访他。这是我根据旧社会官匪勾结压迫农民的故事写成的一部长篇叙事诗《血泪河》,那素材得自我念高中时参加的一次镇压反革命公审大会,我听到了一些受害者对那个杀人魔王的血泪控诉,感受颇深,后来便写成了诗。力扬留下了我的诗稿,答应好好看一看。之后《文艺学习》的诗歌编辑郭超对我说,他去力扬家里,力扬曾向他推荐这部长诗,他看了,觉得一些章节写得很好。但这部长诗终未能发表。

常常听同学们谈起力扬,对他便了解得多了,后来又读了王瑶先生的《中国新文学史稿》有关力扬部分,对他的诗也便有了更多的认识。他原名季信,与艾青是同学,又是挚友,他们都曾在林风眠创办的西湖艺术院学美术,后来又同在上海创办了"春地艺术社"。从青年时代起,他一直过着动荡不安的革命生涯,不懈地战斗着,只有这几年,他才过上了平静的书斋生活。

那时,力扬正在研究李白,我在报刊上也曾见到这样的消息发表,他在同我的谈话中也说过这样的意思,但我似一直没有见到过他的研究论著发表。我想,也许他在学术研究方面是很慎重吧!

一次,在校园里,我遇见他同何其芳并肩走着,像是到文学研究所去上班。他们一路走一路争辩着,争得面红耳赤。那似乎是在争论一个什么学术问题,谁都坚持己见,谁也说服不了谁。我有点好奇,想听个究竟,又弄不明白原委。他们争辩着走进了文学研究所大楼。

去力扬先生家里次数多了,我慢慢地发现,他似乎生活得很寂寞。我的这种印象,是从直观感觉得来,也从猜测中悟出。听说,他一直过着独身生活,但我没听说过这是为了什么。不过,我确实从未在他的家里见到过别的什么人,他一定是很孤寂的。他从青年时代起就参加了革命斗争,受到了火与血的洗礼,长期从事革命文艺活动,而今,他却蛰居在这幽静的书斋里,日常的活动天地仅限于这个小小的空间。我一直想,他应该是个热情的诗人,而不应是个冷静的学者。我总以为,他那火一样的不羁性格是与这平静的书斋生活很不适应的。我理解他的寂寞。而我的这些想法,当然是无法同他交流的。一次,我同他谈起我读过的那篇郭沫若访问记,他似乎因为我曾读过这篇文章而感到高兴,同时也引起了他回忆往事的兴趣。他告诉我,那时他在重庆,在中华全国文艺界抗敌协会重庆分会和《新民报》工作。谈着这些往事,他的眼眯缝着,望着窗子陷入了遐想。这使我又想起了他在书斋里的寂寞。

北大写诗的同学,到力扬家里走动的不乏其人,我的朋友王磊就是经常到他那里去的一个。王磊晚我一年来到北大,他是山东聊城人,十几岁参加了新四军,转战于沂蒙山区,中华人民共和国成立后进武汉工农速成中学,并开始写诗。王磊常常带着诗稿去力扬家,得到力扬的热心指点,因而他的诗很有长进，在《文艺学习》《诗刊》上发过一些诗，在大学里便出版了《七月，拒马河》和《寡妇泪》两本诗集。年轻人的不断造访，也给力扬的寂寞生活增添了一些生气。

有一次，我到他家里去了，谈了几句话，他说："走，上书店去看看。"说着，他穿起大衣戴上帽子。我陪他走到海淀，进了新华书店。在书店里，他只是在新出版的文学作品书籍那里浏览，抽出一本本新出的诗集翻着，我觉得他关心的是诗歌创作，而不是他正在研究的古典文学领域。在这里，我似乎也为平日的猜测找到根据。

1955年11月，他的诗歌选集《给诗人》由作家出版社出版了，这是他从过去出版的《枷锁与自由》《我底竖琴》《射虎者及其家族》等三个集子和未结集的诗中选出的。他在1955年6月13日写的《前记》中说："在我们今天的祖国里，到处开放着花朵，到处开放着爱情，到处响着快乐的歌声，到处洋溢着为建设社会主义社会而劳动而斗争的喜悦——我是多么渴望投入如此广阔而多彩的生活底海洋里面，重新开始歌唱！"12月的一天，我去他家时，他把刚刚出版的《给诗人》送给我一本，在书的扉页上做了题签。我翻开诗集看时，见中华人民共和国成立后写的诗只选了三首，他写得实在太少了。不过，我已欣喜地预感到，诗人力扬真的要重新歌唱了，就如他《前记》中说的那样。也许，他真正找到了自己的位置。

1956年元旦的上午，我同气象专业的裘碧梧同学去给力扬先生拜年。那一天，他似乎特别高兴，兴致也特别高。屋子里打扫得窗明几净，一尘不染，茶几上摆着两盘水果和奶糖，还有正在开放着的鲜花，很有些节日的喜庆气氛。看得出，今天他的心境极好。我心中暗想，在新的一年里，他大概要有新动作了。而他屋子里的这种喜气洋洋的氛围，恰好与正在贯彻知识分子政策的国家大气候是十分协调的。那天，他的话很多，一改平日沉默寡言的习惯和不苟言笑的严肃神情。他不断地招呼我们吃橘子，吃糖果，向我们问长问短，还向裘碧梧详细地打听气象专业的学习内容。离开那里时，我还不断地想，他的生活也许将要或者已经注入了新的内容了吧！

1957年夏天，在如火如荼的政治斗争高潮中，我毕业了，匆匆地离开燕园，离开了北京，走上了工作岗位。在那样紧张的气氛中，在悒郁的心情下，我没有去向力扬先生告别，就走了。

以后几年，我听尚在北大学习的任彦芳同学说，力扬先生结了婚，生活有了很大变化，并且准备调到北京文联去搞专业创作。我们为他的新生活和新计划感到欣喜。我想，这才是能够充分发挥他的才华和特长的岗位。那些年，他的才思似乎受到了无形的压抑，因而没有做到人尽其才，于国家，于他个人，这似乎都是一种损失。他终究是个诗人，而不应是古典文学研究家。

1964年5月，我偶然在报纸上看到了力扬先生逝世的消息，他于富有象征意义的5月5日诗人节，逝世于北京，享年55岁。我震惊，我悲痛，他的生活刚刚有了一些变化，还没有来得及实现他的创作计划，就匆匆离去了，而且又是在55岁的壮年！

我常常追悔毕业时没有去看看他，而且后来一直没有再去聆听他的教诲。

原载马嘶著《燕园师友记》，清华大学出版社2008年2月第1版，第143—148页。——编者注

《中国社会科学院学者文选——力扬集》编后记

在我的父亲——中国现代诗人、中国社会科学院（原中国科学院哲学社会科学学部）文学研究所研究员力扬诞辰百年之际，《力扬集》能够付梓出版，我作为先父的独子真是百感交集！

父亲去世后，把父亲的遗作特别是诗歌、诗论整理编辑成集并出版，一直是母亲牟怀真的强烈愿望。母亲在父亲去世后不久即着手做这件事，主要是利用业余时间，把凡能收集到的父亲发表或未发表的各种文稿，在当时没有打字机、电脑的情况下，几乎手抄了一遍。我想，当时母亲以如此毅力这样做，一则是为了完成父亲生前的遗愿，再则也是想把自己对父亲深深的感情、眷恋和怀念，通过这种方式做些排解。但不久，接二连三的"运动"就来了……及至中国社会科学院成立，母亲落实政策回到工作岗位，负责外国文学研究所图书室的重整工作并担任了主任。以她一辈子做事较真的性格，我可以想象当时她的工作有多忙。退休后，母亲又因为高血压等病症困扰和服侍我高龄的外祖父母等原因，加之自己也渐入高龄，时间和精力都使得她难以把这件事继续做下去了。

我两岁时父亲就去世了，对父亲没有任何印象。长大成人后，母亲一直希望我能够完成她为父亲出集子的愿望。而我在部队忙忙碌碌近1／4世纪，没有把这件事抓紧。2003年年底，军队新一轮体制编制调整精简，我向组织上提出了转业要求。利用即将离队但还没有确定地方工作单位近一年和到国家外国专家局上班后的工余时间，我在前辈学者、亲友的支持帮助下，经过近5年时间，基本把父亲生前遗稿收集、整理完毕。

父亲一生写作和发表的诗歌、诗论数量不是很多，出版的诗集有4本，即《枷锁与自由》《我底竖琴》《射虎者及其家族》和《给诗人》；生前还将中华人民共和国成立后大多发表于报刊上的30首诗编成《美好的想象》诗集，但未及出版就病重住院并于不久后辞世；此外，还有散见于中华人民共和国成立前后多种报刊上的诗歌、诗论、小说、通讯、影剧评、文艺论文、美术作品等百首（部）左右。这部《力扬集》，收入父亲一生创作诗歌、诗论的绝大部分，但因篇幅有限等原因，少数诗歌、诗论和其他体裁作品没有收入。本集分为"诗作"和"诗论"两部分，均以创作（或发表）时间为序排列，个别未注明创作月份、季节的，排在当年末；在少数诗作、诗论中，虽然留有赞颂20世纪中叶苏联领导人和我国"大跃进"运动的某些语句，但那毕竟是时代的印记，况又是从文学、诗歌的角度记录的，因此在编辑本集时还是保留了。应该说，《力扬集》基本全面地反映了父亲在诗歌创作和诗歌理论探究中所取得的成绩。

《力扬集》能够得以面世，我要感谢的单位和人很多：

感谢中国社会科学院及其科研局领导的英明决策，拨专款策划、出版《中国社会科学院学者文选》，并将父亲列入文选入集学者范围，给我一个实现先父遗愿和母亲愿望的平台、载体。

感谢父亲生前同事、文学研究所刘世德研究员和吴子敏研究员。刘老师为把父亲作品结集出版，热心地带我几次与有关单位和同志联系沟通；吴老师近20年来多次在现代文学史著、论文中评介父亲及其诗歌创作成绩，这次又欣然为本书写了序言。

感谢文学研究所科研处严平处长、中国社会科学出版社领导和编辑，没有他们的辛勤工作，此书也不可能面世。

还有我的家人——高龄的母亲、妻子刘丽君、女儿季帆、连襟朱会保等，他们从各方面给予我以大力的支持和具体的帮助；还应特别提到妻妹刘静女士，她利用工余时间认真地做了本书初稿的校对工作。

父亲，有这么多的同事、领导、编辑、亲友在惦念着你，使得《力扬集》终于出版了，您的在天之灵应笑慰了！

力扬之子：季嘉
2008年4月5日于北京潘家园

原载中国社会科学院科研局组织编选《中国社会科学院学者文选——力扬集》，中国社会科学出版社2008年12月第1版，第529—531页。——编者注

"春地"——中国左翼文艺运动中的一朵奇葩

张以谦①

《射虎者及其家族》是诗人力扬的代表作,《大堰河——我的保姆》是诗人艾青的代表作。两位同时代的诗人,有多次无声的会合。"会合"两个字,是艾青经刘风斯(刘芳松)推荐,在丁玲办的《北斗》杂志上发表的第一首诗的标题——《会合》,是诗人在欧洲一群无产者的会合。然而,艾青回国后,与力扬等国内穷苦艺术家的实际会合,是一段感人的历史。

鲁迅说:"总算又打出去了"

力扬于"文化大革命"前夕去世,艾青告别我们也13年了!力扬是浙江青田高湖乡人,原名季信,又名季春丹;艾青是浙江金华人,原名蒋海澄。这两位20世纪30年代左翼文艺战线的诗人,既是同乡、同学,又是革命战友。在风雨如晦的20世纪30年代,都以横溢的才华投身于杭州西湖林风眠创办的杭州西湖艺术院,这是他俩第一次"会合"。但不久,艾青出国了。留在西子湖畔的力扬,他那好动不羁的性格,促使他冲破寂寞的西湖文苑,在校内创办了"草原社",主编《草原周刊》,以"卓君"的笔名,在《之江日报》上发表处女作,继而又成了"一八艺社"后起的骨干。"一八艺社"社员的习作,在黄浦江畔——上海举办美术作品展览,力扬写了《一八艺社习作自序》,得到鲁迅支持,鲁迅写了《一八艺社习作展览小引》,在左翼刊物《文艺新闻》上发表。鲁迅的支持,不啻是一块嶙峋的巨石,在西子湖中掀起了轩然大波。国民党的鹰犬向浙江省党部告密,力扬成了焦点。力

---

① 张以谦(1929—2010),山东潍坊人,毕业于华东师范大学汉语语言文学系,"文化大革命"后在华东师大二附中一直任教于初、高中毕业班,具有厚实的理论基础和丰富的实践经验,语文教学艺术精湛,在作文教学方面尤为突出。发表论文多篇,主要业绩载《中国著作权人档案》等辞书。

扬此时既有鲁迅支持的兴奋，又有来自党部特务的"警告""恐吓"，最后被学校开除了学籍。"旧恨"与"新仇"一起升华。

这时先期离校的于海、陈卓坤、李岫石正在中国左翼文艺运动领导者之一张眺（耶林）指导下，筹办左翼美术家联盟（以下简称"美联"）的公开机关："春地美术研究所"，又称"春地艺术社"。当时，"春地艺术社"正缺人手，刚从法国归国的艾青加入了，工人的儿子江丰进来了，浪漫蒂克气质的吴似鸿女士也参加进来了。被开除学籍、正走投无路的力扬，与艾青等在上海又来了一次更大规模的"会合"。

晚春的黄浦江畔，"桃花"虽然一时凋谢，法租界西门路上梧桐树叶却正在迎接婆娑。在绿树掩映下"春地艺术社"成立了。"春地艺术社"五个大字潇洒大方，生气勃勃，是艾青的命名，力扬的手笔，发出了"春回大地"的号召。失学的、失业的、穷困潦倒的青年，只要对艺术有爱好的都被请了进来，这是"春地艺术社"在《文艺新闻》上发表《宣言》中明确宣布的："艺术也与其他文化一样是跟着时代的巨潮而生长着演进着的，所以现代的艺术必然地要走向新的道路，为新的社会，成为教养大众，宣传大众，组织大众很有力的工具，新艺术必须负着这样的使命向前迈进"。在《宣言》中同时号召："为着完成文化的建设，为着培植我们已在萌芽的、前进的、现实的、时代的艺术；为着使艺术扩大与深入到群众中去，成为大众的艺术；为着给许多散落在街头的穷苦艺术家……不再走向死亡的道路……就需要一个新的集团，以群众的力量追求自己的道路，以完成我们的时代使命。春地，就在这样的实力下产生的。"20世纪30年代美术青年冲破了贵妇人和有钱人独享的美术，让美术走向平民大众。"春地美术研究所"组织者是我国现代美术史上的先驱者。他们的宣言，实际就是左翼美术家联盟的宣言，是他们破天荒的创举，开辟了大众艺术的新纪元。

这帮仅有五个铜板买三个大饼过日子的穷学生，靠给山东会馆办的"华北小学"义务兼课维持生活，社的开办费是通过举办展览和鲁迅的捐款维持的。"会合"在"春地美术社"的这帮穷学生，热情十分高涨，不仅举办了木刻展览，还在《文艺新闻》上办了诗画专号，组织文艺讲座，请冯雪峰、张眺等左翼文艺界的领导讲课，一时非常热闹，鲁迅在日记中高兴地说："总算又打出去了。"

从"春地"走出的抗日战士

然而,法租界巡捕房的密探并没有睡觉,凭其反动的嗅觉,觉得这里的男男女女出出进进,很有一些不同寻常。"春地美术社"开办了3个月,1932年7月3日夜晚,一群如狼似虎的中西密探,扑进了"春地美术社",捣毁查封了"春地美术社"。在混乱中,力扬卷起了"春地美术社"的一包画稿,从后门直奔相距不远的"华北小学"。冲上二楼,看见一群教员正在打牌玩耍,力扬混进去把包裹放在凳子上,高高地坐在上面。敌探跟踪而至,结果不仅"春地美术社"的于海、江丰、艾青、李岫石、黄山定、力扬等被捕,还连累了华北小学的4位教员,共13人一起被捕。这就是1932年轰动沪上的"春地事件"。大家在监狱中来了一次苦难的"会合"。新兴的、大众的、平民的艺术社团,就这样在摇篮中被反动派扼杀了。但是"美联"的其他骨干成员陈卓坤、马达又在江湾附近竖起"野风画会"的牌子,这一次聪明了,牌子由蔡元培题写,增加了保护色彩。"野风"以它那"野火烧不尽,春风吹又生"的顽强生命力继续挣扎着、奋斗着。

当时的华北小学校长王宇澄讲述这段历史时,对力扬有一段生动的描述,他说:"老季的这出表演,真真使我啼笑皆非,他那高出别人半个头的坐像,又怎能瞒得了法国巡捕的眼睛呢?""这位季先生真是太天真,这样一来,一下子就使田、万、孙都受了害(一起被捕)。不过老季的那种哲学家的风度,乐观主义的精神是令人可爱的,所以我一直怀念他……"

"春地事件"13位受难者,除了华北小学的教员不久被保释出狱外,于海、江丰、艾青、黄山定、力扬、李岫石等7人均被判刑,直到七七事变前后才陆续被释放。出狱后的"美联"的骨干成员一个个走上了民族解放的道路。去武汉、到重庆、奔桂林、跑香港,有的跋涉到圣地延安、晋察冀、山东解放区,与工农兵大众密切结合,把大众美术的种子撒向了全国。在延安文艺座谈会后,这些美术青年无论是在国统区白色恐怖中,还是在敌后的战场上,依然满怀激情地吹着抗敌的号角。艾青在敌后发出"听啊,那号角好像依然在响……"的呼声,力扬在后方高喊"除了这,是不是还有更好的复仇的武器?"默契的应答。大家心有灵犀地共同奋斗着,期待着民族解放来临时，再来一次欢乐的永久"会合"。这就是进步艺术家的理想和追求。左翼美术运动走过了80年，与艾青同时代的左翼美术青年，基本都谢世了。然而，他们那一代人开创的业绩，仍然鼓舞和教育着当代的青年艺术家，使当代的艺术有了更广大的群众基础，每年都会有成千上万的莘莘学子投考美术院校。大众美术已成为时代的主流，中国大众美术先驱者的精神是永存的。

原载上海《党史信息报》2009年7月15日第890期第6版。——编者注

附：《春地美术研究所成立宣言》

艺术也和其他的文化一样，是跟着时代的巨潮而生长着的演进着的，所以现代的艺术必然地要走向新的道路，为新的社会服务，成为教养大众，宣传大众与组织大众的很有力的工具。新艺术必须负起这样的使命向前迈进。

然而，目前中国一般艺术家所显示给我们的，很明白的是适合于少数人的口味的、空虚的、颓败的、享乐的作品，而他们所设办堂皇的艺术学校，也必然地以空虚的、颓败的、享乐的教材来麻醉蒙蔽艺术界的青年，使全国的群众，受其影响，受其欺骗，而忘记了时代的使命。一切这一类御用的学校，更苛捐杂税地巧立名目重征学费及其他各种费用，致一般艺术爱好者，在经济的重压下，无由研究，散落于街头巷尾，自称艺术之高洁之上者，实商贾者流，大众美术之叛徒。

我们深切地感觉到，为着完成文化的建设，为着培植我们已在萌芽的、前进的、现实的、时代的艺术，为着给许多散落在街头的穷苦艺术家，能自由研究以及使被麻醉被欺骗的艺术爱好者，不再走向死亡的道路，为着使艺术的罪人们看到残余势力迅速地灭亡，我们就需要一个新的集团，以群众的力量追寻自己的道路，以完成我们的时代使命，春地，就在这样的实力下产生的。虽然她是新生的，尚非大规模的研究所，然而她却有着时代迫切需求着的任务，且必然地会在广大艺术爱好者合作下走向光明伟大而健全的道路上去。

为着创造与研究时代艺术的朋友们，来吧！我们是热诚而欢欣地期待着。

原载上海1932年5月26日《文艺新闻》

一首长诗与一个家族

季嘉

四分之三世纪前，在抗战时期的陪都重庆，我的父亲——中国现代诗人力扬以家族四代人真实的苦难历程为基本素材，写出了反映旧中国一个农民家族遭受地主阶级的欺凌和压迫，以仇恨与复仇为主题的长篇叙事诗《射虎者及其家族》。

这首长诗最初发表在茅盾先生主编的《文艺阵地》1942年8月七卷一期上，计7节近340行。甫一发表，即在重庆及大后方文艺界引起很大震动，由于时在抗战的艰苦时期，"诗歌实际上以一个家族的遭遇作为民族命运的象征，在对历史的深刻反省中严肃地探索民族的出路……诗歌形象鲜明丰满、语言沉实朴素、感情深沉而不低徊，高昂又不流于浮泛，反映了一个要求革命的知识分子对于现实斗争生活的严肃的思索和追求。该诗在中国现代文学中曾产生过重大影响。"（谢冕、李矗主编《中国文学之最》）而由张炯、邓绍基等主编的《中华文学通史（近现代文学史卷）》，则评价这首诗"为抗战时期的长篇叙事诗创作提供了一份优秀的实绩。它受到文化界的肯定。作为代表作，此后几十年内它和力扬几乎是同名的"。

父亲力扬也主要因这首长诗，奠定了他在中国现代文学史特别是现代诗歌史上的地位。67年后，这首长诗被《中国文学之最》定位为"中国抗日战争时期最具象征意义和影响力的长篇叙事诗"。

时光荏苒，岁月蹉跎。这首长篇叙事诗《射虎者及其家族》从最初发表在《文艺阵地》之后，又曾有《纺车上的梦——射虎者及其家族续篇》等补充章节，以及《射虎者》单行本（1948年12月香港新诗歌社版）、《射虎者及其家族》单行本（1951年8月上海新文艺出版社版）等不同的版本面世。

在父亲生前，该诗的最后一次出版是在中华人民共和国成立初期，他将自己20年间自认为较好的35首诗歌（包括这首诗）选编为《给诗人》诗集，由作家出版社于1955年11月出版，距今已60多年。在这本《给诗人》诗集中，诗人除了将《射虎者及其家族》由7节近340行，通过加入"长毛乱"（清朝统治者对太平天国起义失败后散落民间太平军的蔑称）一节扩成8节近440行外（不知为何未将已发表的"纺车上的梦"一节加入），还对以往已发表的这首长诗的有些诗句做了修改。这是父亲在中华人民共和国成立前夕加入中国共产党后，通过学习马列主义、毛泽东思想使自我理论和认识水平提高后，反映到诗歌创作上的一个侧面。自那时起不到10年，父亲于1964年5月因患癌症在不满56岁时就过早地辞世了，至今也愈半个世纪了……

进入新世纪后，我开始陆续整理编辑父亲的遗稿、遗作，在父亲生前同事及亲友的大力帮助下，由中国社科院科研局组织编选的《中国社会科学院学者文选——力扬集》，在2008年12月父亲百年诞辰之际得以出版发行。《力扬集》主要收入父亲诗作近110首（组）、诗论（文艺评论）等近30篇。这当中最值得欣慰的是，经过我从父亲遗稿中的查找、辨认、对比、整理等，使《射虎者及其家族》这首长篇叙事诗接近完整了，拓展为14节近千行在集子中首次与读者见面。

那么，我的父亲有着怎样的人生经历？这首长诗主要从哪些侧面反映了一个家族的苦难历程？该诗从最初发表的7节近340行到收入《力扬集》时的14节近千行又是个怎样的过程？以及在这首长诗背后，力扬所描述的这个家族的主要成员及其后代的真名实姓与现状如何？作为力扬的独子，我感到有责任做出回答……

力扬：学画未成而成了诗人和学者

父亲力扬，原名季信，字汉卿。1908年12月，出生在浙江省青田县高湖乡桐川东坑口的一个没落地主家庭。1929年春，考入林风眠在杭州西湖创办的国立艺术院学习绘画。在校期间受鲁迅先生的影响，与进步同学组织了我国第一个提倡革命美术的团体"一八艺社"并为负责人之一，主要成员后来成为中国左翼美术家联盟的骨干，而他则为联盟执委之一。九一八事变后，父亲在学校组织同学开展抗日救国运动，任学生自治会主席，因反对国民党的投降政策，被校方开除学籍而被迫离杭赴沪，与先期主持"一八艺社"上海分社的艺院同学张眺（耶林）、于寄愚、李岫石等一起，继续从事进步文艺活动。

1932年秋，父亲因秘密从事革命工作，被法租界巡捕房逮捕，移送国民党江苏省高等法院，初审以"危害民国罪"被判处6年徒刑。中共地下党组织聘请沈钧儒、史良为义务律师，向国民党南京最高法院上诉，但仍维持原判。在上海法租界看守所和监狱监禁到1935年1月，又与李岫石、艾青等一起被移送苏州反省院，至秋天被保释出狱。正是在狱中，父亲创作出具有较高起点的处女作诗《枫》。"从此，人们再难见到他画笔下的才气，却被他诗行中的激情所动了。力扬美的灵感，甚至是美术的灵感，都集中到新的表现领域——诗歌。这个变化主要是现实的要求和造就，很难说是自我的选择。或者应该说是诗人对人生的又一次有意义的抉择。"（吴子敏《评力扬的诗》）

七七事变后，为参加抗战，父亲于1938年4月赴武汉加入国民政府军委会政治部三厅，在郭沫若先生的直接领导下工作，辗转长沙、衡阳、桂林等地到达重庆。皖南事变国民党掀起第二次反共高潮后，重庆文化界进步人士多数撤离，父亲也曾一度到恩施湖北第一女师任教。1942年春末返回重庆时周恩来同志曾找他谈了一次话，并介绍他到陶行知先生主持的育才学校任教，同时在何其芳同志直接指导下从事中共领导的重庆民主活动和文化工作。

正是在这年夏天，父亲创作出长篇叙事诗《射虎者及其家族》。臧克家先生在为《中国新诗选（1919—1949）》所做的代序《"五四"以来新诗发展的一个轮廓》中，有这样一段评述："一九四一年皖南事变以后，由于蒋介石连续发动反共高潮……诗人们也都带着失望和愤懑，抗议黑暗的反动统治，抗战初期的那种初升太阳似的心境，罩上了浓黑的云幕，激情退潮了，不少诗人用比较清明深沉的情感创造长诗。但由于诗人对现实生活把握得不够，对于这样大的题材一时还拿不大动，所以产生出来的东西，并不能反映那个时代的精神面貌作为一件艺术品留传下来。倒是以比较熟习的劳动人民的悲惨生活和斗争为题材的长诗，还有写得比较出色的，力扬的《射虎者及其家族》就可以作为例子之一。"

抗战胜利后的1947年8月，父亲随育才学校由重庆迁往上海，同年冬因受特务监视而离沪赴香港，任中国民主同盟港九支部委员兼宣传部部长，并在香港中业学院任文学系主任。次年3月，由冯乃超、叶以群两同志介绍秘密加入中国共产党，9月，党组织决定父亲与王绍鏊、方与严等民主人士同批北上。他们从香港乘苏联轮船到朝鲜，经平壤、安东（丹东）、大连，过渤海封锁线至胶东半岛，转赴石家庄党中央所在地。父亲进入马列学院（中共中央党校）学习，1951年毕业后留校任国文教员。

1953年2月，中国科学院在北京大学成立文学研究所时，父亲即随何其芳同志由马列学院到文学所工作，先任党支部书记、秘书主任，后任古代文学组研究员。1960年7—8月间，参加中国文学艺术工作者第三次代表大会，受到毛泽东、刘少奇、周恩来、朱德等党和国家领导人的接见。1964年5月5日，父亲因患癌症病逝于北京，郭沫若、潘梓年、臧克家等22人参加了他的治丧委员会，《人民日报》发了讣告。

父亲一生出版的诗集不多，只有《枷锁与自由》《我底竖琴》《射虎者及其家族》，以及中华人民共和国成立后将自己1933—1953年诗作选编成的《给诗人》共4本诗集，1960年又将中华人民共和国成立后新创作的30首诗编成《美好的想象》诗集，但未及出版。另有诗作几十首散见于民国和新中国各时期的一些报刊上。父亲从20世纪30年代后期开始撰写文艺评论且主要是诗歌方面的论文，至逝世后发表在《文学评论》1964年第4期《论杜甫诗歌的现实主义》的遗作总计有30篇左右，较有影响的还有《关于诗的民族形式》《关于诗》《毛主席诗词的艺术感染力》等。

在文学所工作的10多年时间里，父亲主要从事中国古代特别是唐代诗歌的研究工作，1956年，由所学术委员会评为三级研究员。当时"三级以上研究员，都享受高级知识分子待遇（即现称为副部以上待遇）。"（王平凡口述 王素蓉整理《文学所往事》）去世时因为是行政11级干部（当时13级以上统称"高干"），骨灰得以安放在八宝山革命公墓骨灰堂至今。父亲生前还曾参加了中国科学院文学研究所由何其芳、毛星指导，余冠英主持，近20位专家和青年研究者编著《中国文学史》3卷本的工作，执笔写了唐代文学部分第四章《李白》、第九章《唐中叶其他诗人》之一部分和第十章《唐末诗人》等章节，并发挥自己学过美术的特长，设计了这套书的封面。该书于1962年7月出版后多次再版，为中国文学之权威史著之一，被许多大专院校选为文学专业教科书，至20世纪末一直畅销不衰。

《射虎者及其家族》：这首长篇叙事诗完整吗？

如前所述，《射虎者及其家族》最早发表在《文艺阵地》1942年8月七卷一期时，共7节近340行。长诗以第一人称写法创作，从诗人的曾祖父（射虎者）开始写，一直写到诗人本人共四代，写这个家族与生活（我们的仇敌）搏斗的苦难历程。撇开艺术而从叙事的角度来谈，对于这7节叙事的梗概，许定铭先生在香港《开卷》1979年一卷二期上发表的《力扬的〈射虎者及其家族〉》一文中是这样概括和评述的：

第一节《射虎者》写诗人的曾祖父——勇敢的射虎者的一生，"他射虎"，却"被他底仇敌所搏噬"。"他底遗嘱是一个永久的仇恨，挂在我们心上"。其实，这种仇恨不单是虎，这仇恨实际是赤贫，是生活，是旧社会中劳工阶级永远无法摆脱的穷困。这就是《射虎者及其家族》全诗的主旨，以后各节，都是围绕着这个主题而发的。

第二节《木匠》写他的祖父辈兄弟三人。他们没有做猎人，而变成了木匠和农民，但仍无法摆脱穷困，因为"赤贫成为他们更凶恶的敌人"。其中，诗人的祖父已是比较幸福的了，他结了婚，"他已经找到一个永远分担痛苦与仇恨的伴侣"，比他的两个哥哥孤独一生好多了，农民想要成家也不易哩！

第三节《母麂与鱼》写他的祖父母意外地得到母麂与鱼的幸运，而这种幸运，对诗人来说，差不多是神仙故事了，因为到了他这一代，穷困的劳动人们会幸运地拾到母麂与鱼，实在是想也未想过的事——生活更困难了。

第四节《山毛榉》写他的两位伯祖父的不幸遭遇，他们"一生没有拥抱过女人"，"他们的一生也没有拥抱过肥美的土地"，他们只靠着采伐山毛榉来过活：

>"秋天，是人们底欢乐的收获季节，
>
>地主们底院子里洒满黄金的谷粒。
>
>我底伯祖父们却流着眼泪和汗水，
>
>挑着山毛榉换取地主们多余的食粮。"

对于贫富，这里有着极强烈的比对。

第五节《白银》写水灾给他的祖父们带来的不幸。洪水卷走了他们的一切，淹没了他们的稻田，他们冒着生命的危险，从洪水中拾到了十多条巨大的白衫，却受到地主的迫害，不仅把一条条像白银般美好的白衫送回，还得赔上了自己用血汗储蓄而来的"二十七圆的白银"。这里写的是一个地主压榨农民的小故事。

第六节《虎列拉》透过了他的二伯祖父，因传染到霍乱，而束手待毙的事，写出了穷人患病的苦痛。

>"我们底医院是弯窿下面那绿色的草原，
>
>我们的医生是住在天上的那虚渺的神灵，
>
>我们的药品是那苦味的草根。"

但哪里去找治霍乱的草根呢？于是，"带着五十年人世的仇恨与酸辛，他遂永远安息于那荒凉的墓穴……"这就是旧日农民生活的一面。

第七节《我底歌》写诗人的父亲是个穷秀才，他的兄弟仍是受苦的农民，而他自己则继承了他的父亲

>"——那永远的仇恨？
>
>二十年来，我像抓着
>
>决斗助手底臂膊似的
>
>抓着我底笔……"

来和生活搏斗。

在这仅仅7节的叙事里，父亲没有把家族的整体脉络、重点人物及其故事叙述完整。这些，在20世纪70年代被许定铭先生看出来了。他在上文中接着写道：

最初我读这首诗时，就觉得它不够完整，我是这样想的。
第一节《射虎者》写曾祖父。
第二节《木匠》写祖父辈，重点在祖父身上。
第三节《母麂与鱼》写祖父母的生活故事。
第四节《山毛榉》写两位伯祖父。
第五节《白银》写祖父辈。
第六节《虎列拉》写二伯祖父。
第七节《我底歌》将祖父辈总结，略提父亲及兄弟，重点在写本身。
从这个结构看来，这是一首顺序写的长篇叙事诗，前面的六节都写得简洁、明朗，原第七节就觉得比较复杂和紊乱，况且第六节与第七节间失去联系，因此，我发现了以下的几点问题：

A. 大伯祖父没有单独的一节。

B. 没有重点写祖母。

这还未尝不可，可能他们没有什么可写，而诗人和他们生活的时间相隔得很远，没有深入的了解吧！但，

C. 写父亲的地方太少了。

D. 没有详细地写他的两个弟弟，只简单地写：

"我底弟弟们
在继母的嗄声的鞭挞下面，
眼泪和怨恨一起滴在磨石，
磨亮那祖传的镰刀，
哭泣着，上山去采伐山毛榉。
难道他们还不曾替祖先复仇的日子，
自己却已找到了新的仇恨？"

E. 写自己的部分亦嫌简单。

这三点就说不过去了，这应该是诗人最熟识的，是诗人最该着墨多写的地方，何以竟简简单单地混在一节几节就算呢？这是我百思不得其解的事，这可能是诗人写作的时间过于急促，而匆匆完成的吧！后来，我终于给自己找到了答案！

最近我找到力扬发表在《诗文学》上的《射虎者及其家族续篇》的第八节《纺车上的梦》。在诗的前面有以下的几行字：

"——这是继一九四二年在文阵上发表的《射虎者及其家族》写的，这一章是续篇中的一章，其余各章待整理后，继续发表。"

这一节重点在写祖父母的日常生活。祖父到山谷里工作去了，祖母则如普通农妇一般，在家里一面纺纱，一面做着美好生活的梦。全诗写祖母的地方很多。诗末注明写于"十月廿一日夜、北碚"。据推算这应该是一九四四年。并知道那时候"力扬仍在北陪教书，生活极清苦。他最近完成《射虎者及其家族续篇》之叙事诗一首，七百余行，即将陆续发表"。可惜无法找到其他的《诗文学》，因此没机会读到另外的续稿。

《射虎者及其家族》写于1942年，而《续篇》的《纺车上的梦》却写于1944年，肯定力扬也认为上篇意犹未尽。虽然无法读到另外的数百行，但我相信，那许多诗句里，一定补了上篇的不足。

1947年冬，力扬到香港……其间，将《射虎者及其家族》交沙鸥主持的"新诗歌社"出版。书尚未出版，力扬已经北上，及至1948年12月，书出来了，书名却已改成《射虎者》……

《射虎者》是一本四十八开的小书，连目录及后记在内，亦仅得六十三页，全书分为"八节"，其中第一节至第五节与原来的相同，第六节则为新加上的《"长毛乱"》，至于原来的第六节《虎列拉》则变成了第七节，而第七节的《我底歌》，则顺延成了第八节……

《"长毛乱"》是写太平天国起义失败后，战败的天国军队，奔窜乡村，烧、杀、掠夺的战乱。诗人要表达的是在战乱中，苦困的农民是如何的生活。写他的二伯祖父、祖父母的逃难，而重点却在叙述他的大伯祖父,因信任太平天国的军队"曾经是农民们亲密的兄弟"而反对逃亡,因而被杀了。

从《诗文学》和《射虎者》的发现,我解决了上面提出来的问题A和B,至于C、D和E我相信非要读到完整的《射虎者及其家族》才可以得到解答的。

从《射虎者》的加插了《"长毛乱"》和改变了原来的编排看来,力扬是有意思用原来的《射虎者及其家族》扩充,并重新组织的,而当时因为时间上的问题(急于北上),所以只加了《"长毛乱"》一节,至于《纺车上的梦》似乎应该是排在《我底歌》之前,而在《虎列拉》之后的,那么其他的呢?

一九七九年五月十三日

我在20世纪80年代初就看到了许先生发表在《开卷》上的这篇文章,在起初的20世纪八九十年代里没有太在意。但正如本文开头所说的,我在进入21世纪后为纪念父亲100周年诞辰而整理资料时,在经历了"文化大革命"、改革开放后又几次搬家,但一直都小心翼翼地保留着的几个父亲的遗物箱里,还是搜寻到父亲生前写就但从未发表的不少诗作手稿。我在认真地看了其中的几篇手稿后,兴奋地认定它们就是《诗文学》中所说的,力扬"最近完成《射虎者及其家族续篇》之叙事诗一首,七百余行,即将陆续发表"而未发表的那些手稿!

在这些诗稿中有:

《童养媳》在描述旧中国农村的童养媳"她们底命运/是一支唱不完的悲歌"之后,着重写诗人父亲的第一个妻子是个童养媳,"被我底进了秀才的父亲所遗弃",而过着"三十年的'活寡'的生活"。诗人并充满感情地写道:"她不是生我的亲娘/但我爱她却远胜过我底母亲。"

《不幸的家》写诗人的父亲在娶了第二个妻子(诗人的生母)后,这个新媳妇带来的婆媳间不睦、给诗人父亲的前妻及其女儿带来的怨情等等,造成"这是一个不幸的家/充满着斥责、诅咒和啼哭"。

《黄昏》写诗人的祖父在一天的黄昏时刻病死了,"他穿着白色的尸衣/

庄严地躺在尸床上／泥土色的脸衬着雪白的须眉——／旧时代的黄昏里消失了一个旧时代的典型"。

《童年的伙伴》用较多的篇幅写了诗人童年时代家中一个名叫周海生的小长工,"没有亲戚,没有家",终于有一天他去找寻"自由"了;多年后,诗人在家乡的森林中邂逅已参军的周海生,"他底肩上托着一支来复枪","他用微笑指着臂章上的标志";后来周海生壮烈地牺牲在战场上,"……为'自由'而死／为'自由'而战"。

《弟弟,你为什么要哭泣》则明显地是在写诗人的两个弟弟,他们由于没有受过教育,又一辈子在家乡务农;除了要受到继母的鞭挞,还要继续忍受前辈缺衣少食、荆棘冻疮等等的苦难。节末,诗人对设问"弟弟!你为什么要哭泣?"做出回答:"难道除了祖先留给我们的仇恨之外／你又找到了新的仇恨? 弟弟!"这是对民国时期地主阶级延续专制王朝继续对农民进行残酷压榨的控诉!

上述5节诗应该是《射虎者及其家族续篇》,再加上发表于1945年2月《诗文学》上的《纺车上的梦——射虎者及其家族续篇》一节,共6节计400余行。可这与《诗文学》中所言:"他最近完成《射虎者及其家族续篇》之叙事诗一首,七百余行,即将陆续发表。"还是有300行左右的差距呀。于是,我又在父亲的诗歌手稿中反复查找、比对,遗憾的是再也没有发现与《射虎者及其家族》包括其《续篇》在故事情节、叙事风格等方面相近的诗篇了……

但不管怎样,我感到这首长篇叙事诗《射虎者及其家族》,无论是发表过的章节还是先前未发表的章节,加起来有近千行了(稍准确点说是在800—900行之间),经过重新编排的叙事情节是基本完整的。这也回答了许定铭先生在他的那篇文章中,除了"E"点以外的其他疑问(至于"E"点,可能是诗人原本就没打算在这首诗中"写自己的部分",或是诗人想在写其他诗时,再去写些自身的经历)。

故此,我于2008年为收入《中国社会科学院学者文选——力扬集》的《射虎者及其家族》一诗,写下了长约1200字的"编者附记":

自传体叙事长诗《射虎者及其家族》,是力扬一生诗歌创作的顶峰。它既是力扬诗歌的代表作，同时也在中国现代诗歌特别是现代叙事诗中占有重要的地位。

该诗最初发表于茅盾先生在重庆主编的《文艺阵地》七卷一期（1942年8月出版），全诗分7节，340行左右。之后，力扬又加插了据推算大约在1944年前后写成的续篇《"长毛乱"》一节，于1948年12月委托友人沙鸥先生在香港新诗歌社和1951年8月在上海新文艺出版社，先后两次出版了该诗的单行本（其中新诗歌社版因封面规格所限取名为《射虎者》）。1955年11月，作家出版社出版的力扬将自己1933—1953年主要诗作选编的诗集《给诗人》中，也收入了该诗。

此外，力扬还于1945年2月在重庆《诗文学丛刊》第一辑《诗人与诗》上发表了《射虎者及其家族续篇》之《纺车上的梦》一节，按当时的顺序应排序在《虎列拉》一节之后为第8节，《我底歌》一节则应顺延为第9节。诗前有以下注解："——这是继一九四二年在文阵上发表的《射虎者及其家族》写的，这一章是续篇中的一章，其余各章待整理后，继续发表。"该辑丛刊第16页《作家近况（一）》中还有这样一段文字："力扬仍在北碚教书，生活极清苦。他最近完成《射虎者及其家族续篇》之叙事诗一首，七百余行，即将陆续发表。"编者一直没有找到以后的《诗文学丛刊》，无法知道《射虎者及其家族续篇》其他各节是否发表。但不知为何，在其后的1948年和1951年该诗两个版本的单行本及1955年版的诗集《给诗人》之《射虎者及其家族》一诗中，作者均未收入《纺车上的梦》这一节。

为了编辑本书，编者近年来又对力扬的遗稿作了整理，发现除了《纺车上的梦》一节外，还有《童养媳》《不幸的家》《黄昏》《童年的伙伴》和《弟弟，你为什么要哭泣》等5首疑为《射虎者及其家族续篇》的手稿，现与《纺车上的梦》一并附于本诗后（句末均无标点）。这样，力扬的代表作《射虎者及其家族》（包括其《续篇》）应该接近完整了。现全诗共有14节，近1000行。各节的排序似乎应为：第一节《射虎者》（写曾祖父）、第二节《木匠》

(写祖父辈,重点在祖父身上)、第三节《母鹿与鱼》(写祖父母的生活故事)、第四节《山毛榉》(写两位伯祖父)、第五节《白银》(写祖父辈)、第六节《"长毛乱"》(写大伯祖父的死)、第七节《虎列拉》(写二伯祖父的死)、第八节《纺车上的梦》(写祖父母的日常生活,重点在祖母身上)、第九节《童养媳》(写童养媳,重点在父亲的第一个童养媳妻子身上)、第十节《不幸的家》(写不幸的家,重点在父亲的第二个妻子即诗人亲生母亲身上)、第十一节《黄昏》(写祖父的死)、第十二节《童年的伙伴》(写家里的小长工)、第十三节《弟弟,你为什么要哭泣》(写两个弟弟)、第十四节《我底歌》(曾祖父以后家族史的总结,重点在诗人本人身上)。对这首长篇叙事诗结构顺序的分析,读者还可以参看许定铭先生的《力扬的〈射虎者及其家族〉》一文(原载香港《开卷》SEP.1979 Vol.2 No.2[总No.9])。

《力扬集》出版后不久,我即与香港作家许定铭先生通过电邮联系上了,并告知他这首长诗从查找、辨认到整理、出版的全过程情况。许先生看过后非常高兴,并回复了他近几年在香港报刊上发表的几篇有关力扬及其诗歌的小文。只可惜近年来许先生多数时间在内地广东老家居住,我几次赴港都错失与先生谋面的机会……

真实的景况:延续至今的射虎者家族

本文开头曾说,这首《射虎者及其家族》的长篇叙事诗,是作为诗人的父亲力扬以我们家族四代人真实的苦难历程为基本素材创作出来的。父亲曾在一本送给大妹(我的大姑)季丹(汉钗)《射虎者及其家族》单行本(1951年8月上海新文艺出版社版)的扉页上写道:"送给丹妹:此为我们家族的历史。"

现位于浙江省青田县高湖镇旦头山的季氏宗祠中记载:"季姓源于姬姓,出自春秋时期吴国公族姬季札,即吴季札(属于以先祖排行称谓为氏的姓,即:伯、仲、叔、季)。季札为吴王姬寿梦的第四个儿子,受封于延陵、州来两地。是春秋时期吴国公族,史称为'延陵季子''州来季子'。季札贤明仁德,远见卓识,曾多次推让王位。后世子孙以其排行次第为姓氏,以别他族。世称季氏正宗,为季氏的得姓始祖……仁宗皇祐元年(1049),有原籍江西洪州人季允瑚从福建赤岸迁黄山、其弟季允瑕迁高湖、季允琏迁东山。"

按照这个记载,季允瑕应是我们家族的先祖。

《射虎者及其家族》长诗开篇"1射虎者"首段的四行诗句是:

> 我底曾祖父是一个射虎者。
> 每个黑夜,
> 他在山坡上兽类的通衢,
> 安下了那满张着的弓弩。

写过几段情节后,父亲写下了这样一段四行:

> 射虎者
> 射杀了无数只猛虎,
> 他自己却在犹能弯弓的年岁,
> 被他底仇敌所搏噬。

是的。父亲的曾祖父,也就是我的高祖是个猎人。在他打猎打了半辈子的某一天,可能是由于猎具机关设置的瑕疵,加之本人体力不支等原因,大约在50多岁时,被老虎吞噬于浙南绵延的丘陵群山之中……时约清朝道光年间的中后期。

在浙江省青田县20多年前造的《季氏族谱》之"春荣公派下廿七至三一世"中,记载了我们家族的这位猎人先人名叫"俊明",以现今的姓名称呼应叫作"季俊明"。

猎人的下一代是三兄弟,像长诗中所描述的那样,他们都是农民,除了用镰刀锄头给地主干农活外,还要靠采伐浙南山区中的山毛榉来"换取地主们多余的食粮"。当然,兄弟中的老三——父亲的祖父、我的曾祖父——还是个木匠。

> 最小的一个——我底祖父
> 抓住了锯、凿和大斧。

作为农人加木匠，他一生辛勤劳作，逐步积累了一些家财，有田约30亩，算是个富农了。族谱中记载曾祖父名叫"贵六"，边注小字"乡饮宾"。有词条解释，"乡饮宾"为乡饮酒礼的宾介。周制，乡饮酒礼举乡里处士之贤者为"宾"，次为"介"，又次为"众宾"。其后历代相沿，名称不尽相同。明清时又有"宾"亦称"介宾"，统称"乡饮宾"。用现在的说法，大概相当于县政协委员的礼遇。

曾祖父大约逝世于民国初年，"……经历了七十一年的风霜"。这在那个年代算是高寿了，比起他的因赤贫而终生未娶并在非正常状态下早逝的两个哥哥——名叫"贵寿"的大哥死于太平军溃败时的乱杀，名叫"贵友"的二哥则死于霍乱（旧名"虎列拉"）——要幸运得多了……

族谱中记载着曾祖父有二子，其中我的伯祖父名叫"询蒬"，族谱中他没有后嗣，又可能于青壮年时早殁。对于我的祖父，父亲在1955年11月版《给诗人》诗集《射虎者及其家族》末节"8 我底歌"中写道：

> 而我底父亲却要永远安逸地，
> 飘着秀才的长衫散步在我们底祖先
> 用汗血开垦出来的可怜的稀少的田地上，
> ……

父亲的父亲——我的祖父姓季，名璇，字颐典，清光绪年间的大约19世纪80年代出生在浙江省青田县高湖乡桐川，晚清秀才，后来又先后毕业于杭州赤城公学和蚕桑学校，之后回乡在湖山小学教书，直至1944年病逝于家乡。近年来，我在互联网上搜索，出现祖父姓名的文章主要有两篇，一篇为民国三十六年（1947）季光庭所撰《湖川乡中心学校匕史考略》中记载：

> 一、校舍之位置：
> 忆吾湖校即庭母校，原为遥接吾远祖季谦字伯益号东隐者所建

之湖山义塾，而改创者自开创以来，其校址即定高镇南门左侧吾季氏宗祠中。

二、校名之沿革：

吾湖校自清德宗光绪三十四年春正月始成立。初名湖山两等小学，爰改称湖山第一小学，迨民国二十四年，奉部令改名高湖小学，三十一年又奉改为湖川乡中心学校，至三十五年以良川村设立第二乡校，乃奉令改称湖川乡第一中（心？）国民学校。

三、校长教师之嬗：

第一任校长为季让吴，其次为季香、季道章、季宗吴、季岳庵、季春雷、季思隋、季秀轩、季竹冬、季村如、季琅、季玉衡、季哲林。以现任校长为季清泉诸君子。其历任名教师就庭所知者言之，则有季秀芝、李游赓、李怀赓、陈松巢、叶友竹、季颐典、殷达轩、叶竹庵、夏昆生、季一帆、季志川、王泽波、卢冠英、游观舆、廖公助、季巍、季哲林、季林夫诸先生，而庭以袜线之才亦曾滥竽其间有年矣。

……

此文佐证了祖父确在家乡湖山小学教书，并且还是"名师"之一。而另一篇则为中国青田网转载2010年10月19日《青田侨报》，由青田县人大原副主任赵仲伸撰写的《我的伯父赵志垚》一文：

赵淳如，字玉麟，号志垚，生于1895年（清光绪廿一年），原居住地在高湖镇东山村。我的祖父赵菊庄为前清贡生，是前清举人章楷（章乃器的祖父）的及门子弟。

……

1931年九一八事变后，世交季颐典之子季信（高湖镇桐川东坑口人），在杭州艺专读书时组织同学开展抗日救亡活动，任学生自治会主席，被校方开除。1932年，一二八事变后，季信被租界当局逮捕下狱，伯父多方设法为之保释。出狱后，季信无法继续求学，请伯父为他介绍工作。当时伯父任军政部兼十八军办事处主任，正缺一位书记，便介绍他担任此缺，并请他在工作之余到自己家里为子女补习中文。青田白浦好友林梓亭先生的儿子林梦奇也来家一起补习（后林梦奇成了伯父的大女婿）。季信本是中国共产党地下工作者，利用这个机会向伯父的长女韵香、次女韵霞、长子育申及梦奇等宣传共产主义思想，使他们都成了共产党员。

……

在这篇文章中，不但提及祖父季颐典与赵志垚是世交，而且还专门写了一段赵保释父亲出狱并安排工作的往事，这我在父亲的诗作和自传中都得到了印证，确是实情。只是文中所说"季信本是中国共产党地下工作者"有误，父亲是1948年在香港才入党的，那时经常秘密地读些马列主义的书籍，只是思想进步、倾向共产主义的党外人士。

祖父季颐典凡三娶，原配为童养媳，生长姊，母女俩姓名现均无考。父亲在长诗的《童养媳》一节中，对这位童养媳的前母充满了感情：

> 三十年的"活寡"的生活
> 留在人世上的是嘲笑、耻辱和酸辛
> ……
>
> 她不是生我的亲娘
> 但我爱她却远胜过我底母亲
> ……

祖父续娶洪氏（生卒年亦无考），1908年生汉卿（我的父亲）、1916年生汉成、1918年生汉仁三兄弟。父亲汉卿为反抗家庭包办婚姻于1927年出走杭州，以后逐步走上革命文艺道路，成为中国现代诗人和古代文学研究者，1964年病故于北京。我的两个叔叔汉成、汉仁则终生在家乡务农，各自成家，繁衍后代，分别于1998年、2012年均高寿在故乡辞世。

祖父再娶留氏，原名留岩菊（1896—1950），1926年生汉钗、1934年生汉杏、1937年生汉珠三姊妹，即我的三位姑姑。中华人民共和国成立前后，她们在父亲的协助下，通过自身努力，先后从家乡到了山东省青岛市学习工作生活，分别从事幼教、医疗和工程工作，都有美满的家庭生活和兴旺的后代。姑父中有棉纺厂总工、医院负责人和大学系主任。在经历中华人民共和国成立后一系列运动及人生的风风雨雨后，我的姑姑们现在都已经离退休并进入了高龄，在中国这个生机勃勃的海滨大城市中条件优越地安度着晚年。她们真是幸福的！

父亲当年离家投考杭州第一高中和西湖国立艺术院，除求知外还带有逃婚的意味。此后，父亲因从事革命文艺活动，辗转各地，颠沛流离，一直单身。如同众多革命者一样，十年二十年甚至更长的时间无法回家乡。中华人民共和国成立初期，父亲抽空回了一趟家，与由祖父指定、从未圆过房的"原配"妻解除了婚约。

父亲与母亲牟怀真的结合颇有些"坎坷"与"神奇"。1953年2月，中国科学院文学研究所成立，"由北大负责文学所党团日常生活，及职工工资、宿舍、办公用房等，都由北大解决。所的方针任务的确定，高级研究人员管理由中宣部负责，文学所不承担教学任务"（王平凡口述 王素蓉整理《文学所往事》）。父亲就是在这时随被任命为文学所副所长的何其芳同志，从马列学院（中共中央党校）到了文学所，成为几名所筹建人之一。而我的母亲这时正在北大留学生办公室工作，尚未结婚。因同在北大燕园，有人牵线介绍父母亲认识，但母亲当时考虑两人年龄相差较大（其时父亲已45岁，而母亲才27岁）而婉言谢绝。母亲次年与北大同学贾鲁结婚生子，后离婚。大约在1961年年初，父亲又找到母亲求婚，这次母亲答应了。可在母亲生下我之后的两年，父亲就患病去世了。此后母亲再未婚嫁，在我外祖父母等帮衬下，把两个儿子拉扯大，守寡并经历了近半个世纪的风风雨雨后病逝于北京。

母亲牟怀真1926年2月生于山东省烟台市福山县（现福山区）。我的曾外祖父牟维潼（1886—约1945）毕业于北京俄文法政学校，民国初期曾任新疆伊犁、塔城知事（县长）等，20世纪三四十年代初任国民政府驻苏联中亚地区谢米巴拉金斯克、塔什干总领事；我的外祖父牟揆中（1906—1997）积极参加筹建北平市民盟工作，中华人民共和国成立后任中国民主同盟北京市委员会委员、顾问，北京市第一至四届政协委员。中华人民共和国成立初期，母亲因工作需要从北京大学肄业，转干任北大外国留学生中国语文专修班秘书、北大化学系办公室主任，1964年后调任中国科学院哲学社会科学部

（后为中国社会科学院）外国文学研究所图书资料室副主任、主任，副研究馆员，有译著《昼夜与四季》（库尼茨基著，人民科学丛书1951年4月天下出版社）等，1986年退休，2013年2月逝世。

我是1962年5月在北京出生的，1979年高考进入军校学习，后又从中央党校在职研究生毕业。曾在空军防空部队做过技术工作，在基层连队带过兵。后调战区空军参谋机关从事宣传、组织等工作，空军上校军衔。参加过20世纪80年代中期的边境防御作战并立功。后转业至中央国家机关某部门，主要从事机关事务管理和外事接待服务工作，曾多次赴国外培训和考察。

我的妻子即力扬的儿媳刘丽君，祖籍湖南省郴州市永兴县，1964年11月生于天津，大学本科学历，空军某干休所正处（团）级会计师，已经退休。而我的女儿即力扬孙女季帆，1990年4月生于北京，香港浸会大学中国语言与文化硕士毕业，现为中央国家机关某部门出版社责任编辑。季帆自懂事起即喜文，曾得"萌芽杯"小学生作文优秀奖，大学和读研时在报刊、网络媒体上发表多篇文章。她似有"隔代传"继承其祖父"武器"，向着文字文学方向发展的趋势……

父亲力扬的侄子侄女、我的堂兄弟姊妹们，大多随我的叔叔婶婶们在老家浙江省丽水市青田县长大，他们大多没有受过大学教育，有的种过地，有的当过兵……因为青田是侨乡，改革开放后他们下一代中的不少孩子，远赴欧洲干起了服装、小商品贸易或是餐饮服务，老辈全家无论在国内还是国外生活得都不错，有的家庭还"发"了。而父亲的外甥外甥女、我的表兄弟姊妹们，他们都出生在青岛，大多受过良好的高等教育，成年后从事金融保险、医疗卫生、海洋科研、大学教育等不同行业，也有长期在北美生活已是华裔外籍人士的。他们全都事业有成，成为所在部门单位的骨干，其中不乏大型商业银行分行长、大学教授、研究员、高级医师和警官等，其中的年长者也已退休了……

再到力扬的孙辈人，他们大多也已成年，受教育程度普遍更高，语言思维能力更强，国际视野更加开阔。他们中的不少人生活在欧美地区多年，早已成为外籍人士，有的又有了再下一代……

这射虎者家族两百多年的繁衍（自季颐典以降已有70余人），从浙南山沟走向乡镇、走向城市、走向大都市、又走向世界，从赤贫到仇恨、从仇恨到复仇、又到翻身解放，家族成员从被压迫被奴役逐步成为"自由人"……这一切靠的是什么？有个人的努力，有亲族的帮衬，但更是由于20世纪世界的震荡与中国的革命、建设和改革使然。马克思说，人是社会的人。是的，文明在演进，只有文明的进步，才有在这社会之中射虎者家族的所有人、记录这射虎者及其家族的诗人力扬，以及与这个家族有着类似历程的中华民族千千万万个家族，在20世纪特别是进入21世纪之后更大的进步。

祝中华民族及组成这个民族细胞的所有家族绵延不断、兴旺发达！

原载《中国作家·纪实》2017年第3期，第191—199页，浙江青田文联主办《芝田文学》2017年三季度刊全文转发。——编者注

《射虎者及其家族》：这首长篇叙事诗完整吗？

季嘉在《中国作家·纪实》2017年第3期撰文指出，现代诗人力扬的代表作《射虎者及其家族》最早发表在《文艺阵地》1942年8月7卷1期，共7节近340行。长诗以第一人称写法创作，从诗人的曾祖父（射虎者）写到诗人本人，写这个家族四代人与生活搏斗的苦难历程。但在这仅仅7节的叙事里，故事叙述并不完整。之后，力扬又加插了据推算大约在1944年前后写成的续编《"长毛乱"》一节，于1948年12月委托友人沙鸥在香港新诗歌社和1951年8月在上海新文艺出版社，先后两次出版了该诗的单行本。此外，力扬还于1945年2月在重庆《诗文学丛刊》第一辑《诗人与诗》上发表了《射虎者及其家族续篇》之第8节《纺车上的梦》。近年来对力扬遗稿整理时，发现还有《童养媳》《不幸的家》《黄昏》《童年的伙伴》和《弟弟，你为什么要哭泣》5首疑为《射虎者及其家族续篇》的手稿。这样，力扬的代表作《射虎者及其家族》应该接近完整了。现全诗共有14节，800多行。

原载人民出版社《新华文摘》"论点摘编"，2017年第14期，第164页。——编者注

无负于党的教育　　无负于这个时代

季嘉

金秋九月，跨入中央党校（国家行政学院）的大门，聆听陈希校长在开学典礼上的重要讲话，参观红船和校史馆等，勾起我对先父力扬当年在中央党校（时为马列学院）的不尽追忆……

先父力扬（1908年12月—1964年5月），中国现代诗人，中国社会科学院文学研究所研究员。1933年开始发表作品，1952年加入中国作家协会。著有诗集《枷锁与自由》《我底竖琴》《射虎者及其家族》《给诗人》等，曾参加中国科学院文学研究所三卷本《中国文学史》的编撰工作。

一

70年前的1948年，根据《中共中央关于创办高级党校（马列学院）的决定》，第一班（第一期）学员于11月8日开学。经此时在学院任教的何其芳同志介绍，力扬成为第一班100多名学员之一。2013年，为纪念中央党校建校80周年，校委编印了《中共中央党校校史文献史料选编》，在上卷第三章第一节的《文工队学员及干部名单》（当时第一班对外称"文工队"）的《学员登记表》第2页中，列有"力扬"的名字。

抗战时期，力扬作为民主人士，曾在周恩来、郭沫若领导下的国民政府军委会政治部三厅及文工会工作，抗战胜利后又积极投身重庆和香港等地的民主运动，并于1948年3月在港由民盟盟员秘密加入中国共产党。力扬当年入马列学院学习时已年近40岁，是学员中少数的"年长者"，但作为新党员，他仍以如饥似渴的态度和饱满的热情，全身心积极地投入到对马列主义、毛泽东思想、社会发展史和中共党史等课程的刻苦学习。因为他深知自己虽然年轻时从事进步文学创作和文艺理论探索近20年，但对于马克思主义立场、观点和方法的掌握，是非常欠缺的……

我没有找到当年先父遗存在马列学院学习时的资料、笔记等。但从《校史文献史料选编》和《中国社会科学院学者文选——力扬集》中的《力扬年表》记录看，他与全班学员一道，先后聆听过1948年12月3日朱德总司令在马列学院做的报告和答问，12月14日刘少奇《对马列学院第一班学员的讲话》和1951年7月5日刘少奇《中国共产党今后的历史任务》等重要的"大课"；系统地学习过社会发展史、中国和西方近代革命史、辩证唯物论和历史唯物论、马列主义政治经济学、中共党史和党建、毛泽东思想等课程；也听过阿尔逊也夫等苏联专家讲授的社会主义经济学、联共（布）党史等课程。经过两年零九个月的学习，对于力扬思想上形成马克思主义的世界观和方法论，无疑起到了巨大的决定性作用。

二

1951年8月，力扬从马列学院第一班毕业后，留校在国文教研室任教员一年半余，何其芳同志一直是教研室的主任。力扬在马列学院学习和工作总共四年多的时间里（1948年11月—1953年2月），除正常的听课和授课外，在马列学院创作发表了诗歌《国际的友爱》《慰劳袋——献给中国人民志愿军和朝鲜人民军》《寄向平壤》三首和诗论《关于诗》。三首诗歌运用马列主义国际主义的立场和观点，热情讴歌了伟大的抗美援朝、保家卫国和中朝军民团结战胜美帝国主义侵略的坚强决心。

而在那篇1950年3月3日写于马列学院《关于诗》的诗论文章中，力扬运用人民是历史创造者的马克思主义历史唯物论观点，认为"对着这伟大的人民群众的时代，对着这翻天覆地的革命现实，我们每个写诗的人都应该感觉到自己的努力是太差了。我们底马列主义的理论很不够，不能很好地用辩证唯物主义的观点去分析一切事物"。他在文章的最后总结道："向工人同志学习劳动观点、阶级立场、生活纪律等，总之，学习这最革命阶级底一切优点，写他们，表现他们。这不仅是对于诗歌，就是对于整个文艺部门，都是新的泉源，新的生命和力量。"

三

我还要特别重点提到一篇先父力扬1952年5月写于马列学院的学习体会文章《我重新学习着这伟大的著作——为纪念〈在延安文艺座谈会上的讲话〉发表十周年而作》。这篇文章当时没有发表，2008年我把它编入《中国社会科学院学者文选——力扬集》中方与读者见面。这篇文章比较集中地反映了先父经过马列学院的系统学习，自身从小资产阶级的思想情绪初步转变到无产阶级的立场观点方法上来了。他回顾了自己在中华人民共和国成立前创作思想的错误，写道："小资产阶级者总是迟疑着去联系群众，投入实际的斗争。即使偶尔有这种意念，也往往不能见诸行动。"

在这篇文章的后半部分，力扬谈到了自己在马列学院的学习和工作中，克服了若干小资产阶级的情绪；吸取了马列主义的知识；树立了无产阶级的立场、观点和方法。他深深感到，只有代表群众才能教育群众，只有做群众的学生才能做群众的先生；只有这样才能无负于党的教育，无负于伟大的时代！我觉得，这确是先父在马列学院学习和工作期间思想得到升华的真实写照。

1953年2月，中国科学院文学研究所成立。马列学院国文教研室主任何其芳同志负责筹建工作，先父随其离开学院，先任文学所首任党支部书记、秘书主任，后任中国古代文学组研究员。在何其芳等专家主持下，运用马列主义、毛泽东思想原理，参加了中华人民共和国成立后《中国文学史》（三卷本）的编撰工作，至1964年5月因患癌症不幸在京逝世，享年56岁。

时光荏苒。跨越半个多世纪的岁月，我们父子同地在中央党校——这所培养党的高中级领导干部和理论骨干的最高学府接受培训轮训，这是我家两代共产党员的荣幸！中华人民共和国成立以来，我们的党和国家发生了天翻地覆的巨变，而永远不变的是我们党的宗旨、党校姓党的立校之本。在中央党校学习过的学员都有着这样的感触：一次进党校，终生受教育！我想，这既是我也必定是先父力扬的切身体会。

原载《学习时报》2018年10月12日第7版。——编者注作者附注：上文写成后，作者曾请时任中央党校副教育长兼政法教研部主任卓泽渊教授（后兼任中国法学会副会长）审阅。卓教授审阅后不但将此文欣悦地推荐给《学习时报》，且即撰随笔一篇与此文同日同版刊发。卓泽渊教授文如下：

附：历史·先辈·我们

人们都关注现实。其实现实与历史并无根本的界限，也不是泾渭分明。所有的现实都是历史发展的结果，也是历史发展的延续，还是历史的构成部分，现实终将成为历史。

人类持续发展的历史，是由无数先辈的接力长跑来演绎的。那些惊心动魄的事件就是历史这一锦缎上的串串珍珠，其壮观与秀美全靠先辈们的心血与行为作为经纬来织造。关注现实必须关注历史，勿忘先辈就是勿忘历史。

我们要牢记先辈们创造的辉煌与艰辛。历史上的那些绚烂的篇章都是先辈们用青春、热血乃至生命来书写的。这些动人心弦的瑰丽色彩，若划破长空的光焰，可以照亮整个星空。先辈们的星光可以照亮夜晚，先辈们的付出可以激励后世。我们要牢记先辈们付出的艰辛。没有他们的壮怀激烈，没有他们的无畏牺牲，没有他们的默默奉献，就没有既有的历史。如果没有先辈的坚忍不拔、忍辱负重甚至慷慨赴死，历史究竟会怎样，我们不得而知。但是可以肯定说，历史就不会是既有的样子。明智的后辈一定是能够从先辈那里获得智慧的人，并永远地感念先辈。

我们要牢记先辈的经验或者教训。人类是一代又一代接续的。世界上有很多善于总结、善于反思、善于自新的民族。每一次我访问德国都难免要与那里的朋友谈起第二次世界大战和法西斯的灾难。当初，我总是小心翼翼的，总怕触动德国朋友心灵的创伤，但是令我吃惊的是他们坦率真诚的态度。正是他们的坦诚打消了讨论问题时不必要的顾忌和障碍，我们才能更好地获得一致的认知，进行更加友好的交流。这对于我们来说都是受益的。近来从一些媒体信息中也得知，在德国也有为法西斯张目的极少数，但是作为德国国家和社会的主流价值观是没有混乱的，他们用法律确立了一系列重要的政治和法律原则,并确立了一整套的法治化的程序机制,严防法西斯的死灰复燃。这些反省与制度的最大受益者是德国和德国人民,也会是世界人民。

人类需要抚今追昔,需要痛定思痛。我们要勿忘历史、勿忘先辈,让先辈的智慧之光照亮我们前行的道路,照亮我们的心境,照亮我们的未来。

原载《学习时报》2018年10月12日第7版。——编者注

1948：父亲力扬从香港北上

季嘉

我的父亲力扬（1908年12月—1964年5月）原名季信，字汉卿，浙江青田人，中共党员，中国现代诗人、中国科学院哲学社会科学部（现中国社会科学院）文学研究所研究员。父亲1933年起发表作品，1952年加入中国作家协会，著有诗集《枷锁与自由》《我底竖琴》《射虎者及其家族》《给诗人》等，是中国科学院文学研究所三卷本《中国文学史》的编撰者之一。

父亲青年时期在杭州国立艺专（现中国美术学院）学习绘画。在校期间，在日语教师李友邦（后为烈士）带领下秘密加入共青团。父亲还是我国第一个提倡革命美术的团体"一八艺社"负责人之一，中国左翼美术家联盟成立后为执委之一。九一八事变后，父亲在艺专组织同学开展抗日救亡运动并任学生自治会主席，因反对国民党不抵抗政策竟遭校方开除学籍。他被迫离杭赴沪与主持"一八艺社"上海分社的艺专同学张眺（耶林）、李岫石、于寄愚等继续从事革命文艺活动，曾两度被捕入狱并在狱中开始写诗。在全国抗日民主运动高涨的1935年秋与艾青、李岫石等一同被保释出狱。

七七事变全民族抗战爆发后，父亲于1938年4月在武汉加入国民政府军委会政治部三厅及其后的文化工作委员会，在周恩来及郭沫若、田汉、阳翰笙等领导下工作。1941年年初皖南事变国民党掀起第二次反共高潮后，父亲曾一度撤离重庆到恩施的湖北第一女师任教，返渝时周恩来曾找他谈话并介绍到陶行知创办的育才学校任教。1944年年底，由陶介绍加入中国民主同盟并任重庆支部候补委员。抗战胜利后，父亲1947年随育才学校迁往上海，7月曾陪同郭沫若、田汉视察位于大场的育才，同年冬离沪赴港。父亲在香港战斗生活一年并秘密加入了中国共产党，在郭沫若、茅盾、冯乃超、叶以群等带领下，与众多国统区在港民主文化人士一道，主要以笔杆子在香港的特殊环境中与国民党独裁统治作坚决的斗争。在党组织的安排下，1948年9月17日，父亲与王绍鏊、方与严等民主人士同批北上迎接新中国的诞生！

从民盟盟员到共产党员

1947年10月，国民党宣布中国民主同盟为"非法组织"后，父亲在上海因受特务监视而南下香港，到港后盟的组织关系编入港九（香港、九龙）支部。不久，民盟中央领导人沈钧儒、章伯钧等也化装秘密离沪抵港，与在港的民盟中央委员秘密酝酿恢复民盟总部，决定以在港中央（执行）委员会名义开展活动，并筹备召开民主同盟一届三中全会。港九支部作为民盟的当地组织，主要承担三中全会的具体筹备和会务工作。

1948年1月5日—19日，中国民主同盟历史上具有重大意义的一届三中全会在香港召开。会议分析了国际国内政治形势重大变化，严肃批判了盟内中间路线思想，经过认真讨论通过一系列决议案，决定恢复民盟总部并临时设在香港，制定了与中共密切合作、联合各民主党派和无党派民主人士，为彻底摧毁南京国民党反动政府、实现新中国而奋斗的政治路线。

1948年1月，中国民主同盟一届三中全会在香港告士打道50号和成银行宿舍三楼召开。图为当年和成银行宿舍，这里是民盟港九支部、南方总支部所在地，也是民盟在香港的临时总部。

会后，民盟港九支部直接隶属总部为民盟的省级机构。在紧接着的春天里，港九支部第二届支部会召开，产生支部二届执委11人、候补执委5人，父亲当选为执委兼宣传部部长。

1948年3月18日，是父亲力扬一生中难忘的日子。这一天，在九龙加连威老道16号叶以群主办文艺通讯社的二楼，他由中共香港工委文委负责人冯乃超、叶以群两同志介绍秘密加入中国共产党。入党后，父亲与叶以群（党小组组长）、邵荃麟、聂绀弩、张天翼、孟超、楼适夷、蒋天佐在同一党小组里过组织生活。从此，父亲由民主人士成长为一名共产主义者，他更加积极地投身到香港的进步文化活动之中，更加自觉地与国民党独裁统治和港英当局进行明确而坚定的斗争！

积极投身香港进步文化活动

1948年，香港是解放区之外的全国临时文艺中心，聚集在郭沫若、茅盾两先生旗帜下的进步文化人士有数百人之多。大家辛勤努力、忘我工作，目标只有一个：迎接新中国的诞生！父亲感到自己有使不完的劲，积极投身进步文化活动之中。

马思聪、李凌、赵沨等创建香港中华音乐院，并于1948年1月20日复刊《新音乐》月刊。编辑部组织在港诗人、作曲家成立了"诗人音乐联谊会"，力扬、沙鸥、芦荻、胡明树、金帆、谢功成、符公望、黄宁婴、严良堃、胡均、陈良、草田、熊克炎、郭杰、蔡余文、宋军、苏克等积极加入，同时编辑出版《新歌》小刊物。

中共透过民主人士于上年在香港新界地区屯门青山创办、以李济深为董事长的达德学院，5月2日，由国文系出面举办招待留港作家茶话会，父亲与欧阳予倩、孟超、冯乃超、邵荃麟、周而复、林林、黄宁婴、黄新波、瞿白音、黄谷柳等一同出席。他们在爱国将领蔡廷锴出借给学院的校舍泷江别墅楼旁的小广场上，与数十名师生以"五四与文艺"为主题展开热烈地讨论，从中午至入夜并集体合影留念。

1948年5月2日,达德学院国文系举办招待留港作家茶话会,主题为"五四与文艺"。图为作家与师生们在泷江别墅(左侧楼)旁小广场的合影,二排左七为力扬。

5月4日是第四届文艺节。这天的下午2时,中华全国文艺协会香港分会假座维港海滨的六国饭店大礼堂举行第三届会员大会,70余人到会。大家公推黄药眠为大会主席、周钢铭为秘书,郭沫若、茅盾、钟敬文、缪朗山、宋云彬讲话。当晚7时,在孔圣堂举行第四届文艺节纪念大会,先由郭沫若、茅盾、陈君葆、欧阳予倩演讲,再自演节目,最后由建国剧社演出瞿白音新作《2+2=5》讽刺"自由主义者",至11时半结束。父亲躬逢其盛。除了纪念会外,3日—9日还举办了文艺周,在港作家到各处演讲,父亲也参与其中。

在人民解放军于4月22日收复延安(曾被胡宗南匪帮占领一年又33天)的喜讯传遍港九之际,5月7日,居港文化人郭沫若、金帆、秦似、黄绳、杜埃、茅盾、洪道、聂绀弩、陈实、陈闲、夏衍、于立群、黄药眠、沙鸥、宋云彬、秦牧、萧野、三流、陈残云、黄宁婴、马荫隐、葛琴、胡仲持、林默涵、叶以群、瞿白音、史复、廖沫沙、司马文森、黄谷柳、芦荻、华嘉、周钢鸣、力扬、周而复、邵荃麟、林林、胡绳、缪朗山等45人,集体捐款"重建延安、抢救陕北"。

从5月29日开始在九龙的普庆大戏院,由香港中原剧社、建国剧社、新音乐社联合演出歌剧《白毛女》。解放区的歌剧在港英政府辖地上演,并持续一个多月接连上演5场,且上座率始终不衰。这个事件轰动了整个香港地区，给殖民地民众以焕然一新的感受。而协助排练这部歌剧的指导者有聂绀弩、秦牧、力扬、沙鸥等。

6月11日，《华商报》"热风"副刊登载《我们的话——纪念诗人节》檄文，纪念两千多年前爱国诗人屈原，号召诗人们与全国的劳苦大众一道，"为辟创、建设新中国，而齐步前进"。文末有39位居港诗人的签名：郭沫若、柳亚子、钟敬文、黄药眠、冯乃超、孟超、张殊民、思慕、林之春、洪遒、周钢铭、胡明树、楼栖、陈灿云、林林、黄宁婴、沙鸥、芦荻、华嘉、刘火子、李凌、叶素、金帆、符公望、麦青、萧野、马萌隐、郑思、薛汕、戈阳、冻山、方荧、叶夏子、黄雨、海蒙、丹木、犁青、力扬、杜埃。

激情创作呼唤新中国诞生

在党的领导下，父亲在积极投身香港进步文化活动的同时，在工作生活条件比较艰难的情况下，仍不忘通过创作唤醒民众斗志，迎接新中国的诞生。

在1948年3月27日的香港《正报》上，发表了父亲的诗《给"自由主义者"》，讽刺所谓的"自由主义者"实际上是骑在人民头上的地主、买办和官僚资产阶级，预言"我们的自由也是一把大火……也会烧毁你们和你们各色各样的主子和靠山"！

5月8日，香港《文汇报》第3版刊出由力扬作词、草田作曲的《送远行》歌曲，鼓励青年人奔赴解放战场。同日，《华商报》第5版也首发力扬作词、蔡余文作曲《我们的队伍来了》的歌词和简谱。此歌为进行曲式，"浩浩荡荡饮马长江""渡过波涛横扫千里"，激扬起万千青年奔赴祖国解放战场的热血。这首歌从香港传唱到华南，又从华南传遍祖国大地尤其是人民解放军部队。次年4月，我军渡江部队就是唱着这首歌强渡长江又南下直至解放两广的：

我们的队伍来了，
浩浩荡荡饮马长江；
我们的队伍来了，
强大雄壮红旗在飘扬！

不怕你长江宽又深，
不怕你堡垒密如林；
我们的队伍
要渡过波涛横扫千里！

我们的队伍来了，
要打垮贪污独裁地主豪绅；
我们的队伍来了，
穷人翻身老百姓做了主人！

夏季常有热带气旋袭击香港地区，1948年7月27日的香港岛曾有"第七号风球挂起来了"。父亲在这天夜里创作出组诗《暴风雨诗抄（三首）》，发表在《文艺生活（海外版）》总第42期上。诗中激昂地高唱：

中国革命的第七号风球
也早已挂起来了
……
有人民的地方就有暴风雨。
不会让地主们，官僚资本家们
躲在他们最后的堡垒里，
度过他们最后的夜晚；
也不会让他们有哭泣的时间：
革命的暴风雨就会把他们
连根席卷而去。
中国人民是在狂欢的呼啸中，
用胜利的凯歌声去迎接那——
经过三千年封建社会的黑夜，
第一次浮现在黎明海面上的，
一轮无限的新鲜，无限的瑰丽的

红日——

×××所领导的新中国。

诗中的"×××"显然是指中国共产党和人民的领袖毛泽东，这在当时的香港，无论是工农商学、知识分子、青年还是普罗大众都是心照不宣的。这期杂志通过了港英当局的新闻检查，估计检查官也是睁一只眼闭一只眼吧。

是年12月，力扬诗集《射虎者》在友人薛汕、沙鸥办的香港新诗歌社以"新诗歌丛书"小册子出版，而此时父亲已离港北上了。

热情培养香港文学青年

1948年1月，香港文艺通讯社举办"香港的一日"征文，目的"就在鼓励文艺工作者面向现实，采用以香港社会生活为内容的文艺题材"及"团结千千百百的青年文艺干部，扩大我们文艺阵线的基础"。征文请邵荃麟、葛琴、黄秋耘、力扬、沙鸥5人为评委。入选征文的15篇作品，分别以《新青年文艺丛刊》第一辑《饥饿的队伍》（3月15日）和第二辑《骚动》（5月7日）结集出版。父亲除悉心评选外，还在《骚动》上发表论述《可以为资产阶级写作》，作为征文的辅导材料。

5月15日，《华商报》在第6版发表了父亲的文章《持恒·社会大学》。这是他在参观了由中华职教社在港岛英皇道445号开办的"持恒函授学校"后，看到他们只有六七个人，在极其艰苦的条件下以夜大学函授的方式，积极培养着职业劳动男女青年，热情赞颂"这是一所为广大的失学者认真而诚意地服务的学校"。父亲在文章中充满感情地写道："持恒也可以说是把陶（行知）先生未竟之志完成了。我对持恒，因此特别感到亲切。"

8月，由陶行知于1938年在香港创办，后因日寇占领而停办的"中华业余学校"在九龙吴淞街复校。新校名为"香港中业学院"，聘请郭沫若先生为学校董事长，陶先生弟子方与严任教务长。中业学院设有五六个组（系），仍主要以业校、夜校的形式，肩负培养香港劳动青年和进步学生的责任。父亲被聘为文学组（系）主任，可惜仅在职一个月即按党组织指示离港北上，从而结束了他在香港近一年的文化战斗生涯。

9月17日，党组织决定父亲陪同王绍鏊（1888年1月—1970年3月，中国民主促进会创始人之一）、方与严（1889—1968年，以救国会代表身份出席第一届全国政协会议）两先生，从香港乘苏联轮船到朝鲜，经平壤、安东（丹东）、大连，过渤海封锁线至胶东半岛，转赴晋察冀平山县党中央所在地。1948年11月，父亲进入中央马列学院（中央党校）第一班学习，1951年8月，毕业后留校任国文教员，1953年2月调文学研究所任秘书主任、研究员，1964年5月5日病逝于北京。

2021年8月9日写于香港铜锣湾

悼念

缅怀篇

悼诗人力扬

常任侠①

昔年结伴旅潇湘,
湘水何如友谊长。
忧国楚骚诗笔健,
激扬抗战写新章。

一九三七年,与力扬同在长沙,田汉同志创刊《抗战日报》,我住报馆请撰述,因约力扬同志写稿。

难忘共食武昌鱼,
作画临江数丈余。
风雨鸡鸣三义殿,
扫清顽寇誓先驱。

一九三八年,到武汉,与力扬同工作于政治部三厅,六处同志在黄鹤楼下临江作巨幅抗战宣传画,保卫大武汉。时与力扬共寓昙华林北三义殿一室,同室有力群、罗工柳等,均欲赴陕北前线抗日。

---

① 常任侠(1904—1996),笔名季青、牧原。安徽颍上人。著名艺术考古学家、东方艺术史研究专家、诗人,中国艺术史学会创办人之一。主要从事中国以及中亚、东亚、东南亚诸国美术史以及音乐、舞蹈史的研究,对中国与印度、日本的文艺交流史研究做出了开拓性贡献。生前为北京市政协常委,民盟中央委员。1931年,毕业于南京中央大学文学院。后入东京帝国大学文学部研究东方艺术史,回国后在国立艺专、中央大学任教。七七事变后,历任《抗战日报》编辑,军委会政治部周恩来副部长联络秘书,国立艺专国文教授,昆明东方语言专科学校教授兼教务长,应聘赴印度国际大学任中国文化史教授。中华人民共和国成立后任中央美术学院教授、图书馆馆长,北大、北师大、佛学院教授,国家文物鉴定委员会委员,国务院古籍整理出版规划小组顾问。1922年开始发表作品,1952年加入中国作家协会。著有《中国古典艺术》《中印艺术因缘》《东方艺术丛谈》《中国舞蹈史话》,诗集《毋忘草》《收获期》《蒙古调》等。

嘉陵江水日溅溅，
江上书成射虎篇。
阶级深仇流不尽，
千山风雨夜闻鹃。

力扬在重庆，著《射虎者及其家族》，表现阶级仇恨，为其优秀诗作之一。

十年相共长安居，
双砚遗君好著书。
五月诗人节又到，
不堪腹痛过黄垆。

在京与力扬时相聚谈，我有双砚，力扬爱之，即举以相赠。力扬为中国文学史稿，编写之一。书成而病卒，不禁有黄垆伤逝（见《世说伤逝篇》）之痛。

1964年5月10日

悼念力扬

牟怀真[1]

力扬同志离开我们已经三个多月了。我不愿想他是怎样离开的,我只觉得他和以前一样,是到外地休养或出差去了,只是这次没有留下地址,而且我永远也不会找到他的地址了。

在我回顾和力扬同志相处的短暂的日子里,给我印象深刻的,是他对革命工作的严肃、认真的态度和刻苦学习的精神。在他参加编写《中国文学史》的后期,健康状况已不太好,工作起来比较吃力。但他仍然勤奋阅读材料,努力思考问题,力图使自己所负责的篇章有一定的质量。即使是假日,也随身带了工作任务在家里工作。星期天实际上不过是换个工作地方而已。记得最近两个春节,客人来拜年时他都在工作。他对我说:"写东西的目的,是在对读者说一些有宜的话,要对读者负责,不能草率动笔。"他最反对那种沽名钓誉,写文章草率、忙于发表的作风。平时,除勤奋学习业务知识以外,他还经常关心革命形势的发展。我党开展反修斗争以来,他更是深入钻研文件。《人民日报》公布的理论文章,他每篇都读过五六遍以上。《关于国际共产主义运动总路线的建议》一文,他看了有十遍以上。重要的章节反复阅读。《无产阶级革命和赫鲁晓夫修正主义》一文发表时,力扬同志的病已发展到大口吐血、胸痛不止的地步。医生和我都劝他听听广播就行了。他认为听的印象不深,仍忍着病痛从头至尾看了两遍,放下报纸说:"这篇看得差,精神领会不够。"第三天他就住院了。入院时医生再三劝他不要看书,他还是把《毛主席诗词三十七首》带在身边,不时翻阅。

力扬同志热爱我们伟大的祖国。他的各个时期的诗篇,有许多是直接抒

---

[1] 牟怀真(1926—2013),力扬夫人,山东烟台福山人,中共党员,中国社会科学院外国文学研究所图书资料室主任、副研究馆员。——编者注

发他对祖国的爱恋的。中华人民共和国成立后，他曾希望搞诗歌创作来反映祖国社会主义建设的现实生活。他在《给诗人》一书的前记中写道："……在我们今天的祖国里，到处开放着花朵，到处开放着爱情，到处响着快乐的歌声，到处洋溢着为建设社会主义而劳动而斗争的喜悦——我是多么渴望投入如此广阔而多彩的生活底海洋里面，重新开始歌唱！"但因工作需要，他一直坚持在研究工作的岗位上。力扬同志与同志相处是坦率真诚、不容虚假的。病中，倍加思念他生活的各个阶段的朋友们。"五一"劳动节的前夕，他的病情出现了临危的症状。他感到自己是不能再在这世界上停留了。他叫我打开窗帘，窗外的天空上闪着节日的探照灯的光亮。他用一种眷恋的目光，长久凝视着窗外，静静地等待"五一"节的来临。到十二时过五分，他忽然转动着微弱的身躯，用尽最后的力气望着天空呼喊："一九六四年'五一'节来了！我要向祖国告别了！同志们，再见了！"那久蓄在我眼中的泪水，突然忍不住奔流了下来，我一边扶着他的身子一边放声大哭。他反而镇静地安慰我："不要难过，我走了，你好好为党工作，抚养孩子。"等到他重新躺到原来的位置之后，用微弱的声音对我说："打电话通知我的朋友们，我要再见他们一面。"由于雨夜的阻隔，何其芳等同志到医院时，已是天亮五时了。力扬同志向他们每人投出了一道深情惜别的目光，已经不能再说什么了……

在旧社会，力扬同志走过了一条崎岖的、充满荆棘的道路，只有在党的直接教育下，他才获得了新的生命。我悲痛的是正当我国高举马克思列宁主义的旗帜，在国际"反帝"、"反修"斗争中取得伟大胜利，国内建设在克服了三年连续灾害后，大踏步地前进的时候，力扬同志竟离开了这充满了革命斗争的可爱的世界。我悲痛的是党和祖国培养他多年，正当他在各方面有了一些基础的时候，竟然投笔而去了。党和国家，在力扬同志生病期间，尽了最大的努力来挽救力扬的生命，并表示了最深切的关怀。这给力扬同志以很大的勇气向疾病做斗争，一直到逝世的前一天，力扬同志还怀着能重新为党工作的希望。

失掉力扬同志，对我是个很大的打击。然而在今天的时代，一个革命者是不应该长期为了个人生活上的不幸遭遇而沉于消极状态中。想到世界的革命形势，党的要求，振奋的心情使我重新投入了战斗。

　　当我在党的关怀与帮助下把对他的怀念化为前进的力量的时候，我深深地感到：为了纪念力扬同志，就应该向他学习，学习他在党的教育下在思想上、作风上所表现出的一些优点，克服自己的缺点，努力锻炼自己、提高觉悟、做好工作。把力扬同志的后代，培养成为共产主义的可靠的接班人。永别了，力扬同志！

一九六四年八月于北京

力扬生前最后一张全身标照（摄于1964年春，厉东翻拍）

怀季春丹

卢鸿基[1]

人们只知道力扬是一位诗人、文学研究工作者，却很少有人知道他曾是一八艺社、春地美术研究所的一个坚强而活跃的画家。

力扬原名季春丹[2]，1908年生，浙江青田人。我最初认识他时是1930年9月，在一次我初次参加的一八艺社会议上。他昂着半斜的头，说一口土音很重的普通话，行动是慢吞吞的，正是"秀才"的步履，却有着火一般的热情。

有天下午，季春丹到国立艺专分校的三贡祠木板楼第一宿舍上来找我。我当时是新生，季春丹已是高年级学生。对他的光临，我很高兴。他说："听说你喜爱文艺，读鲁迅先生的书……我们成立一个文艺社好不好？学校里有位孙福熙先生，可以请他指导的。"我知道孙福熙写过《山野掇拾》，还给鲁迅先生的《野草》画过封面。后来，我们就发起成立一个叫"草原"的文艺团体，刘梦莹、姚馥等人都参加了。好像在深秋时节，由季春丹主编的《草原周刊》就在杭州《之江日报》上发刊了。我用卓君第笔名，写了一篇记述鲁迅先生在上海中华艺大关于绘画的讲演，就是发表在《草原》第2期上，季春丹是这篇文章的催生者。季春丹喜欢诗词，他在图案专业上反而好像不大用功；虽然他画得不错，这在一八艺社习作展览会图录上能见到的。

作为一八艺社的重要成员，季春丹的工作是很努力的。在组织社员学习科学的理论和社会科学上，他起过领导作用，在对敌斗争上，他也发挥了相当大的威力。季春丹当时已是共青团员，他所写的《一八艺社习作展览会自序》，很能代表他的见解和战斗风格。由于《一八艺社习作展览会》特刊中有鲁迅先生写的《小引》，引起校方的惊恐。当时季春丹是一八艺社的负责

---

[1] 卢鸿基（1910—1985），海南琼海人。曾在国立杭州艺专学习，曾任中央美院华东分院雕塑系教授、代系主任、院刊主编等，有《大连苏军烈士纪念碑雕塑》《琼崖游击队员》等作品。

[2] 力扬原名季信，字汉卿。季春丹为考入国立西湖艺术院（国立杭州艺专）时使用的名字。——编者注

人之一，就被叫到校部。校方恫吓说：鲁迅是"左倾"危险人物，《小引》必须从特刊中撕掉。结果，我们给校方来了个不予理睬，书照样发。1931年九一八事变之后，全国抗日救亡的呼声沸腾，一八艺社也迅速投入这个洪流中，曾经带领全校同学围攻伪浙江教育厅厅长张道藩的住宅，到拱宸桥等处宣传抗日。社员们往往工作到深夜，或者半夜起来爬墙出去贴标语。后来，活动已不能公开，只好到苏堤、放鹤亭、黄龙洞去开会。季春丹的表现也是出色的。为了救祖国，他是付出了很大的精力，他不但想方设法出主意，而且和同学们一起活动，有好几次几乎被国民党鹰犬所逮捕。当时，右派学生操纵了学生会，竭力为蒋介石政权粉饰、开脱。左、右两派学生的斗争很激烈。一八艺社的积极分子中有一位叫王邦熹的，生过肺病，说一口昆山腔的普通话。他曾代表一八艺社在学生会上发言，正言厉色地斥责国民党政府的残酷、腐败。声惊四座，很有气概，群情激昂万分。但是，也就是在这次学生会后，校方马上召开全校大会，说什么学生只能安心读书，不可胡闹，共产党在校内活动，煽动风潮，危害国家，学校要采取严厉措施，等等。大会之后，校部大门口就贴出开除图案系学生季春丹的布告，同时宣布解散一八艺社。本来学校开除进步的或有正义感的学生，大都是采取暗中勒令退学的方式。这次开除季春丹，却是公开贴出布告，同时勒令解散一八艺社，气氛很不寻常。季春丹在反动校方的心目中是个危险人物，拿他开刀，杀一儆百，也可见季春丹在进步学生中的影响和作用。

后来王邦熹也被开除了。1936年，我在无锡公园里偶然碰到王邦熹陪着许士镛的父亲。从他那里知道许士镛已去世了。许士镛也是一八艺社的社员，他的油画《平湖秋月》《卖油条者》都曾收入一八艺社习作展图录，曾受到过好评。王邦熹和他都正在尽量摆脱欧洲现代派画风的影响。但是，许士镛这个总是向前弯着身子走路、好像很匆忙样子的青年竟因肺病死了，王邦熹则不画画了，以教书糊口，而季春丹的消息仍然茫茫。

1937年年底，天气非常寒冷，我随着艺专迁到长沙，住在湘雅医学院。一天，听说有人找，走出一看，竟是季春丹！彼此都感到有说不出的高兴。季春丹说他被开除后到了上海，参加春地美术研究所，继续从事进步美术活动。1932年7月，国民党串通法租界当局查封春地画会，他和于海、江丰等一起被捕，关在提篮桥监狱里，后来被押到苏州，关了几年，挨过打，受过刑。他把这段生活写成长诗《枷锁与自由》①，自此就用力扬这个笔名了。这时，他又想搞一个诗社，所以来找我。我为他在学生中找了一些热心人（记得其中有刘宝森——即彦涵）。力扬请大家吃了一顿饭，勉励大家为抗战文艺努力，用诗、画、木刻作武器来斗争……但是，季春丹的活动，又引起艺专校方的注意。说季春丹是被学校开除过的，是共党分子。我也被校方怀疑，因为我在1937年8月14日在杭州接待过刚从牢里放出来的胡一川，1937年11月底又在贵溪接待过汪占非，听说连我也要被抓了。这时，正好季春丹和常任侠来电报要我到"三厅"去工作，我就赶紧离开长沙到了武汉。

到三厅后，季春丹和我都在美术科工作，他搞装饰美术，写美术字，我们刻木刻，也画宣传画，而且还是搞诗社。我的木刻《朗诵诗》，就是力扬出的题目，并由他当模特儿刻成的。

季春丹总是那样热情，不论在杭州、上海、武汉、桂林、重庆……他总是联系同志、办刊物，充满了活力。1948年，入晋察冀解放区，中华人民共和国成立后，他在北京从事文学创作和研究，见面很少。1964年，过早的逝世，使我们为失去一位优秀的战友而感到悲伤。

一九七九年二月二十一日夜，于杭州

原载吴步乃、王观泉编《一八艺社纪念集》，人民美术出版社1981年4月第1版，第75—77页。——编者注

卢鸿基以力扬为模特创作的木刻《朗诵诗》（1938年）

① 此处作者记忆有误，《枷锁与自由》不是长诗名，而是力扬第一本诗集名。——编者注

我的忆述

牟怀真

　　我和力扬相识是在1953年年初，文学研究所成立之际。那时，北京大学西语系、中文系、文学研究所、外国留学生中国语文专修班的党员，在一个支部里过组织生活。我当时在外国留学生班工作。文研所党支部成立后，我们很少见面了。再度相遇是1960年春，他从下放地点武钢回京，我也由京西斋堂公社马栏村劳动锻炼归来。时隔7年，他已年过半百，我人到中年，双方都不是感情容易冲动的年岁了。经过短期的交往，就在少数知己朋友、同事的祝贺下组织了家庭。从此，结束了他自青年时代起东西漂泊的独身生活，吃上了家做的饭菜，穿上了亲人编织的毛线衣袜。我们的家是安在西郊北京大学中关园一公寓。他每周周末回家，星期一早上进城，在文研所的单身宿舍里继续读书、写作。有了孩子之后，大约每周回家两次。晚年得子的心境自然是快慰的。而我们真正过着朝夕相处的生活，还是在他患病之后，暂短而幸福的生活，深深地引起了我们各自心底的悲怆。

　　自从医院确诊他患有难治之症以后，我们相互之间谁也不说出病症的后果，反而尽情地谈论着虚幻的生活远景。并非不知诀别之将至，而是珍惜永别前的相依。1964年5月2日晚，他叫我打电话给文研所，请何其芳、毛星、王平凡、贾芝同志到医院，他有话对他们说。由于大雨的阻隔，其芳等同志到医院时已是3日凌晨2时。他躺在床上吃力地郑重地向他们告别。这时，我压抑不住胸中的悲痛，背过身去饮泣着，泪水如泉涌般地流在脸上。但我清楚，绝不能在他神志还清醒的时刻，再去给他增添离去人间的凄恻之情！直至5日下午2时，他昏迷过去，医务人员仍在做最后的抢救。我自知人力已挽救不了他的生命了，无所顾忌地恸哭了起来。他就这样带着我们结合后乃享受到的家庭温暖，以及对妻子和幼儿的无限眷恋，凄然长逝了……

　　力扬逝世后不久，我们国家就进入了十年动乱时期。激烈的政治生活逼迫着我，繁重的体力劳动和家务琐事拖累着我，何曾有时间去回忆那凄楚的往事。

感谢河南师范大学中文系刘增杰、王文金、张如法等同志们，他们为了向读者介绍力扬的生平、活动以及诗歌创作，不辞劳苦，奔波于各地收集有关力扬的资料并拟撰写成书。我很遗憾，对力扬的过去了解太少，又缺乏文学修养，不能帮助他们做些什么，实在是于心不安。

中华人民共和国成立前，力扬是一位长期从事革命文艺活动的战士。自1929年在西湖艺术学院组织革命美术团体"一八艺社"起，到1948年进入晋察冀解放区止，在党的领导下，一直战斗在文艺战线的前哨阵地上。抗战时期，他辗转于上海、武汉、桂林、重庆等地开展工作，办刊物、搞统战，团结文艺界的同志为坚持和发展诗歌运动，做了许多默默无闻的工作。作为一名革命的文艺战士，他为人正直、坦率、热情。至今，他的老朋友们仍十分怀念他。

在他的一生中，写过一些有关新诗的论文。从他这些论文的内容看，他主张诗人要有民族气节，不追逐世俗的名利，创作态度要严肃，诗作品要有美的追求。他提倡诗风明朗流畅，富于民族特色，反对晦涩和洋腔洋调。他1953年到文学研究所工作后，主要从事中国古典文学的研究工作，参加撰写《中国文学史》第二卷的工作，并发表了论李白、杜甫等古代诗人的论文。在这些文章中，他从一个诗人的角度自有独到的见解。

他的主要成绩在于诗歌创作。他一生写过多少诗，我未能完全知道。据说抗战时期，他颠沛流离，遗失了一些手稿。另一些诗，他自认为是败笔之作，不愿和读者见面，也就从未发表过。仅就已出版的4个诗集《枷锁与自由》《我底竖琴》《射虎者及其家族》和《给诗人》，以及散见于报刊上的诗，大约70首左右。这在诗人林立的新诗百花园地里，显得是多么单薄！然而，这几株淡雅而庄重的百合花，却具有独特的色彩、气质和芬芳。

力扬的诗歌，清新、含蓄，感情细腻、文字优美。代表作《射虎者及其家族》达到了新诗创作的一定水平。这首诗和《贫农的女儿吴秀贞》都是叙事长诗。除此之外，他的抒情诗中也不乏动人之作，《同志，再见！》就是比较突出的一首。在这首诗中，叙事时语言精炼、纯朴，描写人物时生动、形象。力扬在这首诗以及其他作品中，蕴育着对祖国和人民的热爱，爱得深沉。他以诗人特有的情怀,眷恋着祖国,大地、山川林木、村落茅舍,随处见到的平凡景色,他都动之以情、情景交融。读了他诗中的描述,我仿佛闻到了江南山村小丘的泥土香、野生草木的苦涩味,看到了郁郁葱葱的山毛榉、农舍上空淡淡的炊烟、嘻笑玩耍的儿童、慈祥操劳的老妇等生动形象。力扬学过美术,虽然在这方面没有什么成绩,但对他诗风的形成倒有一定的影响。在各种文学艺术的形式中,没有比诗和画更为接近的了。所谓"诗情画意"就是说诗中有画、画中有诗。画中无诗则失去了灵魂,诗中无画则失去了意境。力扬的有些诗句,简直是用语言绘制的一幅幅田园风景画。在烘染背景的画面上,人物又融汇其中。背景是静的,人物是动的,动静结合,别有一番感人的意境,给人以美的享受。他的诗的色调绝非光灿华丽,而是质朴素雅。新诗是自由体,没有韵脚和字句的限制,但这并不是说没有节奏。力扬的诗比较注意句子的安排和音韵的协调,同时也很注意语言的凝练贴切,所表达的思想清晰、明瞭又寓有深意。

中华人民共和国成立后,他写了一些歌颂祖国新事物、新气象的诗歌。在这些诗中,他力图表现新人物,在风格上依然保持他的特点。有几首是用民歌形式写出的。由于他长期在书斋里搞古典文学研究,很少有机会接触广大工农群众,缺乏广阔而有一定深度的生活实践,故所作的诗从未超出中华人民共和国成立前的水平。

力扬生在江南,长在农村。他从热爱家乡的一草一木进而热爱祖国大地;从同情、爱恋劳苦农民进而热爱人民;从西湖艺术学院初步接受进步思想进而学习马列主义毛泽东思想参加革命运动,最后加入中国共产党。在他不太长的一生中,走过曲折、坎坷的道路。他几十年如一日地追求共产主义理想,坚信罪恶的旧制度必然灭亡。他努力为新中国的诞生做了一个战士应做的工作。这些,决定着他的诗歌愤怒地揭露旧社会的黑暗,热情呼唤新社会的诞生,并热情为社会主义新中国而歌唱。他的这些作品是属于祖国和人民的。

同时,我也了解他的另外一面,就是他出身于家道中落的封建家庭,经历并目睹了生活在底层人们的阴暗悲惨的生活。青年和中年时期又逢中华民族受屈辱受压迫之时,长期的战乱不能不影响到他的思想和性格,所以在他的诗歌中也不时流露出一丝的哀伤与惆怅。

二十世纪五十年代后期,他很不适应那种频繁的政治运动,对同志善良而宽容的思想感情,使他不曾有一句语言伤害别人的心,他的宽容也不曾计较过别人对他的严厉批判。在"反右倾"运动中,他受到了重点批判,并下放武钢劳动锻炼一年。在那个年月里,他象一些正直的共产党员一样,思想上不免迟疑和苦闷,但这种迟疑和苦闷在1962年年初听到扩大的中央工作会议(即"七千人大会")精神的传达后,便豁然冰释了。他精神为之大振,正拟投入新的写作计划,但却不幸查出患病了……

写到这里,我不禁感到惶恐不安。我的这些肤浅的见解和不确切的文字表达,会不会有损于力扬为人的形象和作品的评价?我想,真诚而坦率的忆述是对亲人最大的敬重。在力扬生前,我的主要时间都放在为他创造一个温暖、舒适的家庭环境,没有时间在一起长谈他的过去和作品。现在把我的一些想法写在这里,请力扬的老朋友、老同事们批评和指教,也算是对力扬的缅怀吧。

力扬离开我已经19年了,我现在已年过半百接近退休年龄了。在这漫长的岁月里,我一直得到文研所何其芳、毛星、贾芝和外文所冯至、王平凡,以及北京大学王孝庭等同志的关怀。他们为解决我生活上的困难,重新安排了我的工作,并不断地给我以慰藉、鼓励,使我能坚强地度过那动乱并令人迷惑的年代。力扬的老朋友们,在粉碎"四人帮"后,陆续地打听到我们母子的下落,或写信或亲自来探望我。这些关怀和友情,我十分珍惜、永远不会忘记,并将其化为一种力量,鞭策我在继续前进的道路上,保持共产党员的节操,教育孩子为继承父辈的革命事业,做一个忠于革命、友爱同志的革命军人。

党的十二大总结了过去的历史经验教训,指明了前进的正确航向,全国人民意气风发,为实现"四化"而努力奋斗。我虽仅仅是革命洪流中微不足道的一滴水,但也要在今后的时光里,做一些力所能及且平凡的工作,以慰死者并为下一代铺路育苗。

此文写于1983年初,原为河南师范大学刘增杰、王文金、张如法编撰《力扬研究资料》而写的初稿,后该书因故未出版。——编者注

缅怀革命文艺工作者、诗人和学者力扬

季嘉

今年5月5日是我国现代诗人、诗歌研究者,文学研究所研究员力扬逝世40周年的日子。

一 革命文艺工作者

力扬,原名季信,字汉卿。1908年12月出生于浙江省青田县高湖乡桐川东坑口的一个没落地主家庭。在家乡和丽水县读完小学和初中。

1929年春,力扬于杭州第一高中师范科肄业一年后,考入林风眠任院长的我国第一所,也是唯一的一所艺术学校——国立西湖艺术院学习绘画。在校期间,在鲁迅的影响下,与进步同学组织了我国第一个提倡革命美术的团体"一八艺社"并为负责人之一,该社主要成员后来成为中国左翼美术家联盟的骨干,他为联盟执行委员之一。

1931年九一八事变后,力扬在学校组织同学开展抗日救国运动,任学生自治会主席,因反对国民党的投降政策,被校方开除学籍并强迫出境。离杭后去上海,与先期主持"一八艺社"上海分社的艺院同学张眺(耶林)、于寄愚、李岫石等一起,继续从事进步文艺活动。

1932年一二八事变后,力扬因参加为东北义勇军募捐工作,被国民党上海的南市公安局逮捕,一星期后无罪释放。是年秋天,又因秘密从事革命工作,被法租界巡捕房再次逮捕,移送国民党江苏省高等法院,初审以"危害民国罪"被判处6年徒刑,中共党组织聘请沈钧儒、史良等为义务律师,向国民党南京最高法院上诉,但仍维持原判。在上海法租界看守所和监狱监禁到1935年1月,又与李岫石、艾青等一起被移送苏州反省院,至秋天被保释出狱。

1937年七七事变后,为参加抗战,力扬于1938年4月赴武汉参加国民党军委会三厅和改组后的文化工作委员会,在郭沫若的直接领导下工作,辗转长沙、衡阳、桂林等地,于1939年5月到达重庆,任过《文学月报》编委。

皖南事变国民党掀起第二次反共高潮后,重庆文化界进步人士多数撤离,力扬曾一度到恩施湖北第一女师任教。1942年春末返回重庆时,周恩来曾找他谈了一次话,并把他介绍给陶行知,到陶主持的育才学校任教;同时在何其芳的直接指导下,继续从事中共领导的重庆民主活动和文化工作,担任过中华全国文艺界抗敌协会重庆分会理事和重庆《新民报》文艺副刊编辑。

1947年,八路军办事处撤回延安,8月,力扬随育才学校迁往上海,同年冬,因受特务监视而离沪赴香港,任中国民主同盟港九支部委员兼宣传部部长,并在香港中业学院任文学系主任。1948年3月,在港由冯乃超、叶以群二同志介绍加入中国共产党,当年初冬由党组织决定,从香港乘苏联轮船到朝鲜,经平壤、安东(丹东)、大连,过渤海封锁线至胶东半岛、石家庄,到达晋察冀党中央,进入马克思列宁主义学院学习。

1951年,力扬于马列学院毕业留任国文教员。1953年春,文学研究所成立即到该所工作,先后任秘书主任、古代文学组研究员。其间,出席了全国第三次文代会等。

1964年5月5日,力扬因患癌症病逝于北京,郭沫若、潘梓年、臧克家等22人参加了他的治丧委员会。

二 现实主义的诗人

力扬的一生,总共只出版过4本诗集,即:《枷锁与自由》《我底竖琴》《射虎者及其家族》和中华人民共和国成立后将自己1933—1953年诗作选编成的《给诗人》。1960年又编好中华人民共和国成立后创作的诗集《美好的想象》,但未及出版。另有诗作几十首散见于各时期的报章杂志上。

代表作、长篇叙事诗《射虎者及其家族》最早发表于1942年8月《文艺阵地》七卷一期上,全诗共八节,以第一人称写法写成,从诗人的曾祖父——射虎者写起,一直写到祖父辈、父亲及诗人本人四代,与生活(我们家族的仇敌）搏斗的苦难历程。

刘怀玺在评论时写道，《射虎者及其家族》"写的是一个家族的历史，却概括了旧中国半个世纪以来农民的经历和命运。丰富的社会生活内涵和高度的典型意义，使长诗成为一部新诗史上不可多得的农民命运史诗"。吴子敏认为，"这首长诗，以鲜明丰满的形象、沉实朴素的语言，感情深厚地写下旧中国农村中一个家庭的悲歌，但他的蕴意无疑早已超越，而属于整个时代的众多苦难者。长诗的主题从仇恨到复仇，也同样地超越家族的内涵，而属于阶级、民族"。

除《射虎者及其家族》外，力扬的诗作发表后在社会上有一定影响或被收入一些中国现代诗歌集、辞典等的，还有茅盾先生撰文说的"情绪于哀婉中见激昂，内容与形式很和谐，不拘泥于落脚韵，而字句的自然旋律颇为美妙"的"我最喜欢"4首诗其一的《同志，再见!》一首，以及《七月颂歌》《雾季诗抄》《给诗人》《抒情七章》《愤怒的火焰——闻一多、李公朴两先生悼歌》和中华人民共和国成立后创作的《虹》《布谷鸟》等。

力扬的诗歌创作题材较为广泛。中华人民共和国成立前，有写狱中生活的，有写农村苦难的，有抒发抗战激情的，有抨击反共逆流的，有悼念先哲先烈的，有歌唱民主运动的；也有中华人民共和国成立后歌颂党、人民和新中国的。其诗作曾被收入臧克家编选的《中国新诗选（1919—1949）》、上海文艺出版社编的《中国现代抒情短诗100首》、唐祈主编的《中国新诗名篇鉴赏辞典》、周良沛编选的《中国新诗库》等多部诗歌集、典。

按一些研究者的概括归纳，力扬的诗歌具有在浓重"自我"标记中显示普遍社会意义，在饱含一己生活感受中呈现整个时代风采，彰显激越、高亢、乐观、明朗的独特个性，化实为虚、情融于景、以丰富的想象创造醉人的意境，以及以自由体诗为主、讲究诗歌的内在情感旋律和语言的自然音节等一些创作特点。因而，他的诗总体上应归于现实主义诗派的。

在中国现代诗歌史上，"力扬并未建立丰碑，但他确实为中国现代诗歌留下了一份值得珍视的业绩"。几十年来，无论是中华人民共和国成立初期王瑶的《中国新文学史稿》、刘绶松的《中国新文学初稿》，还是粉碎"四人帮"后出版的多种版本的《中国现代文学史》《中国现代文学三十年》等大多数的现代文学史著或教科书，特别是中国社科院文学所和少数民族文学所

1997年9月编著的十卷本《中华文学通史（近现代文学史卷）》，都有论及力扬尤其是其长诗《射虎者及其家族》创作特点的节、段。评介力扬及其诗歌创作的文章，也有吴子敏的《评力扬的诗》、刘怀玺的《力扬的诗歌创作》、许定铭的《力扬的〈射虎者及其家族〉》等多篇。

三 勤思索的研究者

力扬既是一名诗人，但同时在近30年的诗歌创作过程中，亦从未间断过对诗歌创作理论辛勤执着的探究（中华人民共和国成立后则更多地钻研诗创理论，主要研究李白、杜甫等唐代诗人和诗歌），曾先后发表过《关于诗的民族形式》《关于诗》《毛主席诗词的艺术感染力》《论杜甫诗歌的现实主义》等30余篇诗论和发言稿等。

力扬在诗歌理论的探索研究中，有三件事是值得提到的：一是1956年2月他参加了中国作协创委会诗歌问题讨论会，在发言中有胆识地肯定了现代派诗歌"在艺术上对现代诗歌创作的发展仍是有贡献的"；二是1958年6月他写了《评郭沫若的组诗〈百花齐放〉》的评论，对在"大跃进"情况下，该组诗的创作缺乏生活实感和艺术形象、生搬硬套革命术语和哲学词汇的倾向，进行了批评，此文在当时国内社会和政治生活环境下未能发表，直到23年后才在《诗探索》1981年的第1期上刊出；三是他参加了中国科学院文学研究所《中国文学史》的编著工作，执笔写了唐代文学部分第四章《李白》、第九章《唐中叶其他诗人》之一部分和第十章《唐末诗人》等章节，该书于1962年7月出版后多次再版，为中国文学之权威史著，被许多大专院校选为文学专业教科书，至今仍畅销不衰。

综观力扬作为革命者、诗人和学者的一生，虽平凡又短暂，然执着又闪光。北京语言大学编写的《中国文学家辞典》专条简要介绍了他的生平和成就。值力扬逝世40周年之际，让我们共同地缅怀他！

原载《中国社会科学院院报》2004年5月11日第4版，收入中国社会科学院文学研究所编《岁月熔金（二编）——文学研究所60年记事》，中国社会科学出版社2013年6月第1版，第283—288页。——编者注

深切缅怀我们可敬可亲的大哥力扬

——季家三姐妹回忆大哥力扬二三事

季丹　季汉杏　季汉珠[①]

2008年是我们的大哥力扬100周年诞辰，回忆过去，我们沉浸在无比悲痛之中！没有大哥，就没有我们三姐妹的今天，在这个特殊的日子里，让我们把对大哥的思念记录下来，算是对他的一点深深的悼念吧！

追求进步　度己度人

我们家坐落在浙江省青田县高湖乡东坑口，是一个穷苦落后的山区。大哥年幼时虽然读过私塾，但后来积极接受了新文化的启蒙教育，在旧中国偏僻的乡村里，他的新思想显得尤为珍贵。我们三姐妹与大哥是同父异母的兄妹，我们都是父亲的后妻所生。我的妈妈因为没有生育男孩而感到压力很大，我大哥就安慰妈妈：女儿也很好，我就希望有几个妹妹呀。对我们姐妹三人，他关怀有加，使我们感受到了家庭的温暖，他用自己的言行默默地与封建社会盛行的重男轻女、重嫡轻续的旧观念抗争。

可谁能料到，命运也在严酷地考验着他：当他风华正茂在外埠头读书的时候，被父亲要求回家乡马上与比他年长5岁、裹着小脚，且没有感情基础没有文化的女子成婚。对于这桩按封建习俗而成的包办婚姻，他充满了痛苦，奋力地抗争着，硬是在几百里之外的学校不肯回来，家里无奈举行了一场没有新郎的婚礼。其时，他已接受了新式教育，向往文明、自由，对于没有一点感情基础的婚姻，他只能以不出席婚礼来做最后的抗争。

[①] 作者依次分别系力扬的大妹、二妹和三妹，离退休前分别为幼教高级教师、副主任医师和高级工程师，现均居青岛。——编者注

大哥力扬早年参加革命青年的学生运动，后来又参加左联等革命活动，曾被捕入狱，长期工作在白色恐怖笼罩的杭州、上海、武汉、重庆、香港等地，漂泊四方。我小时候，曾经听家里的大人讲如何想办法去营救在国民党监狱里的大哥，当时曾想，国民党政府宣传共产党是"朱毛造反，共产共妻"，大哥是那么聪明的人（全县考第一名），为什么要参加学生运动闹学潮反对政府呢？后来大哥多次给我来信，关心我的学习，嘱咐我要好好学习，接受进步教育，做一个对国家对社会有用的人。后来我反复思考，并一步步地悟出革命道理，革命者并不是像国民党宣传的"匪"，我大哥这样的革命者是有仁爱之心、有社会责任感的有志青年。这是我对革命者最初的理解，也算是我对革命的启蒙认识吧。

1947年，大哥给我来信，要我走出青田，到上海育才学校读书，开阔眼界，接受进步思想。并要我把名字从季汉钗改为季丹，寓意为红色，象征进步和革命。遵照大哥的嘱咐，我从家乡青田启程，经过长途奔波，来到上海郊区的大场，找到了当时在育才学校教书的屠先生（当时一律称为大哥），以季丹的名字开始了我在育才学校的学习生活。育才学校是由著名的平民教育家陶行知先生创办的、面向平民、服务社会的新型学校，学校倡导教学做合一，手脑并用，教育为大众服务。学生上午上课，下午或者到农村教农民识字，或者为农民治病（当时主要是抹药，治疗皮肤病）。在学校里，我不仅学到了科学文化知识，而且还学习了许多革命的道理。通过与当地农民的接触，培养了为大众服务的人生理念。

在育才学校学习了一年多，后来因病休学，回家乡养病。在东源小学教书时，共产党领导的浙南游击队正在家乡一带活动，由于在学校里已经接受了一些革命教育，所以，我很快就参加了共产党领导的游击队。从此，投身于中国人民解放战争的洪流中，走上了一条革命的道路。

现在，我早已离休在家，过着幸福的晚年生活，这一切都要感谢指引我走上革命道路的大哥。所以，没有大哥，就没有我的今天，就没有我的幸福家庭，在享受天伦之乐的时刻，我永远地怀念我敬爱的大哥力扬。

大妹　季丹（汉钗）

"汉杏，你再去读书吧"

我们的家是个大家庭，小时候知道有父母，几个哥、姐、妹等。那时对于我尚未见面的大哥（因我出生后大哥一直外出读书），我只能听别人讲述他的事情。一次，我同学的爸爸对我说："你大哥汉卿从小学习成绩很好，经常考第一；全县考中学，你大哥是第一名。"大哥早年接受进步思想，参加左联组织，积极投身革命运动，为革命东奔西跑贡献一生。

中华人民共和国成立后，大哥于1952年终于回到阔别多年的故乡。但是父母已长眠于地下，他来到了姨家找到了我，像慈父般地问起了我的情况。当他知道了我无依无靠的困苦生活后，沉思了长久，缓缓却坚定地说："汉杏，你再去读书吧！一切由大哥帮助解决，和我一起回家吧。"我听后低头热泪盈眶，泣不成声，真像见到了大救星一样！看到我悲喜交加的情感，泪水也从大哥的眼眶里涌出。这一幕虽然发生在56年前，但至今仍历历在目，如在眼前。

在大哥的支持、鼓励下，我又回到了学校……并终于学有所成，成长为一名具有高级职称的医务工作者，并在医务工作岗位上光荣地工作了一辈子。

大哥对我的恩情，我是终生不忘的。大哥不仅关心我，就是对素不相识的需要帮助的人，同样显示了高尚的仁爱之心。我的高中同学陈某，父母去世，生活困难。大哥听我说过她的窘境后，虽未曾见面，也马上汇钱资助她读书，从高中直到大学毕业，使她感激不尽。

1957年，大哥在无锡华东疗养院疗养时，我正值学校放暑假。他叫我去玩，在那里我看到大哥经常抽时间到附近的渔民家，到工厂里了解民情民意……此后，大哥还送我多本由他撰写的诗歌集与著作。这时，他早已成为中国著名的诗人、文学评论家及中国科学院研究员了，但我与大哥之间的兄妹手足情，却是越来越深……

1964年5月5日，大哥不幸罹患疾病，撒手人寰，离开了我们。

忆大哥，充满仁爱之心！
想大哥，常伸助人之手！
哭大哥，英年早离人世！
悲大哥，牵挂遗留幼子！

大哥，今年是您100周年诞辰，我们要永远地学习您，纪念您！

二妹　季汉杏

长兄如父　扶我成人

我1958年初中毕业后，就干临时工去了。由于父母早逝，我就不想再读书了，一心想着要自食其力，不要再过多地依靠大姐和姐夫的帮助。当时在北京工作的大哥知道我不想读书后，非常着急，一再来信要我不要中断学业，要多读点书，经济上有困难总会有办法解决的。在大哥的鼓励支持下，我考取了青岛纺织专科学校。从此以后，大哥每个学期都来信询问我的学习和生活情况。那时学校读书一律都是公费，但是总是还需要一些生活和零星开支。于是，大哥每学期都汇款来资助我的学习，月复一月，年复一年，一直持续了5年，直到我拿到了毕业证书，走上了工作岗位。

大哥不仅关心我的学习与生活，对我的个人问题也像慈父一般的关心。1962年，我经人介绍认识了在山东化工学院工作的张石铭。张石铭当时是个积极肯干的上进青年，但其父亲被打成"右派"，成为当时是否建立恋爱关系的关键问题。大哥了解到这个情况后，对我说："关键是看个人表现，按你说的情况，我看可以。"大哥的一席话，使我下定了决心，没有受到当时社会盛行的极"左"思潮的干扰，使我们有情人终成眷属。后来张石铭被评为教授，担任设备设计研究所所长。我们三个子女都大学毕业，其中两个是博士，一家人过着幸福美满的生活。

父母早逝是我的不幸，但是我有一个慈父般的大哥，又是我的万幸。

大哥，我们永远深深地怀念您！

三妹　季汉珠

这是2008年2月7日三位妹妹为纪念大哥力扬诞辰百年而分别写的回忆小文，由力扬外甥舒方平①整理。——编者注

---

① 1952年生于山东青岛，曾任中国人民银行青岛总支行副行长、中国光大银行青岛分行行长、上海分行副行长等。——编者注

力扬之子季嘉(左1)与大姑季丹(左2)、二姑季汉杏(左3)、三姑季汉珠(左4),后立者为力扬孙女季帆(2017年7月摄)

纪念力扬先生百年诞辰暨《力扬集》出版座谈会在京举行

刘鹏越[①]

2009年2月24日,由中国社会科学院文学研究所主办的纪念力扬先生百年诞辰暨《力扬集》出版座谈会在京举行。学部委员、文学所所长杨义研究员,文学所、民文所联合党委书记钟代胜,国家外专局财务司司长彭启明,文学所副所长刘跃进研究员、《文学遗产》编辑部主编陶文鹏研究员、文学所古代文学室副主任蒋寅研究员、外文所所长助理吴小都研究员等20余人参加了此次会议。会议由文学所古代文学室主任刘扬忠研究员主持。力扬先生之子季嘉也参加座谈会。

力扬,原名季信,字汉卿,中国革命文艺工作者、现代诗人、学者,社科院文学所古代文学研究员。力扬的一生,总共出版过4本诗集,即:《枷锁与自由》《我底竖琴》《射虎者及其家族》和中华人民共和国成立后将自己1933—1953年诗作选编成的《给诗人》。

他的诗歌具有在浓重"自我"标记中显示普遍社会意义、在饱含一己生活感受中呈现整个时代风采,彰显激越、高亢、乐观、明朗的独特个性,化实为虚、情融于景、以丰富的想象创造醉人的意境,以及以自由体诗为主、讲究诗歌的内在情感旋律和语言的自然音节等一些创作特点。

其诗作曾被收入臧克家编选的《中国新诗选(1919—1949)》、上海文艺出版社编的《中国现代抒情短诗100首》、唐祈主编的《中国新诗名篇鉴赏辞典》、周良沛编的《中国新诗库》等多部诗集。其代表作、长篇叙事诗《射虎者及其家族》被学界认为是一部新诗史上不可多得的中国农民命运诗。该诗最早发表于1942年8月《文艺阵地》七卷一期上,全诗共八节,以第一人称写成,从诗人的曾祖父——射虎者写起,一直写到祖父辈、父亲及诗人

[①] 作者时为空军少校,空军报社编辑、记者。——编者注

本人四代,与生活(我们家族的仇敌)搏斗的苦难历程。

力扬在近30年的诗歌创作中,亦从未间断过对诗歌创作理论辛勤执着的研究,曾先后发表《关于诗的民族形式》《关于诗》《毛主席诗词的艺术感染力》《论杜甫诗歌的现实主义》等多篇诗论,并参加了中国科学院文学研究所《中国文学史》的编著工作,该书于1962年7月出版后多次再版,为研究中国文学史的权威著作,被许多大专院校选为文学专业教科书。

《力扬集》是由中国社会科学院科研局组织编选的大型学术性丛书《中国社会科学院学者文选》中的一册。由力扬先生之子季嘉历时5年整理完成。该书分为"诗作"和"诗论"两部分,收录了力扬一生创作的绝大部分诗歌、诗论作品,较为全面地反映了力扬在诗歌创作和诗歌理论探索中取得的成绩。

座谈会上,力扬先生之子季嘉简要介绍了力扬的生平。力扬先生的同事,社科院荣誉学部委员、文学所刘世德研究员,满怀深情地回忆了与力扬先生共事的点点滴滴,生动地展现了力扬先生豁达低调的性格。一直致力于力扬诗歌研究的社科院文学所吴子敏研究员,详细介绍了力扬先生在诗歌创作和诗歌理论探索中取得的成就。学部委员、文学所所长杨义研究员、陶文鹏研究员和吴小都研究员等也纷纷发言,对力扬先生的"为人"和"为文"都给予了高度的评价。

原载《中国文学网》"学界要闻",2009年2月27日。——编者注

纪念力扬同志百年诞辰暨《力扬集》出版座谈会举行

许继起[①]

2009年2月24日，由中国社会科学院文学研究所主办的纪念力扬同志百年诞辰暨《力扬集》出版座谈会，在文学研究所举行。参加座谈会的有文学研究所所长杨义、党委书记钟代胜、副所长党圣元和刘跃进，荣誉学部委员刘世德，《文学遗产》主编陶文鹏，研究员吴子敏、刘扬忠、蒋寅，外国文学研究所研究员吴小都，国家外国专家局财务司司长彭启明，力扬之子季嘉等共20余人。

会议由文学研究所古代室主任刘扬忠主持。首先由季嘉大致介绍了力扬同志的生平经历、诗歌创作以及文学研究情况。力扬，原名季信，字汉卿，革命文艺工作者、诗人。力扬一生，共出版了4本诗集，他的长篇叙事诗《射虎者及其家族》被认为是中国现代叙事诗歌的代表作品之一。新近出版的《力扬集》，由季嘉历时5年整理完成，收录了其大部分诗歌、诗论作品，较为全面地反映了力扬在诗歌创作和诗歌理论批评中取得的成就。

座谈会上，刘世德深情地回忆文学所建立之初，他与力扬共事的经历。他说力扬生活朴素，为人低调，关心他人，是一个开朗豁达、具有诗人气质的文学研究者。吴子敏详细介绍了力扬抒情诗、哲理诗、长篇叙事诗的艺术特点，以及他在中外诗歌理论研究中取得的成就。他认为，力扬诗歌注重感情，色彩明亮，其抒情诗有如风景画，叙事诗则如连环画，哲理诗中蕴含了对社会、理想、人生、艺术的深层思考。陶文鹏着重指出力扬的现代叙事诗创作实践和理论探索，对中国现代叙事诗创作模式和理论建构具有重要意义。

最后由杨义总结发言，他说，力扬同志为文学研究所早期的建设做出了贡献，作为诗人兼学者，他研究文学有独特的视角，值得重视。

原载中国社会科学院文学研究所《文学遗产》，2009年第3期，第158页。——编者注

[①] 作者系博士后，时为中国社会科学院文学研究所古代文学室副研究员。——编者注

力扬先生手稿等捐赠仪式在文学研究所举行

高军①

2009年5月12日，力扬先生手稿及其他部分遗物捐赠仪式在文学研究所举行，仪式由副所长刘跃进研究员主持。所党委书记钟代胜、所长助理陶国斌、《文学遗产》主编陶文鹏、古代文学研究室副主任蒋寅、科研处处长严平和力扬先生之子季嘉等参加捐赠仪式。

钟代胜代表文学研究所致辞。他首先代表所党委、所领导同志对季嘉代表他的妈妈牟怀真女士捐赠力扬先生的手稿及其他部分遗物表示衷心的感谢。同时他还指出：我们文学研究所现在广泛宣传和大力弘扬尊老敬贤的传统美德，在对待这件事情上也应如此，也要体现尊老敬贤。第一，要把这次捐赠的力扬先生的手稿及其他部分遗物当作我们文学研究所宝贵的物质财富和精神财富，要收藏好、保存好、利用好。第二，我们要继承和发扬力扬先生等前辈学者严谨治学的精神，把做人、做事、做学问统一起来，潜心学术研究。第三，年轻人和青年学者要尊重师长，在职的同志要尊重离退休老同志。全所同志都要为做好离退休干部工作做贡献。

季嘉在发言中说，将力扬历经战乱和中华人民共和国成立后保存下来的手稿捐赠国家相关机构，一直是他母亲和他本人的愿望。年初，与文学研究所副所长刘跃进研究员协商此事，得到热情鼓励和支持。他说，把力扬手稿及部分遗物捐赠给文学研究所，是"物归所值"和顺理成章的事。其一，中国社科院文学所是中国文学研究的最高殿堂，力扬的一些现代诗稿和对古代（主要是唐代）文学研究的论文等，对文学研究所古代、现代文学特别是诗歌研究有参考价值；其二，力扬随何其芳先生等最早参加了文学研究所的创建工作，并在文学研究所度过了他人生最后的11年，他的遗稿本身应该是

---

① 作者时为文学研究所办公室工作人员。

义学研究所基本资料的重要组成部分；其三，作为中国社会科学院的子弟，季嘉对文学研究所、外国文学研究所（力扬夫人工作单位）有很深厚的感情。所有这些，都促使他们一家把力扬的手稿、遗物等捐赠给文学研究所。感谢文学研究所领导、前辈、学者给他们全家一个实现愿望的机会和平台。

仪式上，季嘉向严平捐赠力扬先生手稿和遗物，双方代表在清单上签字。刘跃进宣读由文学研究所所长杨义签发的荣誉证书："牟怀真女士及子季嘉同志继承力扬先生毕生为文学事业奋斗的精神，将其手稿等捐赠给文学研究所永久保存，特此表彰，并致谢忱。"文学研究所向牟怀真女士及子季嘉同志赠送纪念品。参加捐赠仪式人员合影留念。

原载《中国文学网》"学界要闻"，2009年5月27日。——编者注

我的爷爷力扬

季帆

当我得知父亲要在爷爷逝世60周年之际出版这本纪念集的时候，我的内心交杂着佩服与惭愧相织的情感。佩服的是，父亲对爷爷的崇拜与专注几十年如一日的充满热情与执着，他做了他作为儿子和后人传承这份"家业"所能尽的一切；而惭愧如我，虽然跟随着爷爷和父亲的脚步选择了学文的道路，却终究奔波忙碌于现实的生活与工作中而再也无法静心将先人的文业延续下去。父亲说，既然是纪念爷爷的集子，你也写些什么作为留念吧。然而与书中其他文者不同的是，我既没有与爷爷力扬相处相识的故事，也并非研究他到文学道路的专家学者，我该从何写起呢？那就说一说这些年来，我透过父亲的背影所看到的爷爷吧。

我的爷爷力扬，在很长一段时间里，我对他的认识只是来自于长辈们的描述，二三十张照片，还有被父亲奉为珍宝的他留下来的诗集和作品。年少时我甚至花了很长的时间才弄清楚了一个问题，那就是作家都有自己的笔名，所以我的爷爷才不是跟我一个姓。即使后来在香港求学时和中文专业的前辈们提起爷爷，她们会惊讶地说，上文学课的时候有学到过爷爷的作品，没想到我会是他的孙女，那时我也只是让自己的小虚荣心膨胀了一下。大概因为爷爷因病过世实在是太早，除了他留下的作品、书籍，一些长辈对于他崇拜、敬仰地描述和回忆之外，如今已很难在这个世上寻到他的踪迹。也因此曾经在我的心里，爷爷，始终只是一个名字而已。而爷爷却是父亲的信仰，虽然对两岁时就失去父亲的他来说，与爷爷一起的回忆不过也只是心底的念想。

对于总是得过且过、随遇而安的我来说，很是羡慕那些一直活得很有梦想、很有信仰的人，比如我的父亲。在我看来，父亲直到现在的生命中，他的父亲，也就是我的爷爷，是他始终不变的梦想；或者应该说，父亲他生命永恒的理想和信仰，就是让爷爷力扬的作品能够在历史上留下专属的痕迹，亦可以留存于后人的心中。

我的父亲是那样执着坚定地守护着他的信仰，从他上学到当兵到立业，从小伙子到结婚到后来成为我的父亲，在他的大半人生里，他始终默默地用自己的方式守护着他对于父亲的敬仰。为此他牺牲了很多休息的时间，奔波于众多的书店和所知的图书馆，去翻找所有20世纪三四十年代的文学书籍，打听拜访每一位有可能认识力扬或者曾研究过力扬作品的人，竭尽全力搜寻着爷爷的所有作品或其他任何蛛丝马迹。如果有的话，就想尽一切办法留下来，能买的就买回来，不能买的他就一字一句的抄下来。后来，为了能把爷爷的作品集出版，他又开始一字一句的将这些诗、文章录入电脑，有时候是一整天，有时候是熬一个晚上。当他做这些的时候，我和母亲不只一次地想过他"傻"，也嫌他因为这样缺失了和家人一起的时光，毕竟曾经在我们看来，这是一份无法确定其意义也没有尽头的搜集整理工作。

就这样过去的岁月，不知道是十几年，亦或已有二十几年、三十几年的时光了，他愚公移山一样地专注和执念，终于在爷爷力扬诞辰一百周年之际，成就了那本只属于爷爷的文学作品专集《力扬集》。虽然范围很小，却也真正地摆在了书店文学类专著的售卖书架上，这份意义对于我们全家来说，沉甸而深重。那本书拿在我的手里重重的，但我知道在父亲的手里，它一定更重。

后来，为了纪念《力扬集》问世而召开的追思会上，我时隔很久看到了父亲的笑容，那是习惯严肃刻板的父亲很少会显露出的，真正开心、幸福、满足的笑容。我翻起书的最后父亲为《力扬集》所写的后记，他感谢了很多人，其中有我的奶奶，我的母亲，帮助校稿的亲人，还有我。那时我鼻子突然就酸了，我想起很多零散的片断。那时候刚普及电脑，我在学校学习了电脑，而父亲不会，为了给爷爷整理稿子他不得不请教我怎么使用文档和图片，而我从来都是敷衍了是。后来家里只有一台电脑的时候，我为了上网和玩游戏总是不让他用，每次他都要等到我不玩了才能开始整理的工作，往往一干就是大半夜。这始终，我鲜少帮助过或是鼓励过他，总是不断地制造着麻烦，而他依旧说，要感谢我，因为"我的梦想，就是要为我的父亲把作品集出版，让人们能够记住他，也让我们的后代提起力扬，心里也是骄傲的"。

如今，随着这本力扬纪念集即将出版问世，我更加深刻地理解了父亲，也理解了这份骄傲。感谢我的爷爷力扬，当我一次次读起他的诗歌他的作品，感受到的不仅是在那个年代他所呼喊的、所渴望的真知理想，更是作为后代从他铿锵有力的文字中所被给予和传承的信念与梦想。感谢我的父亲，前路漫漫，荆棘丛生，传承的道路有着无法预知的磕绊与阻碍，但我仍愿像父亲一般用信仰拨开前进的迷雾，即使无法得到掌声和鼓励也应无悔于自己的初心。

永远怀念您，爷爷！

2024年2月25日

传记

年谱篇

自 传

力扬

我原姓季，名信，字汉卿，力扬系笔名。一九〇八年十二月生于浙江省青田县高湖乡之东坑口。祖父是贫农，又做过木匠。后来逐渐上升为富农。父亲是独子。前清时秀才，又毕业于杭州赤诚公学及蚕桑学校。拥护康梁维新运动，赞成新学，后来也拥护辛亥革命。父亲继承祖父产业，有田约三十亩和森林若干。除雇长工自耕一部分外，并出租土地，过地主生活。父亲凡三娶，元配生长姊，适地主陈俊百。我与二弟汉成、汉仁均为庶出，我母去世后，又娶继母，生三妹汉钗、汉杏与汉珠。父亲长时吸食鸦片，又以家口日繁，在我十二岁左右，家境已相当贫困。我在中学读书时的学费，已有一部分向亲友乞贷。所以两个弟弟即无力入学，自小从事劳动，在土地改革时，他们的成分都是中农。

我在初中毕业后，在杭州第一高中师范科肄业一年，因自幼喜爱诗词、美术，适国立西湖艺术院创办，遂考入该院。在高中时名季高，在该院时名季春丹，都因为借同姓人的文凭投考这些学校的缘故。

国立西湖艺术院创办于一九二九年春①，时蔡元培任国民党中央政府大学院院长（相当于教育部部长），主张艺术代宗教。任林风眠为艺术院院长。这是中国资产阶级第一所，也是唯一的艺术学校。林风眠在巴黎学习绘画，他的作品尚继承了旧现实主义的作风，表现了一些人道主义思想。但其他许多留学法国的教授，都在不同的程度上带回法国没落资产阶级的现代形式主义的流派，对同学进行着资产阶级的艺术教育。

但当时鲁迅先生已经成为共产主义者，在上海提倡无产阶级文艺，介绍了普列汉诺夫、卢那卡尔斯基的艺术理论和苏联文学。校内许多家境贫寒，

---

① 此处作者记忆有误，应创办于1928年3月1日。——编者注

希望在人生上寻求出路的同学，都很快地接受了革命的影响。我也是其中之一。在这种影响之下，我们在校组织了中国第一个提倡革命美术的团体"一八艺社"，并在上海设立分社。该社的主要成员后来成为中国左翼美术家联盟的骨干。

一九三一年九一八事变后，全国人民抗日情绪高涨。艺术院同学在"一八艺社"的影响下，组织了抗日救国组织，我当时任学生自治会主席，并负责这个组织，又系"一八艺社"负责人之一。当时国民党反动政府在"攘外必先安内"的口号下，对日本帝国主义采取不抵抗政策，对内发动对红军的围剿。压制一切抗日救国的运动和言论。因此，以我在壁报上写文章讽刺国民党官僚为名，开除我的学籍，并强迫我出境。

此时，艺院的同学张眺（耶林）、于寄愚、李岫石已先我在上海主持"一八艺社"分社，并参加地下党工作。我离杭赴沪后，即和他们一起生活和工作。一九三二年一二八事变，我参加为东北义勇军募捐的工作，被国民党上海南市公安逮捕，拘捕一星期，无罪释放。此时，"一八艺社"上海分社，因杭州总社被封，易名"春地美术社"，在法租界西门路设立社址，公开招收社员。同时，党派于寄愚组织中国左翼美术家联盟，即以"春地美术社"掩护。我系该盟执行委员之一，秘密从事革命工作。是年秋天的一个晚上，有十三个干部和社员在社内学习世界语时，被法租界巡捕房逮捕后移送法院。初审时，我被判处徒刑六年，其余社员被判五年、三年、二年、半年。党的组织聘请沈钧儒、史良、张志让为义务律师，向国民党南京最高法院进行上诉。仍维持原判。在上海法租界看守所和监狱，监禁至一九三五年一月，因满刑期三分之一，我与李岫石、艾青被移送苏州反省院。至该年秋天满六个月一期后，由我父亲的朋友，陈诚部下赵志垚保释出狱。我在狱时，改名纪春道。在反省院先后同时的，有章汉夫、廖沫沙、廖体仁、叶以群（我的入党介绍人之一）等同志。在上海监狱时，开始学习写诗。

出狱后，一方面由于生活困难，另一方面也由于当时白区党组织被国民党摧残殆尽，无法寻找，我即因赵志垚的关系，在十八军驻京办事处，任中尉处员。但仍保持革命气节，没有加入国民党，也未同流合污，并影响赵的两个女儿，走向革命。他的两个女儿和两个女婿都是党员，现仍留在大陆。赵即该办事处主任，军长为陈诚。陈、赵二人，均为青田人，系我的同县人。抗日战争爆发后，随该办事处撤退至长沙、武汉。一九三八年，军事委员会成立政治部，陈诚任部长，周恩来同志任副部长。郭沫若任该部第三厅厅长。郭老由日本回国来南京见蒋介石时，我曾到旅馆里去见过他。后来在长沙时，我又去见过他。政治部成立后，我因请求赵志垚向郭老介绍我至三厅工作。该年秋天，随政治部撤退至桂林，一九三九年夏初至重庆。一九四〇年夏，郭老辞去三厅厅长，改任该部文化工作委员会主任，我仍在该会工作。皖南事变后，国民党反共浪潮日益高涨，重庆进步文化界人士，多数撤离。我得到郭老、冯乃超同志的同意，至湖北恩施任湖北第一女师教员，因受特务注意，于一九四二年春回重庆。回重庆时，周恩来同志找我谈话一次，由他介绍给陶行知先生，在陶所主持的育才学校任教。并在党的领导下参加重庆的民主活动和文化工作。由何其芳同志直接指导我。一九四七年八路军办事处被迫撤回延安，我随育才学校来上海。该年冬，赴香港，任民主同盟港九支部委员兼宣传部部长。一九四八年三月由冯乃超、叶以群两同志介绍入党。该年初冬，由党组织决定，与方与严、王却尘同行，由香港乘苏联小俄罗斯轮至朝鲜，经平壤、安东（丹东）、大连，通过渤海封锁线至胶东，经青州、石家庄至晋察冀党中央。陆定一同志原要我至华北大学做文艺工作，我经过何其芳同志要求进马列学院学习。一九五一年在该院毕业，留院任国文教员。一九五三年春调本所工作。

1958年9月写。——编者注

关于力扬同志的一些情况

毛星①

力扬，原名季汉卿，1908年12月生于浙江省青田县高湖之东坑口。祖父是贫农，又当过木匠。父亲是前清秀才，以后在杭州上当时新办的赤诚公学及蚕桑学校，拥护康梁维新，也拥护后来的辛亥革命。力扬自幼即喜诗词、美术，在浙江丽水初中毕业后，到杭州第一高中师范科肄业一年，1929年即考入新创办的国立西湖艺术院。在高中和艺术院时都名季春丹。在艺术院学习绘画期间，接受了鲁迅先生所提倡和介绍的革命思想，与进步同学组织了提倡革命美术团体"一八艺社"，并在上海设立分社。该社主要成员后来成为中国左翼美术家联盟的骨干。1931年九一八事变，在校组织抗日救国团体，当时任学生自治会主席，负责领导这个救国组织，又系"一八艺社"负责人之一。因宣传抗日，反对国民党，被学校开除学籍，强迫出境。乃去上海，与在上海主持"一八艺社"分社并参加中国共产党地下工作的艺术院旧同学张眺（耶林）、于寄愚、李岫石等一起生活和工作。1932年一二八事变，因参加为东北义勇军募捐的工作，被国民党上海南市公安局逮捕，扣留一星期。此时"一八艺社"上海分社因杭州总社被封，易名"春地美术社"。也在这时党派于寄愚组织中国左翼美术家联盟，即以"春地美术社"为掩护，力扬为该盟执行委员之一。是年秋，又被捕囚禁于法租界看守所与监狱。1935年1月与李岫石、艾青一起被移送苏州反省院。是年秋，被保释出狱。在狱时的名字叫纪春道。出狱后，在国民党十八军驻京办事处，任中尉处员。抗日战争爆发后，随该办事处撤至武汉。1938年国民党军事委员会成立政治部，郭沫若任该部三厅厅长，力扬即到该厅工作。1938年秋随政治部

---

① 作者系我国著名文艺理论家，曾任中国社会科学院文学研究所领导小组副组长、研究员、《文学评论》副主编等，第五、六届全国政协委员。——编者注

撤至桂林，1939年夏初至重庆。1940年夏郭老改任文化工作委员会主任，力扬仍在该会工作。在重庆期间曾任《文学月报》编委。皖南事变后，国民党反共高潮日益高涨，重庆进步文化界人士多数撤离，乃至湖北恩施湖北第一女师任教，因受特务注意，1942年春又回重庆，在陶行知主持的育才学校任教，并参加重庆的民主活动和文化工作。担任过重庆文协会理事和重庆《新民报》文艺副刊编辑。1947年，八路军办事处撤回延安时，随育才学校到上海。该年冬，赴香港，任民主同盟港九支部委员兼宣传部部长，并任香港中业学院文学系主任。1948年3月，由冯乃超、叶以群介绍加入中国共产党。该年冬初，经党组织决定，由香港乘苏联轮船至朝鲜，经平壤、安东（丹东）、大连，通过渤海封锁线至胶东，经青州、石家庄至晋察冀党中央，要求到马列学院学习。1951年，在该院毕业，留院任国文教员。1953年春文学研究所创办，到该所工作，先任所秘书主任，后到古代组任研究员，研究李白、杜甫等中国古代诗人，并参加《中国文学史》的编写工作，在文学研究所的研究工作之余，也继续写诗并到实际生活中去锻炼充实，以丰富创作的积累。1956年秋，曾参加中华全国总工会和中国作家协会共同组织的旅行团，访问太原、洛阳、武汉、苏州、上海等地的工厂和农村，1958年10月到1959年11月，又曾下放到武汉钢铁公司，参加公司文化活动和党的基层工作。1964年5月，病逝于北京。

力扬在中学时代即开始写诗。他的第一本诗集《枷锁与自由》出版于1939年4月，收入最早的一首诗《枫》，是1933年秋在上海法租界监狱中写的。他的第二本诗集《我底竖琴》，出版于1944年9月，收1937年秋至1944年的一些短诗，昆明诗文学社出版，为《诗文学丛刊》之二。他的代表作《射虎者及其家族》于1942年6月初（"诗人节"后一日）定稿于重庆，1948年12月在香港出版，编入《新诗歌丛刊》书名《射虎者》。1951年8月，上海新文艺出版社又将这一长诗印行新版。据作者自称，这首长诗"是自家祖父一代历史的一部分"。中华人民共和国成立后1955年6月，力扬将自己1933至1953年的诗作编选了一个集子《给诗人》，于1955年11月作家出版社出版。1960年5月，力扬将中华人民共和国成立后写作并发表了的29首诗和1959年8月所写的未发表的一首诗，自编为诗集《美好的想象》。这个集子编好后未出版。

　　这是毛星同志为力扬所写的情况介绍。——力扬夫人牟怀真1978年4月14日注

《中国文学家辞典（现代第一分册）》"力扬"词条

力扬（1908年12月—1964年5月）

现代诗人。原名季信，字汉卿。浙江省青田县高湖乡人。1929年，考入国立西湖艺术学院学习绘画。学习期间，在鲁迅的影响下，与进步同学组织了提倡革命美术的团体一八艺社，为负责人之一。该社主要成员后来都成为中国左翼美术家联盟的骨干，他为执行委员之一。1931年九一八事变时，他在学校组织抗日救国团体，并任学生自治会主席。因宣传抗日，反对国民党，被校方开除。去上海后，从事进步文艺活动。曾两次被捕入狱。后来到重庆，在郭沫若领导的国民党军事委员会政治部文化工作委员会工作，任过《文学月报》编委。皖南事变后，一度离重庆，到恩施湖北第一女师任教。1942年回重庆，在陶行知创办的育才学校任教，并参加重庆的民主活动和文化工作，担任过中华全国文艺界抗敌协会重庆分会理事和重庆《新民报》文艺副刊编辑。1947年，随育才学校到上海。同年冬，赴香港，任民主同盟港九支部委员兼宣传部部长，并任香港中业学院文学系主任。1948年3月加入中国共产党。同年冬，到晋察冀，入马列主义学院学习。1951年在该校毕业，留任国文教员。1953年春到文学研究所工作，先后任秘书主任、研究员，主要研究李白、杜甫等中国古代诗人，并参加中国文学史的编著工作。1960年，参加中国文学艺术工作者第三次全国代表大会。力扬在中学时代就开始写诗，主要作品有：诗集《枷锁与自由》（1939年4月）、《我底竖琴》（1944年9月，昆明诗文学社），代表作《射虎者》（1948年，香港新诗歌社）。1951年，上海新文艺出版社再版这一长诗时改名《射虎者及其家族》①。中华人民共和国成立后，他将自己1933年—1953年的诗编成选集

---

① 此处有误，其代表作一直名为《射虎者及其家族》，1948年新诗歌社版因开本较小取书名《射虎者》。——编者注

《给诗人》（1955年，作家出版社）；1960年，又编中华人民共和国成立后的诗集为《美好的想象》（未出版）。此外还写过《关于诗》《关于诗的民族形式》及《论杜甫的现实主义》①等论文。

原载北京语言学院《中国文学家辞典》编委会编《中国文学家辞典》（现代第一分册），四川人民出版社1979年12月第1版，正文第7—8页。——编者注

---

① 此处有误，应为《论杜甫诗歌的现实主义》。——编者注

《青田县志》"力扬"传

青田自宋以来,学风日盛,考取进士者121人;入保定、黄埔等军校或出国留学者百余人。古今著名人物有宋代医学家陈言,明代军事家、政治家、文学家刘基,清代学者韩锡胙、端木国瑚,国民党副总裁陈诚,救国会"七君子"之一章乃器,革命烈士麻植,画家张弦,诗人力扬,生物学家伍律,石雕艺术家张仕宽,爱国侨领林三渔等等,可谓人才辈出。

力扬

力扬(1908—1964年),原名季信,字汉卿,高湖东坑口人。自幼爱好诗词、美术,省立十一中学毕业后,在杭州第一高中师范科肄业一年。民国十八年,考入国立西湖艺术专门学校。在校期间,参加进步美术团体"一八艺社",为负责人之一。民国二十年九一八事变时,任学生自治会主席,组织同学开展抗日救亡运动,反对国民党的投降政策,被学校开除。随后去上海与主持"一八艺社"上海分社的中共秘密工作者张眺(耶林)、于寄愚、李岫石一起从事革命文艺活动。民国二十一年一二八事变后,为东北义勇军募捐,被上海南市公安局拘留。是年秋被捕。民国二十四年一月,与李岫石、艾青一起被移送苏州反省院,后保释出狱。民国二十七年在国民政府军事委员会政治部文化工作委员会工作。民国二十七年秋,随政治部撤至桂林。民国二十八年四月,出版诗集《枷锁与自由》。初夏到重庆曾任《文学月报》编委。民国三十年,到恩施湖北第一女子师范任教。民国三十一年春回到重庆,在陶行知创办的育才学校任教,并任中华全国文艺界抗敌协会重庆分会理事、重庆《新民报》文艺副刊编辑。民国三十一年六月初,长诗

《射虎者》定稿（1951年8月再版时改名《射虎者及其家族》）①。民国三十三年九月，出版《我底竖琴》。民国三十六年，随育才学校回上海。同年冬赴香港，任民主同盟港九支部委员兼宣传部部长、香港中业学院文学系主任。

民国三十七年（1948年）三月，加入中国共产党。同年冬，离港辗转至晋察冀边区，入马列主义学院学习。1951年毕业，留学院任国文教员。1953年春，任中国科学院文学研究所秘书主任、研究员，参加编撰《中国文学史》。1955年6月，选编出版《给诗人》。1964年5月，患肺癌逝世。

原载青田县志编纂委员会编《青田县志》，浙江人民出版社1990年10月第1版，正文第701、720页。——编者注

---

① 此处有误，其代表作一直名为《射虎者及其家族》，1948年新诗歌社版因开本较小取书名《射虎者》。——编者注

力扬年谱画传

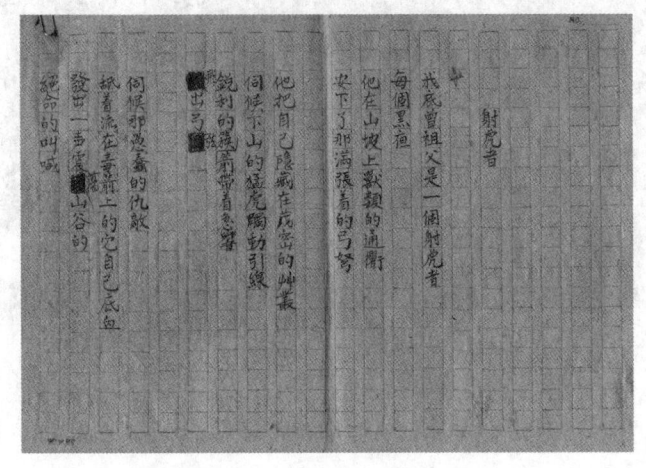

季嘉 编撰

《射虎者及其家族》手稿第一页

1908—1923（0—15岁）

1908年12月 出生于浙江省青田县高湖镇桐川东坑口。原名季信，字汉卿。

曾祖季俊明是个猎人，清道光中后期约50多岁时不幸死于虎口：

> 射虎者
> 射杀了无数只猛虎，
> 他自己却在犹能弯弓的年岁，
> 被他底仇敌所搏噬。
> ——力扬《射虎者及其家族》（节选）

祖父季贵六，贫农，因木匠手艺而逐渐上升为富农，有田约30亩，民国初年病逝，享年71岁。父亲季璇，字颐典，晚清秀才，先后毕业于杭州赤城公学和蚕桑学校，之后回家乡湖山小学教书，1944年，近60岁时病逝。

力扬自幼聪颖，曾读过私塾，1920年，开始在家乡湖山小学读书，年内丧母洪氏，致家境渐贫。家境的衰落与社会的黑暗，促使力扬立志一生寻求"是不是还有更好的复仇的武器？"（《射虎者及其家族》）

1931年9月，"一八艺社"社员在杭州西湖孤山合影，山石上左三为季春丹（力扬）

1924—1929年（16—21岁）

1924年8月—1927年7月 以全县第一名成绩考入并就读于浙江省立第十一中学校（今浙江省丽水中学）新学制初中班。毕业后，为反抗家庭包办婚姻出走杭州。

1928年春 借上届初中同学文凭改名季高，考入浙江省立第一高中（今杭州市第四中学）师范科，一年后肄业。

1929年春 因自幼喜爱诗词和美术，借旧学制1924级同学季春丹的中学毕业证，考入林风眠任校长的我国第一所综合性高等艺术学府——国立艺术院（后改名国立杭州艺专等，今中国美术学院）图案系，校址在杭州孤山罗苑（哈同花园）。自此至1933年秋，以"季春丹"之名活动。

1930年（22岁）

3月2日 中国左翼作家联盟在上海成立。在蓬勃兴起的左翼文艺运动影响下，5月21日，国立杭州艺专主张"普罗"美术的部分进步学生，从去年组成的美术社团"西湖一八艺社"（因组成于民国十八年）分裂出来，另组我国第一个提倡革命美术的社团"一八艺社"。季春丹是艺社的第一批社员，并与陈卓坤、张眺（耶林）、李岫石、胡一川（胡以撰）等曾为该社负责人。

7月 中国左翼美术家联盟在上海秘密成立。季春丹与在沪参加"左联"暑期补习班的"一八艺社"社员一起参加成立大会，季春丹并被选为执委之一。

9月 杭州《之江日报》季春丹主编的《草原周刊》，刊登艺社社员卢鸿基撰写的回忆、介绍鲁迅2月21日在中华艺大演讲《绘画杂论》的文章，指明左翼美术的前进方向。

是年冬 中共地下党员、台籍日语教师李友邦在杭州艺专秘密组织共青团支部，季春丹在胡一川、刘梦莹等之后秘密入团。

1931年（23岁）

6月11日—15日 第二次"一八艺社习作展览会"在上海举办。鲁迅撰写《一八艺社习作展览会小引》，热情赞扬社员"以清醒的意识和坚强的努力，在榛莽中露出了日见生长的健全的新芽"（原载1931年6月15日《文艺新闻》）。展览会展出包括季春丹在内的"一八艺社"社员作品180余幅，涵盖油画、雕塑、中国画、图案装饰，尤其是新兴的木刻版画首次出现。同时编辑出版《一八艺社1931年习作展览会画册》，收入鲁迅的《小引》一文，封面装饰美术字为季春丹所作。

九一八事变后，杭州艺专学生在"一八艺社"影响下组织"抗日救国会"，宣传救亡并实施军训。季春丹时为"一八艺社"负责人之一，又为学生自治会主席，负责救国会工作。

是年冬 在一次学生大会后，被校方以在壁报上写文章讽刺国民党官僚为名开除学籍，被迫离杭，旋即赴沪参加张眺、李岫石、于寄愚主持的"一八艺社"上海分社活动。

1932年（24岁）

一二八事变后，季春丹因参加为东北义勇军募捐活动，被国民党上海南市区警察局拘捕关押，一星期后无罪释放。

5月22日　在杭州的"一八艺社"总社被国民党政府查封。因上海分社社址及画册画具已被战火焚毁，艾青自法国学画回沪后，大家商议在法租界西门路办个"春地美术研究所"，继续从事革命艺术活动。季春丹题写了门前醒目的招牌。

6月26日　"春地美术所"在上海八仙桥青年会举办"春地画展"，展出包括鲁迅先生珍藏德国女画家珂勒惠支版画在内的100余幅作品。

7月12日　晚与李岫石、江丰、艾青等13名社员在"春地美术所"学习世界语时，被法租界巡捕逮捕，时化名季春道。

8月16日　被国民党江苏省高等法院以"危害民国罪"判刑6年，关押在上海第二特区法院看守所。中共党组织为判刑社员聘请沈钧儒、史良等为义务律师，向南京国民党最高法院上诉，仍维持原判。

1933—1937年（25—29岁）

1933年秋　在狱中写出诗歌处女作《枫》（始以力扬作笔名及常用名），该诗"毫无初作常见的粗糙……贴近着时代斗争的主旋律"（吴子敏语）。

1935年1月　因服满刑期1/3，与李岫石、艾青等被移送江苏省苏州反省院继续监押。是年秋，由父亲的同乡好友、时任国民党军政部兼十八军驻京（南京）办事处主任赵志垚（赵淳如）保释出狱。出狱后，在一时找不到组织和生活无着情况下，借与赵的同乡关系暂栖身于该办事处，先后挂中尉处员和上尉书记衔，但拒绝加入国民党，保持了革命气节。

1937年　七七事变爆发后，又随该办事处从南京撤至长沙、武汉。其间，于9月下旬在郭沫若由上海到南京面见蒋介石的下榻处拜望过郭老。

1938年（30岁）

1月28日　田汉在长沙创办《抗战日报》，为配合抗战宣传，受主编田汉、副主编廖沫沙委托，与孙望、常任侠共同编辑该报《诗歌战线》副刊（周刊）。

2月　再次拜望由武汉到长沙的郭沫若。

3月27日　中华全国文艺界抗敌协会在汉口总商会宣告成立,力扬加入"文协"为会员。

4月1日　国民政府军事委员会政治部第三厅在武昌昙华林(今武汉市第14中学院内)成立。郭沫若任厅长,力扬经时任政治部总务厅长的赵志垚向郭沫若介绍进入三厅六处(艺术宣传处)工作,挂上尉后晋少校处员衔,处长是田汉(挂少将衔)。

4月末　"诗歌工作社"在武汉成立,力扬为主要成员,编辑该社诗歌综合丛刊《五月》。

9月　诗作《同志,再见!》(刊于《诗时代》创刊号,该刊仅出此一期),茅盾撰文赞许该诗"情绪于哀婉中见激昂,内容与形式很谐和,不拘泥于落脚韵,而字句的自然旋律颇为美妙",为"我最喜爱"的该刊四首诗其一。

10月22日　武汉失守前3日随三厅撤离,后经长沙、衡阳等地年底前到桂林。

1939年(31岁)

4月　第一本诗集《枷锁与自由》由生活书店出版,收诗12首,分为"枷锁""自由"两辑,封面由杭州艺专同学李可染设计,印数1000册。

5月　随第三厅由桂林抵达重庆。

10月　写《鲁迅先生与一八艺社》刊于《七月》4卷3期"纪念鲁迅先生逝世三周年专题"。

1940年(32岁)

1月15日　由孔罗荪、戈宝权等主编的《文学月报》在重庆创刊,力扬为编委,至次年12月10日,该刊因被国民党政府吊销登记证而被迫停刊。

3月25日　《关于诗的民族形式》(刊于《文学月报》1卷3期),反对萧三在《论诗歌的民族形式》中提出诗要"成形"的理论,主张"诗的民族形式,是发展了的自由诗的形式,它必须吸收民间文学适合于现代的因素,接受世界文学进步的成分,并切实的实践大众语的运用,而贯彻以现实主义的创作方法"。

6月9日 出席《新华日报》社举办的关于民族形式座谈会。

6月18日 "中苏友协""文协"等11个文化团体联合举行纪念高尔基逝世4周年盛大茶话会,力扬等300余人到会,《高尔基与诗歌》刊于《新华日报》第4版。

9月30日 国民党按蒋介石授意强行改组军委会政治部,强迫第三厅工作人员全部加入国民党,以厅长郭沫若为首的全体成员愤而集体辞职。蒋无奈命新任政治部部长张治中以"离厅不离部"方式,于11月1日成立由三厅改组的文化工作委员会,郭沫若任主任委员,阳翰笙任副主任委员,茅盾等10人为专任委员,老舍等10人为兼任委员。力扬为该会工作人员,"暂派级职"为第三组"同中校组员",冯乃超"暂派级职"为该组"同少将组长"。

12月21日 "文协"举行诗歌晚会,50余人到会,会上老舍、艾青、力扬发言谈诗歌创作经验。

1941年（33岁）

1月8日 重庆《七月》杂志召开座谈会,讨论"作家的主观与艺术的客观性"问题,茅盾、胡风、戈宝权、以群、孔罗荪、宋之的、胡绳、艾青、光未然、力扬等14人到会（座谈记录刊于《文学月报》3卷1期）。

得知皖南事变爆发的消息后,怀着悲愤的心情,创作组诗《雾季诗抄》（刊于6月《文学月报》3卷1期）,抒发反击国民党掀起第二次反共高潮的战斗意志。

5月30日 与于右任、郭沫若、阳翰笙、老舍等200余人一起,出席在中法比瑞同学会召开的第一届"诗人节"庆祝会,并在《诗人节宣言》上签字。

7月 在42位诗人联名发出《中国诗歌界致苏联诗人及苏联人民书》上署名,声援苏联伟大的卫国战争（刊于10月27日《新华日报》第2版）。

下半年 在国民党对重庆文化界进步人士压迫日甚、多数撤离的情况下,经郭沫若、冯乃超同意,力扬疏散到位于恩施屯堡的湖北第一女中任国文教员。

1942年（34岁）

春末 因受国民党特务注意自恩施返回重庆,周恩来曾找力扬谈了一次话，并介绍他到陶行知创办的育才学校（校址在合川县草街子）任教，当过文学组主任。同时还担任重庆《新民报》文艺副刊编辑。

6月　以其家族四代人真实的苦难历程为素材，创作出反映旧中国一个农民家族遭受地主阶级欺凌和压迫、以复仇为主题的长篇叙事诗《射虎者及其家族》（刊于茅盾主编的《文艺阵地》8月第7卷第1期）。

> 我纵然不能继承
> 他们那强大的臂力，
> 但有什么理由阻止着我
> 去继承他们唯一的遗产
> ——那永久的仇恨？
> 二十年来，我像抓着
> 决斗助手底臂膊似的
> 抓着我底笔……

这首诗"为抗战时期的长篇叙事诗创作提供了一份优秀的实绩。它受到文化界的肯定。作为代表作，此后几十年内它和力扬几乎是同名的"（张炯、邓绍基主编：《中华文学通史》近现代文学史卷，华艺出版社1997年版）。该诗定位为"中国抗日战争时期最具象征意义和影响力的长篇叙事诗"（谢冕、李矗主编：《中国文学之最》，中国广播电视出版社2009年版）。

1944年（36岁）

春起　力扬积极参加王亚平等发起的"春草诗社"活动。

9月　第二本诗集《我底竖琴》，作为邱晓崧、魏荒弩主编的《诗文学丛书》之二，由昆明诗文学社出版，收1933年以来诗25首，其中4首录自第一本诗集《枷锁与自由》。

10月26日　参加诗人臧克家四十初度茶会，会后与臧克家、王亚平、柳倩、臧云远合影留念。

20世纪40年代中期与友人在重庆合影，
左起：力扬、王亚平、臧云远、臧克家、柳倩

年底 由陶行知介绍加入中国民主同盟。

1945年（37岁）

2月22日 在中国抗日战争和世界反法西斯战争胜利在望之际，《新华日报》发表由郭沫若起草、文化界知名人士300余人签名的《对时局进言》，要求国民党结束独裁统治，及早实行民主。按姓氏笔画排序力扬在签名之首。

10月19日 下午重庆举行鲁迅逝世九周年纪念会，周恩来、冯玉祥、柳亚子、郭沫若、老舍、许寿裳、叶圣陶、胡风等出席并讲话，力扬写通讯《记重庆鲁迅逝世九周年纪念会》（刊于11月1日重庆《民主教育》杂志创刊号和3日上海《周报》新9期）。

国共和谈签订"双十协定"后，积极参加重庆反对内战、和平建国活动，撰写通讯《记陪都各界反内战联合会大会》（刊于11月19日上海《周报》）等。

1946年（38岁）

1月10日 政治协商会议在重庆召开，在中共、民盟等各方民主人士共同努力下，会议通过了《和平建国纲领》等5项协议，力扬通讯《"政治协商会议"声中争自由的热潮》刊于当月上海《文联》1卷2期。

1月15日 晚陶行知在重庆创办的社会大学（夜校）举行开学典礼，力扬被聘为兼职教授，讲授"诗与写作"课。

2月10日 重庆发生国民党特务捣毁20多个民主团体召开的庆祝政协会议成功万人大会会场，殴伤郭沫若、李公朴等60余民主人士，制造了震惊中外的"较场口事件"。力扬往医院专访养伤的郭沫若，通讯《"二·一〇"血案受伤代表——郭沫若先生访问记》刊于当月上海《文联》1卷4期。

5月25日 重庆"活路社"召开成立大会，300余人到会，巴金、阳翰笙、田汉、何其芳等做报告，参加大会并受聘为《活路》月刊编辑。

7月11日、15日 国民党指使特务在昆明先后暗杀了知名学者、民主战士李公朴和闻一多，悼诗《愤怒的火焰》刊于24日《新华日报》第4版，后经庄严谱曲，在28日重庆各界人民悼念李闻大会上由群众演唱；散文《忆李公朴先生》刊于8月《萌芽》1卷2期。

7月25日 人民教育家陶行知遽逝于上海。

9月18日 力扬悼诗《祭陶行知先生》在2000余人参加的重庆各界追悼陶先生大会上被朗诵。

是年冬 被聘为重庆《新民报》文艺副刊编辑，并任民主同盟重庆支部候补委员。

1947年（39岁）

3月2日 重庆社会大学被国民党查封，与艾芜指导文学系学员以"新芽文学社"名义继续活动，有组织地学习毛泽东《在延安文艺座谈会上的讲话》及鲁迅、高尔基、巴金、艾青等作品。

夏末 随育才学校迁上海，因受特务监视于入冬前离沪赴港。

1948年（40岁）

年初 任中国民主同盟港九支部委员兼宣传部部长。

3月 由冯乃超、叶以群介绍，在香港秘密加入中国共产党。

夏 担任香港中业学院文学系主任。

9月17日 按照党组织安排，与王绍鏊、方与严等同行，乘苏联"小俄罗斯"号轮船，经平壤、安东（丹东）、大连，过国民党军渤海封锁线至胶东解放区。

10月底 抵达石家庄党中央所在地，经何其芳介绍到平山县李家口村，入中央马列学院第一班（第一期）学习（11月8日开学）。

12月 长篇叙事诗《射虎者及其家族》单行本以《射虎者》为书名，由香港新诗歌社出版，全诗分8章。

1949年（41岁）

7月2日—19日 作为"平津代表第一团"代表，在北平出席中华全国文学艺术工作者代表大会（第一届文代会）。

7月6日 聆听毛泽东的讲话和周恩来的政治报告等。作为联络科科长，在联络处主任周文领导下参加大会会务工作。

7月24日 在文代会后召开的中华全国文学工作者协会（文协）代表大会上，当选文协全国委员会候补委员。

12月 《诗号角》社改组成立《大众诗歌》社，俞平伯、艾青、钟敬文、臧克家、萧三、王亚平、冯至、卞之琳、林庚、吕剑、严辰、徐迟、力扬、袁水拍、彭燕郊、邹荻帆、田间、沙鸥、徐放等参加成立会。

1950年（42岁）

《人民文学》第8期，发表了由力扬、卞之琳、王亚平、田间、艾青、李广田、阮章竞、沙鸥、何其芳、吕剑、林庚、俞平伯、袁水拍、苗培时、陈微明、徐迟、冯至、黄药眠、贺敬之、邹荻帆、张志民、端木蕻良、臧克家、萧三、严辰等25人联名的《抗议土耳其反动政府迫害人民诗人希克梅特》宣言。

1951年（43岁）

2月16日 将《射虎者及其家族》《射虎者及其家族续篇（纺车上的梦）》《贫农的女儿吴秀贞》3首叙事长诗，编为一本叙事诗集并写就《后记》，但一直未出版。

8月 第三本诗集《射虎者及其家族》，由上海新文艺出版社出版，印数3000册；力扬从马列学院第一班毕业并留校任国文教员。

入冬至年底前 又报名中直机关工作团到四川参加3个月土改运动。

1952年（44岁）

5月 在马列学院撰写《我重新学习着这伟大的著作——为纪念〈在延安文艺座谈会上的讲话〉发表十周年而作》学习体会文章（当时未发表，后收入《中国社会科学院学者文选——力扬集》，中国社会科学出版社2008年12月版），按照毛泽东《在延安文艺座谈会上的讲话》精神，自觉总结检查纠正自我创作思想。

1953年（45岁）

2月22日 中国科学院在北京大学成立文学研究所，郑振铎、何其芳任正副所长，力扬随何其芳从马列学院调该所首任秘书主任兼党支部书记。

秋 全国实行干部行政级别工资制，力扬被定为行政11级干部。

11月 第四本诗集《给诗人》由作家出版社出版，收诗（含组诗）35首，约2/3精选以往诗集中的诗，1/3选自新创作的诗，印数5500册。

1956年（48岁）

2月4日 参加中国作家协会创作委员会诗歌组对诗歌问题讨论的座谈会，在发言中指出开展正确批评的必要性，并有胆识地肯定现代派诗歌"在艺术上对现代诗歌创作的发展仍是有贡献的"（发言记录摘要载于1956年第3期《文艺报》）。

夏 由文研所学术委员会评定为三级研究员。

8—9月间 参加中华全国总工会和中国作家协会共同组织的旅行参观团，先后到太原、洛阳、武汉、南京、无锡、苏州、上海和杭州等地的主要工厂和名胜古迹考察和采风。

1958年（50岁）

6月 写《评郭沫若的组诗〈百花齐放〉》，批评该组诗缺乏生活实感和艺术形象，生搬硬套革命术语和哲学词汇的倾向。在当时形势下未能发表，后作为遗作刊于《诗探索》杂志1981年第1期。

10月至次年底 从文研所下放武汉钢铁公司劳动锻炼一年。

12月 与同在武钢基层劳动锻炼的作家赵寻、田涛、汪静之等4人合写《我们拥护减低稿费的倡议》(刊于1958年11、12期合刊《长江文艺》),以实际行动践行缩小脑力与体力劳动报酬差别。

1959年(51岁)

10月 参加武钢职工农村参观团,到湖北省鄂城石山人民公社学习访问;为活跃基层文化生活,还牵头组织了武钢第一次赛诗大会。

1960年(52岁)

5月 编就第五本诗集《美好的想像》,收中华人民共和国成立以来写作并发表的诗30首,但未能出版(后部分诗收入《中国社会科学院学者文选——力扬集》)。

7月22日—8月13日 在北京出席中国文学艺术界联合会第三次代表大会,毛泽东等党和国家领导人接见全体代表。会后,在第三次中国作家协会代表大会上当选全国委员会委员。

1961年(53岁)

1961年3月,与夫人牟怀真结婚照

3月18日 与时为北京大学化学系办公室主任的牟怀真结婚，何其芳、余冠英、陈翔鹤、王平凡等光临道贺。

1962年（54岁）

4月9日 参加在人民大会堂福建厅举行的为纪念毛泽东《在延安文艺座谈会上的讲话》发表20周年在京诗人大型诗歌座谈会，并与朱德、陈毅等党和国家领导人合影留念。

5月2日 独子季嘉生于北京。

7月 余冠英总负责、中国科学院文学研究所编写的《中国文学史》三卷本由人民文学出版社出版，力扬撰写唐代文学部分第四章《李白》、第九章《唐中叶其他诗人》一部分、第十章《唐末诗人》，还发挥自己在美术方面特长，亲自设计了该书封面的装潢图案。

1964年（56岁）

5月5日 下午2时35分，中国共产党党员、中国现代诗人、中国科学院文学研究所研究员力扬，因患癌症不幸在北京医院逝世，享年56岁。力扬治丧委员会由22人组成，中国科学院哲学社会科学部主任潘梓年为主任委员，王平凡、毛星、史梦兰、叶以群、艾芜、刘导生、冯至、邵荃麟、李琪、何其芳、余冠英、林默涵、袁水拍、唐棣华、徐光霄、郭沫若、张友渔、舒文、贾芝、杨献珍、臧克家为委员。

5月8日 《人民日报》第4版登出《讣告》。

5月9日 上午10时在嘉兴寺举行了公祭，由郭沫若主祭，公祭后骨灰安放于八宝山革命公墓骨灰堂。

原载《新文学史料》杂志2021年第3期，第188—195页。——编者注

附录

一、中国现当代文学史中对力扬及其作品的述评

《中国新文学史稿》(下册)

力扬的《我底竖琴》是他自己精选的诗集,包括《冬天的道路》《我底竖琴》等20余首诗,每首都可以感到时代的脉搏,以丰富的感情传达着诗人的战斗意志,像《短歌》中的一节。

> 我把自己的生命
> 磨成匕首;
> 把人民的声音
> 当作最宝贵的经典;
> 向明天歌唱而前。

长篇叙事诗《射虎者及其家族》是他的名作,诗中用第一人称的倾诉的调子,从射虎者的曾祖父叙述起;到曾祖父终于被虎搏噬后,三个儿子因为赤贫,无力再射虎了,变成了木匠和农民;他们的一生受尽了水灾兵祸和地主们残酷的剥削,诗中生动地叙述了他们的经历。他父亲是一个秀才,他的弟弟们仍然是农民,他却继承了他父亲的那支笔。诗中说:

> 我是射虎者的子孙,
> 我是木匠的子孙,
> 我是靠着镰刀和锄头
> 而生活着的农民的子孙,
> 我纵然不能继承
> 他们那强大的膂力,

但有什么理由阻止着我
去继承他们唯一的遗产
——那永久的仇恨？

诗中对地主阶级的剥削压榨和农民们的辛勤悲惨的生活有生动真实的描述，态度诚挚，风格清新，可以体会到作者的爱憎分明的感情。

原载王瑶著《中国新文学史稿（下册）》，上海文艺出版社1953年8月第1版、1982年11月修订重版，第三编"在民族解放的旗帜下"（一九三七——一九四二）第十二章"为祖国而歌""四、抒情与叙事"，第416—417页。——编者注

《中国新文学史初稿》(下卷)

力扬的《我底竖琴》和《射虎者及其家族》,是本时期应当提起的两本重要诗集。诗人是这样来说明自己写诗的原因的:

    当黑夜将要退却,
    而黎明已在辽远的天边,
    唱起红色的凯歌
      ——我们为什么不歌唱!

    当严冬将要完尽,
    而人类底想望的春天,
    被封锁在冰霜的下面
      ——我们为什么不歌唱!

    当镣链还锁住
    我们底手足,鲜血在淋流,
    而自由已在窗外向我们招手
      ——我们为什么不歌唱!

    当悲哀的昨日将要死去,
    欢笑的明天已向我们走来,
    而人们说"你们只应该哭泣!"
      ——我们为什么不歌唱!
        ——《我们为什么不歌唱》

击退"黑夜""严冬""镣链"和"悲哀的昨日",迎接"黎明""春天""自由"和"欢笑的明天",这便是力扬愿意以他的诗作来担负起神圣的战斗任务。《我底竖琴》中的20多首诗作就洋溢着"向明天歌唱而前"(《短歌》)的战斗的歌声。《射虎者及其家族》是一首著名的叙事长诗,旧中国农民的受难的历程和他们遗留下来的强烈的仇恨构成了它的最主要的内容。

他底遗嘱是一个永久的仇恨,
挂在我们的心上。

而诗人,射虎者的子孙,20多年来,抓着他的笔,"像抓着决斗助手底臂膊似的",就是"去继承他们唯一的遗产——那永久的仇恨"的!朴质简洁的语言,明朗坚实的风格,使得这首长诗具有比较深刻的感人力量。

原载刘绶松著《中国新文学史初稿(下卷)》,人民文学出版社1979年11月第1版,第四编"抗日战争时期的文学(一九三七——一九四五)"第四章"本时期的诗歌"三"愤怒和讽刺之歌",第496—497页——编者注

《中国现代文学史（三）》

　　力扬（1908—1964）有诗集《枷锁与自由》《我底竖琴》《射虎者及其家族》。由于作者选录较严，所以连同中华人民共和国成立后出版的《给诗人》集内新辑入的作品，总计长短诗歌仅40余首，其中绝大多数作于抗战期间。作品数量虽不多，但创作认真，极少粗糙之作。作者为抗战时期的诗歌留下了切实的成绩。

　　这些诗歌，感情深沉而并不低徊，高昂又不流于浮泛，反映了一个要求革命的知识分子对于现实斗争生活的严肃的思索、愿望和理想。艺术上注意形象的手法，语言朴实清新，富有感染力。

　　抗战开始，作者首先将自己的诗情付与动荡的战斗的祖国，歌唱人民"在风暴里勇敢地扭断锁链……呼唤着新生的太阳"①，欢呼"春天终于来了"②。在长长的战争岁月中，作者始终"用最清脆的、最美丽的声音，谱着各式各样的歌曲"，诉说着对祖国的"衷心的爱情"③。即使抒写个人的眷念，也都升华为对祖国、对革命的热爱④。作者长时期在国统区的大后方，而对腐朽衰败现象，能坚持乐观的信念，"迎着翩翩而来的黎明"⑤，既播种希望，又播种斗争⑥，走着冬天的道路，瞩望着春日的回归⑦。这种乐观，深刻地联系着对革命根据地的向往，他遥想着延安的"幸福"⑧。作者这时还在不少诗章中抒发自己作为一个诗人的职责，如《雾季诗抄·我们为什么不

---

① 《枷锁与自由·风暴》。
② 《枷锁与自由·太阳照耀着中国的春天》。
③ 《我底竖琴·爱恋》。
④ 《枷锁与自由·同志，再见！》。
⑤ 《我底竖琴·黎明》。
⑥ 《我底竖琴·播种》。
⑦ 《我底竖琴·冬天的道路》。
⑧ 《我底竖琴·茅屋》。

歌唱》《我底竖琴》《给诗人》等。在《短歌》中，他写道："我把自己的生命磨成匕首；把人民的声音当作最宝贵的经典；向明天歌唱而前。"他的很多诗作，正是表现了这种为人民战斗的深情。

作于一九四二年发表在《文艺阵地》上的《射虎者及其家族》表现出感人的力量，是诗人的代表作，也是当时出现的较优秀的叙事长诗。它写出旧中国一个农村家族的"悲歌"，他们终生勤劳而惨苦，身后留下的唯一的遗产，就是强烈的永远的仇恨。这仇恨中虽也记录着生活的艰险，自然灾害的磨难，但更主要的是地主阶级的欺凌压迫。和作者的其他作品一样，长诗感情纯厚真挚，语言沉实有力，在不平与控诉中，还带着寓意深长的询问。

> 我是射虎者的子孙，
> …………
> 我纵然不能继承
> 他们那强大的膂力，
> 但有什么理由阻止着我
> 去继承他们唯一的遗产
> ——那永远的仇恨？

这是作者面对现实斗争时发出的激越的心的呼声。后来他在谈到自己的创作时说："当我现在重新读着在那些日子里所写的作品的时候，我就仿佛重温了我底生命的那一段历史，我仿佛又看见了那幽暗的铁窗，狱吏的皮鞭，一切伪善的狞笑着的吸血者们的形象，心头上涌起了仇恨。"[1]显然，"射虎者的子孙"的仇恨，已不仅属于一个受压迫剥削的家族，而是属于整个阶级和时代。

原载唐弢、严家炎主编高等学校文科教材《中国现代文学史（三）》，人民文学出版社1980年12月第1版、2005年2月第2次印刷，第十三章"在民族解放旗帜下的文学创作（一）"第一节"田间等人的诗歌创作"，第57—59页。——编者注

---

[1]《给诗人·前记》。

《中国现代文学史简编》

从抗日战争开始到解放战争胜利结束为止，在反侵略反压迫旗帜下涌现的诗歌作品，除了艾青、田间等诗人的作品外，还应当提到的有力扬、鲁藜、绿原、邹荻帆、袁水拍等诗人的创作。

力扬（1908—1964）有诗集《枷锁与自由》《我底竖琴》《射虎者及其家族》。作品数量不多，但创作认真，极少粗糙之作。作者为抗战时期的诗歌留下了切实的成绩。力扬的诗歌感情深沉而并不低徊，高昂又不流于浮泛，反映了一个要求革命的知识分子对于现实生活的严肃的思索、愿望和理想。艺术上注意形象的手法，语言朴实清新，富有感染力。

抗战开始，诗人首先将自己的诗情奉与动荡的战斗的祖国，歌唱人民"在风暴里勇敢地扭断锁链……呼唤着新生的太阳"，欢呼"春天终于来了"。在长长的战争岁月中，诗人始终"用最清脆的、最美丽的声音，谱着各式各样的歌曲"，诉说着对祖国的"衷心的爱情"。即使抒写个人的眷恋，也都升华为对祖国、对革命的热爱。力扬长时期在国统区的大后方，面对腐朽衰败现象，能坚持乐观的信念，"迎着翩翩而来的黎明"，既播种希望，又播种斗争，走着冬天的道路，瞩望着春日的回归。这种乐观，深刻地联系着对革命根据地的向往，他遥想着延安的"幸福"。诗人这时还在不少诗章中抒发自己作为一个诗人的职责，如《雾季诗抄——我们为什么不歌唱》《我底竖琴》《给诗人》等。在《短歌》中，他写道："我把自己的生命磨成匕首；把人民的声音当作最宝贵的经典；向明天歌唱而前。"他的很多诗作，正是表现了这种为人民战斗的深情。

作于一九四二年发表在《文艺阵地》上的《射虎者及其家族》表现出感人的力量，是诗人的代表作。它写出旧中国一个农村家族的"悲歌"，他们终生勤劳而惨苦，身后留下的唯一遗产，就是强烈的永远的仇恨。这仇恨中虽也记录着生活的艰险，自然灾害的磨难，但更主要的，是地主阶级的欺凌压迫。和诗人的其他作品一样，长诗感情纯厚真挚，语言沉实有力，在不平与控诉中，还带着寓意深长的询问。

> 我是射虎者的子孙，
> …………
> 我纵然不能继承
> 他们那强大的臂力，
> 但有什么理由阻止着我
> 去继承他们唯一的遗产
> ——那永远的仇恨？

这是诗人面对现实斗争发出的激越的心声。在旧中国，这种仇恨不仅属于一个被剥削的家庭，而为整个被压迫的阶级和人民所共有。

原载唐弢主编高等学校文科教材《中国现代文学史简编》，人民文学出版社1984年3月北京第1版，2003年9月第22次印刷，第十一章"艾青与其他诗人的创作"第三节"歌唱抗战和解放的诗歌创作"，第434—436页。——编者注

《中国现代文学史（修订版）》下册

力扬（1908—1964），浙江青田人。早在少年时代就开始从事新诗创作，出版过诗集《枷锁与自由》（1939）、《射虎者及其家族》（1942）和《我底竖琴》（1944）等。

力扬诗歌创作的主要成就，在于继承和发扬了"五四"以来以郭沫若、蒋光慈、殷夫为代表的革命现实主义传统。他的诗洋溢着饱满的战斗激情，真实而又生动地从一个革命知识分子特有的角度，记录了时代风云的变幻。渴望自由的意愿和脚踏实地的斗争精神，构成了力扬诗作的显著特色。他用缪斯所赐予的竖琴"嘹亮地歌唱人类的黎明"，也"唱出对于寒冷的仇恨"（《我底竖琴》）。他的诗呈现出一种刚健雄浑的风格。显然，诗人赋予他的诗一种神圣的战斗使命，那就是歌唱民族的解放斗争，鼓舞和激发人民的斗志。他从来不去咀嚼个人的小小悲欢，而总是通过独特的个性感受去抒写那与广大人民群众休戚相关的典型情绪。因此，他的诗具有较强烈的时代气息。

力扬真正的创作生涯，是从被关押在上海"法租界"的监狱里开始的。他曾在那里"浴着血的噩梦与铁的幽光"（《枫》），咬着铁栏，守一身贞节，苦恋蓝天。一旦挣脱了囚禁的锁链，他就以一个战斗者的全部激情，以诗歌为武器，重新投入争自由求解放的战斗。他宣示："我把自己的生命磨成匕首；把人民的声音当作最宝贵的经典，向明天歌唱而前。（《短歌》）"他正是这样一个战斗的诗人。抗日战争一开始，他就歌唱民族的"风暴起来了"，"奴隶们，在风暴里勇敢地扭断锁链，弛向亚细亚的海岸，迎击着夜袭的匪盗"（《风暴》）；他歌唱"七月"——中国人民奋起抗日的日子，因为它使疯狂的敌人"颤栗"，"……我们第一次夺下，他们抽击在殖民地上的皮鞭；第一次持起自卫的盾，挡着掠夺者的利剑"（《七月颂歌》）。在蒋介石发动第二次反共高潮，制造罪恶滔天的皖南事变，反共逆流泛滥于整个国统区之时，诗人怀着坚定的革命信念写了《我们为什么不歌唱》一诗。

当黑夜将要退却，
而黎明已在辽远的天边，
唱起红色的凯歌
——我们为什么不歌唱！

当严冬将要完尽，
而人类底想望的春天，
被封锁在冰霜的下面
——我们为什么不歌唱！

当镣链还锁住
我们底手足，鲜血在淋流；
而自由已在窗外向我们招手
——我们为什么不歌唱！

当悲哀的昨日将要死去，
欢笑的明天已向我们走来，
而人们说"你们只应该哭泣！"
——我们为什么不歌唱！

透过黑夜而看到黎明，透过"严冬"而发现"春天"，透过"镣链"而执着地相信"自由已在窗外向我们招手"。力扬就是这样以他的诗歌来鼓舞和团结人民向黑暗势力进行坚忍不拔的斗争。

完成于1942年5月的长诗《射虎者及其家族》是诗人的代表作。这是一首叙事长诗，通过对旧社会农民的苦难遭遇的描写，概括了千千万万劳动人民的悲惨命运，而他们的觉醒和反抗斗争却给后代留下了一笔宝贵的"遗产",启示人们去寻求"更好的复仇武器"。在长诗的最后,诗人以"射虎者的子孙"的身份直抒胸臆,宣称要继承祖先遗留下来的"唯一的遗产——那永远的仇恨",以笔为武器,投入向旧社会"复仇"的战斗。全诗感情真挚感人,语言质朴刚健,故事惊心动魄,情节起伏跌宕,人物性格也很鲜明;尤其是贯穿全篇的浓郁的抒情笔触,更增加了作品的艺术魅力。

原载郭志刚、孙中田主编普通高等教育"九五"国家级重点教材《中国现代文学史(修订版)下册》,高等教育出版社1993年5月第1版、1999年5月第2版、2003年5月第9次印刷,第三编"在炮火洗礼中的蜕变与新生(1937—1949)"第二十五章"民族的心音与战斗的鼓点"第三节"田间及其他诗人",第80—82页。——编者注

《中华文学通史（第七卷·近现代文学编）》

前已提及抗战期间的诗歌创作从短诗到长诗、从抒情诗到叙事诗这个发展趋向，以及朗诵诗、讽刺诗等富于鼓动性和群众性的诗歌形式得到重视和发扬等情况。以下述及的几位诗人，开始创作时间虽有先后，但都于抗战时期在这个总趋势下做出了成绩，他们的创作努力并一直延续到更后的时期。他们以不同的形式写出的重要作品，不仅对他们本人，也对当时的整个诗歌创作具有代表意义。他们是长篇叙事诗《射虎者及其家族》的作者力扬、长篇组诗《黄河》的作者光未然和讽刺诗集《马凡陀的山歌》的作者袁水拍。

力扬（1908—1964），原名季信，字汉卿，浙江青田人。自幼喜爱古典诗词和美术，一九二九年入国立西湖艺术院学习，后参与组织"一八艺社"，提倡无产阶级美术。九一八事变时，力扬因从事抗日救国活动被开除，离院去上海。中国左翼美术家联盟成立，他是执行委员之一。不久，又因革命活动两次被捕，并度过了三年铁窗生涯。在狱中写出《枫》《我在守望着》等诗歌，从此改变了他的生活和艺术道路。他失去的自由化作执着的渴望与信念，和他美的追求乃至美术的灵感一起，此后都包容于他的诗歌艺术中。

力扬出版诗集四部：《枷锁与自由》《我底竖琴》《射虎者及其家族》和《给诗人》。《枷锁与自由》收力扬一九三二年至一九三八年诗作，以抗战爆发为时界，分为《枷锁》《自由》两辑。首篇《枫》作于一九三二年秋，构思精致，以思绪之往返，表现了一个经历着人间苦难的青年的生活、遐想。它的看来是初现的一些特色，如真挚深厚的感情，善于驾驭形象化手段，尤其是一个画家的目光与手法，画家的敏感与诗人的灵感相结合等，都在诗人以后的创作中有突出的表现。《我在守望着》用近乎自由咏唱的形式，去写失去自由时严峻的思索，充满乐观的意志，它表现了力扬诗作又一重要特点：坚定的信念和斗志。它和真挚深厚的感情结合着，成为他创作主要的感情风貌。收入《自由》一辑的《风暴》形象地表明诗人在民族解放斗争中"扭断锁链""呼唤着新生"。《太阳照耀着中国的春天》表明诗人感受着冰雪融化、草木苏生的时代气氛,为祖国高歌,也为自己抒情,吐诉着一个知识分子在民族忧患中热切的期待。

抗战爆发后,力扬创作的视野有所扩展,实际斗争生活较多进入诗篇,记录下他兴奋乐观的心情。这时期最为动人的抒情诗篇是《同志,再见——给毅》。一位女难友久别偶遇,在短暂相聚后,因战斗需要再次分别。力扬在诗中写出昔日感情的依念,如今握别的豪迈,激荡着一份进退于爱情与友谊之间的深情。个人的感情为更高的爱所代替,面对祖国神圣的召唤,为她唱出动情的骊歌。

> 你——
> 像一匹
> 新生的小马,
> 快乐地驰回
> 你自己战斗过的疆场,
> 向光明的太阳行进。
> 我挥一挥坚实的手臂,
> 从心底吐露出
> 一声坚实的言辞
> ——同志,再见!

全诗深情绵长,其色、光由暗淡而明亮,心绪从低徊趋高昂,情操自单纯渐宽阔,诗句变委婉为舒展。茅盾读后,赞扬它"情绪于哀婉中见激昂,内容与形式很谐和,不拘泥于落脚韵,而字句的自然旋律颇为美妙"。①

到一九四一年年初,力扬的诗从内容到形式,都明显地出现了新的信息,表现出刻意的探求,趋向更丰富的境地。皖南事变使力扬和很多诗人作家一样,在国家和个人的磨难中产生新的觉醒,寻找新的道路。他此后在教

---

① 《文艺阵地》第二卷第三期,1938年11月出版。

学、编刊的同时从事更多的进步文化活动，创作在艺术质量和品种数量上都有较大发展，呈现着创作成熟期的景象。不同于此前诗歌常见的抒情风格，他对突变的现实作了更为内在的、富于哲理的思索和抒发。《雾季诗抄》中他在寻找"最近的路"，他需要"灯"，"即使大风雨来了，我们要搏击着飞过，去迎接太阳"，他倾吐了对春天、自由的渴望，坚信"黑夜将要退却，而黎明已在辽远的天边，唱起红色的凯歌"。《雾的冬天》同样记叙着诗人在阴暗的雾季中寻求"春的脚步"的可贵的内心世界。《我底竖琴》《给诗人》《短歌》则更明确地表露了诗人的使命感，它在寒冷的政治气候中变得更为自觉。如《我底竖琴》。

> 在那些晴朗的日子里
> 你知道的——
> 我曾经弹起我底竖琴，
> 嘹亮地歌唱人类的黎明，
> 在这风雪的日子里，
> 我默默地前行，我要唱出
> 对于寒冷的仇恨，
> 弹着你赐给我的竖琴。

《给诗人》中写道："拿稳你底竖琴——你底剑。"此时的力扬已非常自觉：竖琴就是剑，诗歌就是武器。

力扬在深沉的思索、自勉的同时，更向历史、现实寻找力量。诗中频频出现具有反抗黑暗、争取自由精神的中外前辈诗人，倾诉着自己的纪念仰慕之情，如《冬天的道路》，深情地写出祖国的苦难，诗人的心愿，他要如海涅，走冬天的道路，"如果你要再看见春天，就必须在寒冬里战斗"，它以诗人固有的抒情风格表现着"竖琴就是剑"的新内容，迸发着激昂的斗志。但给予他更大力量的，无疑是他从"希望的窗子"中仰视的"北斗星照耀的地方"——抗日民主根据地。一九四二年，先后在《希望的窗子》《北极星》《茅舍》《普希金林》等诗中多次吐诉着对它的渴望、祝福和"忠贞的爱恋"。其间，他继续创作在内容和手法上与以往相近的抒情诗。它们写景抒情更趋成熟，固有的信念也日见沉稳。现实生活的投影也曾给诗作抹上一些异样的色泽，如《残堡》《断崖》中历史的质问分外沉重，《少女与花》中的寻找、追求未免焦灼、急促，《初春》中更有天问式的不平。这些情绪，在力扬的诗中是很少出现的，可说是真实地反映了他心灵历程中一时的徘徊和询问。更多的抒情诗则仍然表现着他一贯的诗情画意。如在焦灼的《少女与花》后，他即以恬美、安宁的心写出《爱恋》，全身心地化入祖国的天地，倾诉对它的爱恋；接着不平的《初春》，他写了《抒情八章》，其诗情感细腻、境界明净。它寻觅着"生命的芳香""青春的心灵"。这首诗真挚动人，正好为诗人抗战时期的抒情诗打上句号。

这时期力扬创作上一个重要实践，是从事叙事诗的创作，《射虎者及其家族》一诗，使他在诗坛上产生了更大的影响。此前的中国新诗中，长篇叙事诗较少，仅有的也以历史人物、神话故事等题材为主。中国诗歌会的诗人们为创作现代生活题材的叙事诗做了初步的贡献。《射虎者及其家族》充分反映了诗人深厚的生活实感，对历史的思考和艺术上一贯的深思熟虑。长诗共八章（初发表时仅七章），以家族四代人的生活命运，形象地表现出中国农民长期的痛苦、厄运和仇恨、反抗。第一章《射虎者》写曾祖父，诗句刚劲，极具力度，突出老猎人一生的搏斗与被噬、生与死：

> 他把自己隐藏在茂密的草丛，
> 伺候下山的猛虎触动引线，
> 锐利的箭镞带着急响
> 飞出弓弦；
>
> 伺候那愚蠢的仇敌，
> 舔着流在毒箭上的它自己底血，
> 发出一声震荡山谷的
> 绝命的叫喊。

这是诗，更是画。紧张的黑夜，满引的弓弦，突发的尖啸，这里凝聚着力量、激发着生命的渴望与搏击，充满了静与动的强烈转化。本章最后，画面上高悬老人的遗嘱——一张巨大的弓，这是给长诗悬起了它的主题：永远的仇恨。第二至七章都写祖辈们。他们有不同的生活、经历，但却有相似的命运：贫穷、苦难、仇恨。下面感人的诗句，可说是唱给他们的共同的祷歌。

> 他倒在那里，带着五十年的
> 没有爱情，没有欢笑的日子
> 倒在那并非属于他自己的土地上，
> 却又用最后的血温暖着泥土，
> 用最后的气力，通过抽搐的手指
> 深深地撮着一生梦想着的泥块……

第八章《我底歌》提及父亲和弟弟，主要是写自己。这里表现出全诗主题的升华。正如祖辈未拿起猎人的弓弩一样，诗人也放下了农民的镰刀。但他们都没有忘记世代的遗嘱：仇恨。力扬于是拿起了"更好的复仇武器"——诗人的笔。

> 我纵然不能继承
> 他们那强大的臂力，
> 但有什么理由阻止着我
> 去继承他的唯一的遗产
> ——那永远的仇恨？
> 二十年来，我像抓着
> 决斗助手底臂膊似的
> 抓住我底笔……

长诗以鲜明丰满的形象，朴素沉实的语言，感情深厚的写下旧中国农村一个家族的悲歌。它的意蕴无疑早已超越了一己的家史，而属于整个时代的众多苦难者。其主题从仇恨到复仇，也超越个人，它属于阶级、民族。

仇恨与复仇的精神，乃至直接的呼喊，曾存在于力扬以往不少诗作中，到这首长诗，进入更高境界，包含了对生活斗争的新的探索。具体的复仇可以完成，但对生命的渴望和追求，是永无止境的，所以，在长诗的最后，诗人在高声呼唤中突然进入沉思。

> 可是，当我写完这悲歌的时候，
> 我又在问着我自己：
> "除了这，是不是
> 还有更好的复仇的武器？"

心灵的回荡化作诗意、韵味的回旋，它把人们从高处突然引向静地，却发现了另一个迷人、催人的境界。《射虎者及其家族》为长篇叙事诗创作提供了一份优秀的实绩。作为代表作，此后几十年内，它和力扬几乎是同名的。

抗战胜利后，力扬积极参加民主运动和文化运动的实际工作，写诗较少，诗风有变化。这时他几乎未写任何抒情诗。除几首讽刺诗外，大多带有战歌性质。如《我们反对这个》即被谱曲，成为"一二·一"运动中民主青年的战歌。较重要的是《星海悼歌》《愤怒的火焰——闻一多李公朴两位先生悼歌》和《祭陶行知先生》等，它们或被咏唱、或被朗诵，是悼歌，又是战歌，更是诗，它们将深情与豪情相结合，或沉稳如颂词，或激昂如檄文，有忧愤感，又有乐观的信念。力扬这时还写出不少其他形式的作品，如散文、杂文、通讯、诗论、画论、剧评、影评、旧诗及一篇小说。它们大多结合现实需要，在数量上远超同期的诗歌，从中可见他投身斗争的不懈努力。

原载中国社会科学院文学研究所、少数民族文学研究所张炯、邓绍基、樊骏主编"九五"国家社会科学规划重点项目十卷本《中华文学通史（第七卷·近现代文学编）》，华艺出版社1997年9月第1版，现代文学（下）第二十章"艾青与其他诗人"第三节"力扬、光未然、袁水拍"，第248—254页（吴子敏撰写）。——编者注

《中国现代文学三十年（修订本）》

随着抗日战争转入相持阶段，抗战诗歌的发展也进入一个深入时期。抗战初期诗歌对诗歌艺术审美特性的严重忽视，以及由之产生的报复性后果，越来越为诗坛与社会所不能容忍，有人甚至发出了这样的质问："大批浮泛的概念和叫喊，是抗战诗么？可惜我们底美学里还没有篡入这种'抗战美'。"①带有明显偏激情绪的嘲讽却是抓住了问题的实质：具有历史合理性的否定绝不可能是持平的。

尽管这一时期并没有就"新诗向何处去"进行有组织的大规模的正式讨论，但一些座谈会及许多杂志的文章中都一再地涉及新诗发展方向问题。曾经有人强调"今天，我们需要政治内容，不是技巧"，把诗人"必须是人民底号手和炮手""时代底发言人"与诗的技巧，注意诗歌艺术规律，向古典诗歌优秀传统学习提高等历史要求绝对对立起来，把后者一律斥为"荒谬""开倒车主义"②；也有人强调文学的"独立价值"，主张"为文学而文学"，把诗歌等文学不发达的原因归结为中国人"太现实了""太平凡了，太散文底了"③，但都没有得到更多的响应，并未产生决定性影响。大多数诗人的注意力都集中于如何丰富和提高现实主义诗歌艺术的表现力，推动现实主义诗歌走向成熟这一时代的要求上。站在这样的基点上，人们对新诗发展的历史道路有了新的认识。力扬在一篇题为《我们底收获与耕耘》的总结性长文里，充分地肯定了"表现人民底意志、愿望与情感"的新诗"进步的革命传统"，批评了新月派、现代派诗人的"偏窄、颓废与幻灭的悲诉和呻吟"，指

---

① 胡危舟：《诗论随录》，《文学创作》1卷2期，1942年10月出版。
② 思蒙：《今天，我们需要政治内容，不是技巧》，《诗垦地》第5辑，1946年5月1日出版。
③ 李长之：《落雾集·中国文学理论不发达之故》，《落雾集》，重庆：商务印书馆，1943年版，24页。

出"抗战新诗所沿以发展的河流是前者而不是后者""随着创作事件的深入，而愈能把握住现实主义道路"；同时又肯定了新月派、现代派"给予新诗的相当的功绩"。结论是：中国革命现实主义诗歌流派与新月派、现代派，"这两支河流，也并不像长江、黄河一样，南北分流，丝毫没有脉息相通的地方，而有着许多互相渗透、互相影响的交点"。这或许代表了相当一部分诗人的共识。艾青为扩大现实主义诗歌思想艺术容量向象征主义诗歌艺术的自觉借鉴，对诗歌语言暗示性的追求，总体象征式的抒情手法，都直接地影响了这一时期诗歌艺术的探索。力扬的长篇叙事诗《射虎者及其家族》，即是既受到了艾青的影响而又有自己独立创造与发展的代表作，是这一时期诗歌创作的重要收获。长诗对"射虎者家族"的描写具有现实主义的历史具体性，同时又赋予其更广泛的历史概括性："家族"代代相传的仇恨及难以摆脱的因袭重负正象征着我们古老民族艰难跋涉的历程，在深沉的历史感中渗透了强烈的现实感。艾青式的忧郁和沉思有如浓雾流泻于《射虎者及其家族》及同时期其他优秀诗作中，形成了与这一时期的时代心理、民族情绪相适应的沉郁、凝重的诗的氛围，属于中华民族的阔大诗风。

原载钱理群、温儒敏、吴福辉著，普通高等教育"九五"教育部重点教材、普通高等教育"十一五"国家级规划教材《中国现代文学三十年（修订本）》，北京大学出版社1998年7月第1版，2015年3月第44次印刷，第三编"第三个十年（1937年7月—1949年9月）"第二十六章"新诗（三）"，第438—439页。——编者注

二、力扬部分诗歌鉴赏

鉴赏力扬诗二首

栾梅健

抒情七章（选一）

我像是行走在
春天的一个最美好的早晨：
樱桃园里蜜蜂在嗡嗡地飞鸣；
带露的玫瑰枝发放着
春天底黏性的嫩叶；
最早的阳光
向大地洒下金色的粉末，
又用丝丝的金线
绣缀着红霞的边缘。
一切是如此的新鲜而美妙，
但如果没有
你底生命的光辉照耀着我
——即使是春天的太阳
对于我，她有什么美丽？

这是一首描写初恋生活的诗篇。在人生的长河中，初恋时轻漾的情思与微颤的心房，那种宛若游丝、清扬飘忽的情感体验，可能是人生中最富诗意的美妙时刻了。因此，诗人开头一句，便十分贴切地用"最美好的早晨"暗示出了这个爱情故事所发生的时间征兆与初恋生活的。

与处于热恋中的情形相比，初恋生活是更富于想象的。它没有热恋时的缠绵，然而，却充满着极其美丽的幻觉。诗中，嗡嗡飞鸣的蜜蜂、发放着嫩叶的玫瑰花枝与金线似的红霞……这些鲜活的生机盎然的意象，并不是实指无比美好的自然界的融融春色，而是刚刚坠入爱河的"我"的幻觉，一种极度兴奋、激动不已的情绪外化。在这里，诗人准确地把握住了初恋时的感情特征，并通过恋人联翩的想象与特有的感觉，烘托出了初恋生活的漾人情思与勃发生机。

写至此，人们已经可以明显地感受到初恋时诱人的风采与耀眼的光华了。诗人没有再写下去，而是以一句颇为突兀的反问句结束了全篇。这有些突兀的反问，正是"我"的感情发展的自然流露：如果没有"你"的爱的滋润，"我"能领略到这种极其快慰的美的享受吗？不过，这一反问也更进一步衬托出了初恋生活本身的难忘与美好。没有它，"我"怎么会如此倏然反顾、一往情深？

抒情七章（选二）

冬天的江水绿得透明，
但是你底深沉的灵魂，
比江水还要澄清。
在你底灵魂的映照里，
月亮消失了黑点，
白玉消失了微瑕，
人生消失了罪恶的污秽。

你底灵魂又是
一只最温暖可亲的手。
它拂拭去
我底昨天的眼泪，
它拂拭去

> 我的受创的心灵底血迹，
> 更替我招回一季生命的春天。

　　仿佛是诗人的悄言自语，又似乎是诗人低声的弹唱。在诗的第一节，诗人首先为我们勾画出一颗美丽动人的灵魂：那比绿得透明的冬天的江水还要澄清的，不正是"她"灵魂的冰清玉洁、明净高贵吗？正因为有了"她"的灵魂的映照，于是，"月光消失了黑点，白玉消失了微瑕，人生消失了罪恶的污秽"。明媚的阳光能驱走漫漫的黑夜，而从那灵魂中升起的爱情不也就是人生的太阳吗？她那耀眼夺目光辉，给生活带来温馨，驱散了人们心中的忧愁悲哀，也消融尽人间种种的罪恶。在这里，爱情不仅仅表现出美丽，也向我们展示出了一种伟岸的力度。

　　如果说诗中第一节，诗人更多地想通过讴歌"她"灵魂的美丽，来借以主观地抒情，那么，诗的第二节无疑是将这种情感进一步推向深层了。只不过诗人将笔触折回到自身，抒写出自己在接受爱情时的情感体验。语调是平缓的，却更显得深沉，而巧妙的比喻，则增强了诗作的真切可感，也使读者能身临其境。诗人把"她"的灵魂比作是"一只最温暖可亲的手"，拂拭了"我"昨天的眼泪，也拂拭去"我"心灵底血迹，在此，不仅表明诗人对旧生活的痛苦和愤恨，也表现了诗人因爱情而获得新生的异常兴奋。而以"更替我招回一季生命的春天"作结，既是全诗情感的最高潮，也是"我"的爱情的崇高升华。诗至此戛然而止，但留给读者的却是对美好爱情的缅怀追思与热切向往。

　　原载《中外爱情诗鉴赏词典》，江苏教育出版社1988年4月第1版，第542—545页。——编者注

鉴赏力扬射虎者诗

唐湜

力扬（1908—1964年）原名季信，浙江青田人。1929年，考入国立西湖艺术院学绘画，并在鲁迅的影响下组织了一八艺社、参加中国左翼美术家联盟，并开始诗歌创作。抗战时曾在重庆郭沫若领导的文化委员会工作、任《文学月报》编委。后来曾在陶行知的育才学校任教，1947年，赴香港任中业学院文学系主任。1948年，到晋察冀解放区入马列主义学院学习。1953年，到中国社科院文学研究所任研究员。中国作家协会会员。主要作品有诗集《枷锁与自由》《我的竖琴》《给诗人》等。代表作《射虎者及其家族》，1942年作于重庆，1948年在港出版，1951年再在上海出版。

射虎者及其家族（节选）

1 射虎者

我底曾祖父是一个射虎者。
每个黑夜，
他在山坡上兽类的通衢，
安下了那满张着的弓弩。

他把自己隐藏在茂密的草丛，
伺候下山的猛虎触动引线，
锐利的箭镞带着急响
飞出弓弦；

伺候那愚蠢的仇敌,
舔着流在毒箭上的它自己底血,
发出一声震荡山谷的
绝命的叫喊。

他射虎,
卫护了那驯良的牲畜,
牲畜一样驯良的妻子
和亲密的邻居。

射虎者
射杀了无数只猛虎,
他自己却在犹能弯弓的年岁,
被他底仇敌所搏噬。

他底遗嘱是一张巨大的弓,
挂在被炊烟熏黑的屋梁上;
他底遗嘱是一个永久的仇恨,
挂在我们的心上。

  在中国新诗中,叙事诗是较为薄弱的一环。力扬这一部力作,是一部现实主义的小史诗。作者生于多山、贫瘠的浙南青田山间,熟悉山民生活,也许这一诗篇就是他的家史。诗人的描写非常真实,写得极其质朴,且有一定力度。如这儿选的第一章《射虎者》,就直截了当地抒写了射虎者如何在山坡上安下"那满张着的弓弩",自己隐藏在茂密的草丛中等待猛虎下山,触动引线,射出利箭,等着那愚蠢的虎舐着毒箭上它自己的血,"发出一声震荡山谷的／绝命的叫喊"。他为卫护人畜,射杀了无数猛虎,终于被虎吞噬了。"他底遗嘱是一张巨大的弓,挂在被炊烟熏黑的屋梁上。"这是非常真实却又富于传奇性的形象描写。第二章写了射虎者的三个儿子没法为父亲复仇，因为"赤贫成为他们更凶恶的敌人"，两个哥哥成了农民，第三个弟弟是诗人的祖父，成了造屋的木匠。后来种了田，并娶了一个"永远分担着痛苦与仇恨的伴侣"。

3　母麂与鱼

初春的黎明，
祖母汲着晨炊的水。
一只被猎犬追逐得困乏的母麂，
躲避到她底围着拦腰布的脚边。

祖母笑着，抚慰她，
像抱着亲生的女儿似的抱回她。
连水桶也忘记提回来，
让它在溪水上漂浮。

夏季暴雨之后，
山水愤怒地在奔窜。
水落时，祖父在石磴的缝隙里，
找到被溪石碰死的银色的鱼。

他们告诉我这些故事，
使我神往而又惊奇：
为什么我始终没有看见过麂，
也没有拾过这样的鱼？

难道"自然"母亲
现在已经变成不孕的老妇——
老不见她解开丰满的乳房，
再哺育我们这些儿女？

也许她仍在健美的中年，
　　会生育，也有甜蜜的乳浆；
　　不是不肯哺育我们，
　　而是被别人把她的乳液挤干。

　　这儿选的第三章《母麂与鱼》，是整篇长诗中相当抒情的一章。这一章极其单纯地勾描了一些山间风物。那儿的溪水是非常清洌的，围着拦腰布的妇女晨起去溪边汲水，就是一幅很妙的晨汲图，而这儿又加添了一匹母麂来求她庇护。还提到了鱼，青田常发山洪，山间的溪鱼碰死在溪石间也该是常事。可后来，由于一些人狐假虎威，霸占了许多山园，进行围猎，就再不能见到山麂之类小动物与溪间的鱼了。以后第四章《山毛榉》写诗人的两伯祖父的终身贫困。第六章《虎列拉》写自然灾害——瘟疫如何夺去了农人的生命。第七章《我底歌》，抒写的是父亲与诗人这两代人的家史，是整个小史诗中抒情最丰富的一章。诗人没有忘记射虎者的大弓，也没有忘记祖父们的犁锄、镰刀与斧凿，因为在那些上面，他"读懂了祖先们的血与泪的生活，与他们所要嘱咐我们的言语……"，他在父亲的抽屉里找到了破笔，而把镰刀交给了两个小弟去采伐山毛榉。他要"去继承他们唯一的遗产——那永远的仇恨"。20年来，他就用他的笔战斗，为祖先们复仇。在写完这篇悲歌时，他在问自己："除了这，是不是还有更好的复仇的武器？"终于，他进入了解放区，要举起复仇的刀枪。可是由于工作的需要，他仍然拿起了笔。

　　原载《中国新诗名篇鉴赏辞典》，四川辞书出版社1990年12月第1版，第299—303页。——编者注

中国抗日战争时期最具象征意义和影响力的长篇叙事诗：《射虎者及其家族》

中国抗日战争时期最具象征意义和影响力的长篇叙事诗是力扬的《射虎者及其家族》。

力扬（1908—1964），原名季信，字汉卿，浙江省青田人。1929年春，考入国立西湖艺术院学习绘画。曾参加中国左翼美术家联盟。九一八事变后因参加抗日救国运动被校方开除学籍。抗战爆发后赴武汉参加国民党军委会三厅和文化工作委员会。1951年，任教于马列学院。1953年，任中国科学院文学研究所研究员。1964年5月5日病逝。主要著作有诗集《枷锁与自由》《我底竖琴》《射虎者及其家族》。

《射虎者及其家族》为长篇叙事诗，是力扬的代表作，写于1942年夏，最初发表于1942年8月《文艺阵地》七卷一期上，后由上海新文艺出版社于1951年出版。

全诗共八节，以第一人称"我"为抒情主人公，从我的曾祖父——射虎者写起，一直写到我的祖父、父亲及我本人四代的生活以及与仇敌搏斗的苦难历程。曾祖父是一个勇敢的射虎者，他射杀过很多猛虎，但最后死于敌手，"他的遗嘱是一张巨大的弓"。三个儿子没有继承祖业，当了农民和木匠，"并不是忘却了那杀父的仇恨，而是赤贫成了他们更凶狠的敌人"。在最后一章中，集中地写"我"将继承秀才父亲的笔，为祖辈复仇的决心。

诗歌写出了旧中国一个农村家族的"悲歌"，他们终生勤劳而悲苦，身后留下的唯一遗产，就是强烈的永远的仇恨。这仇恨中虽也记录着生活的艰险、自然灾害的磨难，但更主要的是地主阶级的欺凌和压迫。诗人在谈到自己的创作时说："当我现在重新读着在那些日子里所写的作品的时候，我就仿佛重温了我的生命的那一段历史，我仿佛又看见了那幽暗的铁窗，狱吏的皮鞭，一切伪善的狞笑着的吸血者们的形象，心头上涌起了仇恨。(《给诗人·前记》)"显然，"射虎者的子孙"的仇恨，已不仅属于一个受压迫受剥削的家族，而是属于整个阶级和时代。诗歌的主题从仇恨到复仇，也同样超越了家族，是属于整个阶级和民族的。也就是说，诗歌实际上以一个家族的遭遇作为民族命运的象征，在对历史的深刻反省中严肃地探索民族的出路。

  诗歌形象鲜明丰满、语言沉实朴素、感情深沉而不低徊，高昂又不流于浮泛，反映了一个要求革命的知识分子对于现实斗争生活的严肃的思索和追求。该诗在中国现代文学中曾产生过重大影响。

  原载谢冕、李矗主编《中国文学之最》第二卷"现代卷（1919年—1949年）""三、作品"506项，中国广播电视出版社2009年5月第1版，第462—463页。——编者注

后　记

到今年五月，先父力扬离开我们整整一甲子。

早在2008年年底先父100周年诞辰之际，承蒙中国社会科学院及其科研局和文学研究所的有关领导、专家的决策、支持、协调和帮助，《中国社会科学院学者文选——力扬集》得以出版发行。这本集子的面世，使得作为力扬妻子的母亲牟怀真和作为儿子的我，作为几十年来接续整理编辑力扬遗作的他的两位至亲，我们母子感到无比欣慰。

《力扬集》收入先父一生诗歌创作、诗论和文论的大部分，基本全面地反映了他一生创作和研究的主要成绩。该书出版后，引起了中国现代文学界有关专业人士的关注，这些年也有如云南大学文学院博导段从学教授、武汉大学博士、现华中科技大学人文学院扈琛老师等探究力扬诗歌创作的研究型教材专章、论文及佚文考释等文章发表，还有关注中国现代美术史或中国新诗史的有些老师、好友等，不时以微信向我传送他们在民国报刊上新发现的力扬画作、诗作或文章。对此，我十分感动并心存感激！我总在想，在这物欲横流的年代，还有这么多人在想着这位早逝且"并未建立丰碑，但他确实为中国现代诗歌留下了一份值得珍视的业绩"（吴子敏语）的老诗人、老学者。这是我作为儿子的荣耀和欣慰。

《力扬集》收入的是先父本人的作品。对力扬的纪念，当然也有将他人对力扬及其作品研究、评价、鉴赏、考证以及回忆、缅怀等文章汇合成集的方式，这便成为我们力扬后人编辑这本《诗情似火——诗人和学者力扬纪念集》的动因。至于将力扬全部文稿（发表的和未发表的、著作性的和非著作性的）均整理并出版全集，那将是一件比较艰难的事，仅凭我们家属是难以实现的。我们也期待着与业界同人合作朝此目标迈进，更期待有专业人士能够撰写出《力扬评传》类的专著，以为中国现代文学史的史料丰富和研究深入来添砖加瓦。

2009年，当母亲牟怀真和我将家中保存的力扬著作性手稿全部捐赠给中国社科院文学所时，所里除颁发捐赠证书外，还专门为我们制作并颁发了一块纪念牌。金属牌面的上方刻有力扬遗像，正中则刻着魏碑体"诗情似火 射虎歌虹"八字。这八字由时为《文学遗产》主编的陶文鹏研究员撰拟，前四字是对先父一生为诗为文为情为人的精炼概括，后四字则浓缩了力扬三首诗歌名篇之题名。这八字乃我们家的最爱，此集便以首四字作为书名。

这本集子原本只编入他人所撰有关力扬的文章。感谢群言出版社总编助理孙平平主任的指点，为方便读者了解力扬，她提议精选编入少量力扬有代表性的作品（包括诗歌、文论、绘画等），并与宋盈锡编辑一起，精心细致地编辑了此书。

2008年，《中国社会科学院学者文选——力扬集》出版时，先父生前的文学研究所之同事、现代文学研究家吴子敏先生曾为该集作序；吴老先生已不幸于2017年11月辞世，本书仍以此文作为代序，还是有对吴老的缅怀之情。

感谢少将谭健题写书名。谭将军是我的"老班长"、战友和兄长，《解放军报》原总编、中国记协原副主席，乃军事新闻的领军人物，然"跨界"亦精彩，近年来其书艺炉火纯青，备受书界关注。此次欣然为本书书名挥毫。

还是特别感谢群言出版社对本书出版给予的大力支持！

力扬之子：季嘉
2024年3月1日，于北京西城莲花河畔